Wirtschaftsordnung und Ethik

Christian J. Jäggi

Wirtschaftsordnung und Ethik

Problemfelder – Modelle – Lösungsansätze

 Springer Gabler

Christian J. Jäggi
Meggen, Schweiz

ISBN 978-3-658-23033-3   ISBN 978-3-658-23034-0   (eBook)
https://doi.org/10.1007/978-3-658-23034-0

Die Deutsche Nationalbibliothek verzeichnet diese Publikation in der Deutschen Nationalbibliografie; detaillierte bibliografische Daten sind im Internet über http://dnb.d-nb.de abrufbar.

Springer Gabler
© Springer Fachmedien Wiesbaden GmbH, ein Teil von Springer Nature 2018

Springer Gabler ist ein Imprint der eingetragenen Gesellschaft Springer Fachmedien Wiesbaden GmbH und ist ein Teil von Springer Nature
Die Anschrift der Gesellschaft ist: Abraham-Lincoln-Str. 46, 65189 Wiesbaden, Germany

Vorwort

Seit der Jahrtausendwende und insbesondere seit der Finanz- und Wirtschaftskrise 2008 hat sich die Diskussion um ökonomische Fragestellungen in zweifacher Hinsicht verlagert: Nach einer eher kurzen Phase kritischer Hinterfragung des Finanz- und Bankenwesens im Anschluss an verschiedene Bankenrettungsaktionen – etwa der UBS in der Schweiz – hat sich die ökonomische Diskussion wieder zunehmend Alltagsfragen und dem Business "as usual" zugewandt, etwa im Zusammenhang mit der Politik der Ausweitung der Geldmengen durch die Zentralbanken, der Frage von Kryptowährungen wie Bitcoin oder in jüngster Zeit in Bezug auf neoprotektionistische Tendenzen in einer Reihe von Ländern, vorab in den USA. Grundlegende Fragen zur globalen Finanz- und Wirtschaftsordnung sind wieder weitgehend in den Hintergrund getreten.

Parallel dazu hat sich die wirtschaftsethische Diskussion ebenfalls von ordoökonomischen Fragestellungen weg hin zu eher individualethischen Themen verlagert: Konkrete Themen wie Managementethik, Codes of Conduct, Fragen wie unternehmerische Transparenz oder Compliancemanagement herrschen vor. Wenn Fragen des globalen Wirtschaftssystems überhaupt thematisiert werden, geschieht das meist unter dem Blickwinkel der Corporate Social Responsibility oder der Global Governance – aber kaum je werden grundlegende Fragen zum Weltwirtschaftssystem gestellt, geschweige denn diskutiert.

Diese Lücke will der vorliegende Band schließen. Dabei werden einerseits aus eher historischer Perspektive die wichtigsten volkswirtschaftlichen Ansätze vor dem Hintergrund ethischer Überlegungen zur Diskussion gestellt, so unter anderem die Sicht der ökonomischen Klassiker wie Adam Smith, kapitalismuskritische Ansätze, neoliberale Konzepte, Vorstellungen der Ordoliberalen und der Vertreter der sozialen Marktwirtschaft.

Anderseits kommen vor dem Hintergrund ordoökonomischer Überlegungen zentrale volkswirtschaftliche Fragestellungen zur Sprache, so die Armutsproblematik, die existenzielle Grundsicherung, ökonomische Carekonzepte, Eigentumsvorstellungen und Aspekte der globalen Migration. Gleichzeitig werden neue ordoethische Lösungsansätze vorgestellt und diskutiert.

Meggen   Christian J. Jäggi
im Juli 2018

Inhaltsverzeichnis

Einführung

Michael J. Sandel (2015, S. 16) hat darauf hingewiesen, dass es Dinge gibt, die man nicht kaufen kann – oder besser: die sich durch Kauf gleichsam auflösen. Dazu gehöre die Freundschaft: Ein Freund, den ich kaufen kann, ist kein echter Freund – gekaufte Freundschaft ist nur ein Freundschaftsersatz. Das Gleiche gilt für die Liebe: Wahre Freundschaft oder Liebe sind nicht quantifizierbar oder durch ein Tauschgeschäft zu erwerben – was ich so erwerbe, ist immer Ersatz: zum Beispiel persönliche Abhängigkeit, Pseudofreundschaft oder Ersatzliebe.

Entsprechend haben Jason Brennan und Peter M. Jaworski (2016, S. 4) die zentrale Frage gestellt: „What sorts of things should be and should not be for sale?", also welche Dinge, Gegenstände und Dienstleistungen sollten zum Verkauf gestellt werden und welche nicht? Damit sind wir bereits mitten in einer zentralen Thematik der Wirtschaftsethik.

Wie Michaela S. Wurzer (2014, S. 16) betont hat, ist der Begriff „Wirtschaftsethik" bzw. „wirtschaftsethisch" relativ neu und Anfang des 20. Jahrhunderts von Ignaz Seipel (1907) im Zusammenhang mit der Reflexion katholischer Sozialethik erstmals benutzt worden. Vorher – also bereits in der Zeit von Aristoteles, Thomas von Aquin und Adam Smith – hat man von der „ethischen Reflexion ökonomischer Fragen" (Wurzer 2014, S. 16) gesprochen.

Doch einmal abgesehen von der verwendeten Begrifflichkeit – seit der Entstehung des Kapitalismus hat es Reflexionen über positive und negative Seiten der Marktwirtschaft gegeben[1] – ist die ethische Fragestellung weder neu noch überraschend.

---

[1]In der Regel wird die Frage kaum (mehr) gestellt, ob freie Marktwirtschaft identisch mit Kapitalismus ist oder nicht. Otfried Höffe (2015, S. 134) hat zum gegenseitigen Verhältnis von freier Marktwirtschaft und Kapitalismus Folgendes geschrieben: „Im Verlauf der europäischen Neuzeit geht der Markt eine so enge Verbindung mit einer speziellen Wirtschaftsform, dem Kapitalismus ein, dass er sich als Organisationsform des Marktes, als Marktwirtschaft,

C. J. Jäggi, *Wirtschaftsordnung und Ethik*, https://doi.org/10.1007/978-3-658-23034-0_1

Es ist offensichtlich, „dass Marktwert und Marktdenken zunehmend in Lebensbereiche vordringen, die zuvor von Normen beherrscht wurden, die nicht der Marktlogik folgen. Fortpflanzung und Kinderbetreuung, Gesundheit und Erziehung, Sport und Freizeit, Strafjustiz, Umweltschutz, Militärdienst, Wahlkämpfe, öffentliche Bereiche und Gemeindeleben: Überall spielen Geld und Märkte eine immer größere Rolle" (Sandel 2015, S. 16).

Ob es allerdings stimmt, wie Brennan und Jaworski (2016, S. 10 f.) meinen, dass alles, was man gratis tut, besitzt oder zur Verfügung hat, auch – legal oder illegal – gekauft oder verkauft wird, ist nicht so klar. Natürlich kann man – ökonomisch – argumentieren, dass überall dort, wo ein Bedürfnis besteht, früher oder später auch ein Bedarf nach entsprechenden, bezahlten (Ersatz-)Produkten oder Dienstleistungen entsteht. Doch entscheidend ist, welche Güter oder Dienstleistungen der Markt herstellen und verteilen darf und welche nicht. Als Beispiele für Letztere nennen die beiden Autoren etwa Kinderpornografie oder Atomraketen. Also ist die entscheidende Frage, welche Arten von Bedürfnisbefriedigung zulässig oder erlaubt bzw. marktkonform sein sollen und welche nicht.

Sandel (2015, S. 18) hat – in Anlehnung an Atkinson (2009, S. 791 ff.) – die These vertreten, dass Ökonomie eine moralische Wissenschaft sei, weil Effizienz nur insofern eine Rolle spiele, als sie dazu führe, dass es der Gesellschaft als Ganzes besser gehe. Doch stimmt das? Im Prinzip geht es der Ökonomie oder Marktwirtschaft darum, a) (deskriptiv) den Austausch von Waren und Dienstleistungen und die Allokation von Gütern abzubilden und b) (normativ) Mittel und Wege zu finden, diesen Waren- und Dienstleistungsaustausch zu optimieren. Doch diese Optimierung kann aus sehr unterschiedlichen Blickwinkeln erfolgen: Aus der Sicht einzelner Marktteilnehmer – etwa von Unternehmen im Rahmen der Betriebswirtschaft, aus der Sicht der Konsumenten oder Arbeitssuchenden – oder aus der Sicht eines angenommenen Gemeinwohls der Gesellschaft im Rahmen der Volkswirtschaftslehre. So gesehen kann die Wirtschaftswissenschaft für ethisch-normative Ziele eingesetzt werden – muss es aber nicht. Das hängt davon ab, ob man sich mit deskriptiven, pragmatischen bzw. ethisch-normativen Fragen befasst. Das gilt übrigens für jede Wissenschaft, auch für die Soziologie, die Psychologie usw. Die Ökonomie selbst – also der Forschungsgegenstand der Ökonomik – ist weder moralisch noch amoralisch – vielmehr folgt sie Kategorien oder Regeln, die in sich selbst ein Sprachspiel im Sinne von Ludwig Wittgenstein (1982, S. 48 ff.) darstellen.

---

schwerlich gegen den Kapitalismus abgrenzen lässt. Sowohl der Markt als auch der Kapitalismus zeichnen sich nämlich durch dieselben drei Strukturmerkmale aus, institutionelle durch Privateigentum, motivationale durch Gewinnsteigerung, sogar Gewinnmaximierung und vom Koordinationsmechanismus her durch freie Preisbildung". Dabei verweist Höffe (2015, S. 134) zu Recht darauf, dass der Kapitalismus geografisch weniger weitverbreitet ist als der Markt. Das bedeutet, dass der Kapitalismus eine – wenn wahrscheinlich auch die wichtigste – Form von Marktwirtschaft darstellt, aber eben doch nur eine unter anderen. Außerdem entstand der Begriff „Kapitalismus" eher als polemischer Kampfbegriff und als „kritisches" Konzept, während der Begriff der „freien Marktwirtschaft" eher neutral oder positiv konnotiert ist.

Evi Hartmann (2016, S. 17), selbst Professorin für Betriebswirtschaftslehre, hat zu Recht festgestellt, dass „das Thema ‚Ethik und Moral‘ bis heute nicht wirklich in die real praktizierte Wirtschaft vorgedrungen ist". Der eigentliche Grund dürfte darin liegen, dass Ethik und Moral im Grunde keine wirtschaftlichen Kategorien sind – also anders gesagt: Für wirtschaftlich Tätige ist Ethik vorerst einmal irrelevant – oder anders gesagt: Ethik generiert keine entscheidenden oder konstitutiven Spielregeln für das Sprachspiel „Wirtschaft". So schreibt etwa Oermann (2015, S. 39) zu Recht, dass ein Unternehmen, welches aufgrund von Tierquälerei kostengünstiger produzieren könnte als ein Konkurrenzbetrieb, der darauf verzichtet, aus ökonomischer Sicht vorzuziehen wäre, weil es kostengünstiger und damit profitabler handeln würde als sein Konkurrent. Deshalb kann der Tierschutz, der als Postulat wohl kaum von jemandem bestritten wird, immer nur als Korrektiv für wirtschaftliche Prozesse fungieren und entsprechende Rahmenbedingungen für den Produktionsprozess vorgeben. Das gilt für viele ethisch-moralische Fragen. Ein weiteres Beispiel wäre etwa die Entnahme eines lebenswichtigen Organs aus einem verstorbenen Menschen: Ökonomisch und medizinisch ideal wäre es, das Organ möglichst früh – oder sogar noch von lebenden Menschen – zu entnehmen, was aber ethisch nicht akzeptabel ist, weil der Tod zuerst eindeutig festgestellt sein muss. Und genau aus solchen Konflikten ergeben sich viele Konflikte zwischen Ökonomie bzw. Ökonomik und Ethik.

Dabei geht es um die Frage, wer die Definitionsmacht besitzt, um bestimmte ökonomische Verfahren zuzulassen oder zu verbieten. Das kann sicherlich nicht die Ökonomie selbst und schon gar nicht ein Unternehmen sein, vielmehr braucht es dazu eine allgemein anerkannte gesellschaftliche Instanz und eine ökonomisch-gesellschaftliche Rahmenordnung. Nicht zuletzt aufgrund der wachsenden technisch-wissenschaftlichen Möglichkeiten hat die Ökonomik in den letzten Jahren und Jahrzehnten zunehmend ihre ethisch-moralische Definitionsmacht verloren, was sich unter anderem auch in der mangelhaften ethischen Reflexion vieler Ökonomen spiegelt.

Dass dieser Rückzug der Ökonomik aus ethisch-moralischen Fragestellungen wahrscheinlich zutrifft, zeigt die Äußerung von Atkinson (2009), wonach die Wohlfahrtsökonomie in den letzten Jahrzehnten weitgehend aus der Mainstreamökonomie verschwunden ist, obwohl die Ökonomen nie aufgehört hätten, Aussagen zur Wohlfahrt zu machen.

Dabei war die Weltwirtschaft in den letzten 20 Jahren auf der einen Seite durch eine wachsende Ungleichheit und auf der anderen Seite durch eine zunehmende Dominanz der Finanzwirtschaft („financialisation") gekennzeichnet (vgl. Tridico 2018, S. 29). Parallel zur zunehmenden Bedeutung und teilweisen Loslösung der Finanzwirtschaft von der realen Wirtschaft wuchs auch der Druck auf die Arbeitsmärkte, der sich unter anderem in größerer Arbeitsflexibilität (zeitlich und örtlich), in stagnierenden Löhnen auch in reichen Ländern und im Rückgang des gewerkschaftlichen Einflusses ausdrückte, aber auch im Rückgang der Finanzierung der sozialen Sicherheit durch die Öffentlichkeit und den Staat (vgl. Tridico 2018, S. 29). Vor diesem Hintergrund stellt sich heute mehr denn je die Frage nach einem gerechten Wirtschaftssystem und einer nachhaltigen

Wirtschaftsordnung. Dabei wird hier „Nachhaltigkeit" im ursprünglichen Sinne verstanden, wie sie vor rund 300 Jahren von Hans Carl von Carlowitz definiert wurde, als ihn ein Holzmangel in der sächsischen Silberstadt Freiberg zwang, langfristig genügend Holz für den Silberabbau bereitzustellen. Man kann Nachhaltigkeit verstehen als Art und Weise des Wirtschaftens, bei der die natürlichen Ressourcen auf Dauer gesichert bleiben (vgl. Oermann 2015, S. 92). Im sogenannten Brundtland-Report (1987) wurde „Nachhaltigkeit" wie folgt definiert: „Sustainable development meets the needs of the present without compromising the ability of future generations to meet their own needs". Seither ist der Nachhaltigkeitsbegriff zu einem zentralen Begriff der öffentlichen Diskussion, aber gleichzeitig auch zu einer Worthülse geworden.

Allerdings hat es auch Versuche gegeben, Nachhaltigkeit in der Unternehmenstätigkeit operativ und praktikabel zu definieren und umzusetzen. Laut Kośmicki (1997) kann aus Managementsicht Nachhaltigkeit in drei Punkten zusammengefasst werden:

- Die Nutzungsquote erneuerbarer Ressourcen darf deren Regenerationskapazität nicht überschreiten;
- die Nutzungsquote nichterneuerbarer Ressourcen darf die Regenerationsquote der erneuerbaren Ressourcen nicht übersteigen und
- die Schadstoffemissionen dürfen höchsten so groß sein wie die natürliche Schadstoffabsorption.

Nach Samuelson und Nordhaus (2010, S. 30 f.) kann jede Wirtschaft anhand von drei Fragen charakterisiert werden:

1. Was wird produziert und in welchen Mengen?
2. Wie werden die Güter produziert?
3. Für wen wird produziert?

Doch diese drei zentralen Fragen mögen zur Charakterisierung eines Wirtschaftssystems genügen, aber sie geben keine Kriterien vor, nach welchen eine Volkswirtschaft organisiert werden sollte – oder welche ethischen Grundpostulate ein Wirtschaftssystem erfüllen sollte.

Etwas polemisch schreibt die feministische Ökonomin Julie A. Nelson (2018, S. 90), es sei ein wirtschaftswissenschaftlicher „hoax", dass Ökonomie rein technisch-mechanisch, amoralisch und quantifizierbar sei und durch „ökonomische Gesetze" wie „Konkurrenz der Marktkräfte" oder „Profitmaximierung durch die Firmen" dominiert würde. Nelson (2018, S. 100) ist zweifellos zuzustimmen, wenn sie betont, dass das Wirtschaftsleben immer humane, soziale und ethische Signifikanz hatte. Doch das Problem liegt darin, dass diese Dimensionen zunehmend aus dem ökonomischen Selbstverständnis und auch aus der Methodologie herausgenommen wurden, um „harten" Fakten, „realer" quantitativer Empirie und korrelativen Zusammenhängen Platz zu machen.

Etwas weniger spitz, aber in einem ähnlichen Sinn hat Sautter (2017, S. 144) von einer „zunehmenden Eliminierung ethischer Fragen aus der ‚Mainstream'-Ökonomik" gesprochen, die auch eine „wachsende Distanz der ökonomischen Sachlogik von lebensweltlichen Bezügen" (Sautter 2017, S. 144 f.) bedeute.

Dass Ökonomie kategorial nichts mit Moral zu tun hat, zeigt sich etwa an dem von Sandel (2015, S. 20) genannten Beispiel: Ökonomisch wäre es durchaus sinnvoll, einen Markt für Kinder zu schaffen, in dem kinderlose Eltern ein Kind kaufen könnten. Ökonomisch wäre das sogar sinnvoll, weil dabei arme, kinderreiche Eltern ihre „Produkte" – also ihre Kinder – verkaufen und sich und ihren anderen Kindern eine bessere Lebenssituation verschaffen könnten. Davon würden – ökonomisch – sowohl die „Anbieter" und die „Nachfrager" nach Kindern profitieren.

Doch welche Einwände sprechen gegen solche „Kindermärkte"? Erstens die Tatsache, dass Kinder (Rechts-)Subjekte sind und keine Objekte, also gar nicht als „Besitz" behandelt werden können. Zweitens verstoßen Kinder- oder Sklavenmärkte gegen das Prinzip der Freiwilligkeit, und zwar von zwei Seiten her: Einerseits darf man davon ausgehen, dass keine Eltern ihre Kinder freiwillig verkaufen würden, es sei denn, sie sind – etwa durch ökonomische Armut oder andere Arten von Abhängigkeit (z. B. Drogenabhängigkeit) – dazu gezwungen. Und anderseits wird sich wohl kein Kind oder kein Mensch freiwillig als Ware verkaufen lassen, wenn es darüber entscheiden könnte.

Gerade das Beispiel der Abschaffung der Sklaverei ist ein schlagendes Beispiel dafür, dass auf der einen Seite Märkte nur durch außermarktliche Vorgaben „moralisiert" werden können, aber auch, dass sich auf der anderen Seite Reformen erst durchsetzen können, wenn sie ökonomischen Interessen nicht zuwiderlaufen. So wurde die Sklaverei in einer Reihe von Ländern – so in Lateinamerika – erst im 19. Jahrhundert offiziell abgeschafft, als sie ökonomisch nicht mehr rentierte – und bis heute gibt es zum Beispiel in Afrika residuale und lokale Sklavenmärkte für Frauen, Kinder und auch Männer. Zwar kann im besten Fall eine ökonomische Innovation zur Abschaffung einer moralisch zu verurteilenden Praxis führen, aber das geschieht nur in Ausnahmen und meist nur partiell. Weder ist die Wirtschaft aus sich heraus moralisch angelegt noch kann sie gesellschaftliche Missstände „überwinden". Aus dieser Sicht ist wohl Homann (1995, S. 188) beizupflichten, dass Ethik und Ökonomik zwei grundlegend unterschiedliche Diskurse über teilweise gleiche Themenbereiche und Gegenstände darstellen. Oder mit den Worten von Priddat (2010, S. 12): „‚Wirtschaft' und ‚Ethik' bleiben zwei disparate ontologische Bereiche, die nur handlungspragmatisch zu überbrücken sind". Ob diese Überbrückung allerdings durch das Management zu schaffen ist – wie Priddat (2010, S. 12) meint –, ist nicht so klar: Zu gering sind im Allgemeinen die ethischen Kompetenzen der Manager und zu stark sind sie auf betriebswirtschaftliche Kosten-Nutzen-Kategorien getrimmt.

Einige Ethiker (z. B. Segbers 1999, S. 61 und Kappler und Scheytt 1995, S. 39) sprechen in diesem Zusammenhang von einer „dualistischen" Sicht von Ethik und Ökonomik, die Franz Segbers (1999, S. 60 f.) auch Karl Homann vorwirft. Doch es geht dabei weniger um ein Entweder-oder, sondern um die Bedingungen, unter denen ein

Diskurs zwischen den beiden kategorial verschiedenen Sprachspielen möglich ist. Wir stehen also vor einem ähnlichen Problem wie in der interkulturellen Kommunikation: Außer auf der unmittelbarsten Interaktionsebene fehlt ein gemeinsamer semantischer Rahmen, innerhalb welchem dieser Diskurs stattfinden kann. Zwar trifft es zu, dass – wie Kappler und Scheytt (1995, S. 39 f.) meinen – im Rahmen eines „Paralleldiskurses" „Fragen der Ethik … in der strikt positiven Sprache der Ökonomik problematisiert werden [können und] Fragen der Ökonomik in der normativen Sprache der Ethik". Die Frage ist nur, ob dann jeweils auch der gleiche Sachverhalt thematisiert wird – immerhin ist das „semantische Feld" der Ökonomik ein anderes als das der Ethik. Das Problem wird schnell klar, wenn man Ethik und Ökonomik als verschiedene Sprachspiele versteht – und nach Wittgenstein kann man nicht gleichzeitig Schach und Dame spielen.

Dazu ein Beispiel: Wenn es stimmt, dass jeder Teilnehmer in einem von der Marktlogik gesteuerten Austausch von Gütern und Dienstleistungen mitbestimmt, welchen Wert eine Ware hat, dann beweist eben das gerade, dass Märkte nicht nach moralischen Prinzipien funktionieren: So steigt etwa der Marktwert für eine verbotene Droge ganz einfach dadurch, dass durch die Illegalität die Beschaffungskosten steigen – oder wenn eine wachsende Zahl von Drogenkonsumenten nach einer bestimmten Droge verlangt. Einziges Kriterium für das Entstehen eines Marktes ist die Nachfrage auf einem Preisniveau, das die Beschaffungskosten abdeckt bzw. übersteigt – denn die Anbieter wollen ja auch Gewinn machen. Ökonomisch erscheint dabei die Überwindung oder Umgehung der Illegalisierung lediglich als zusätzlicher Aufwand und solange es Nachfrager gibt, welche den dadurch entstehenden Preis bezahlen, wird der Markt weiter bestehen. In diesem Kontext von „Moral der Märkte" zu sprechen ist mehr als zynisch!

Es wäre auch illusorisch, einzig auf ethisch reflektiertes Marktverhalten der Marktteilnehmer zu bauen. So betonte etwa Thielemann (2010, S. 44 ff.) die Chancenlosigkeit der Forderung nach einem ethisch reflektierten Marktverhalten, weil Tugenden wie Fairness, Mäßigung und Loyalität „marktfremd" seien. Das ist insbesondere dann der Fall, wenn der Markt die Teilnehmer zu anderen Verhaltensweisen zwingt oder „erzieht": Toughness, kurzfristige Gewinnorientierung, Egoismus und „relativierte" Ehrlichkeit.

Viele der Begründer der modernen Wirtschaftswissenschaften, so etwa Adam Smith (1990 und 2010), waren zugleich bedeutende Moralphilosophen (vgl. Düwell et al. 2011, S. 297). Dabei wurde in der Forschung immer wieder auf das sogenannte Adam-Smith-Problem hingewiesen: Dieses bestand in der scheinbaren Unvereinbarkeit der beiden Hauptaspekte der Philosophie von Adam Smith, die in seinen beiden Hauptwerken – nämlich dem *Wohlstand der Nationen* (Smith 1990) und der *Theorie der ethischen Gefühle* (Smith 2010) – zum Ausdruck kamen (vgl. dazu Pfriem 2016a, S. 43). So führte etwa Smith (1990, S. 16) die Tendenz zur Arbeitsteilung und zum Handel auf den (egoistischen) Wunsch der Menschen zurück, ihre Bedürfnisse zu befriedigen. Gleichzeitig sieht Smith bei den Menschen ein – wenn auch nicht ganz so starkes – Gefühl der Sympathie und des Mitgefühls gegenüber anderen Menschen (vgl. Smith 2010, S. 5 ff.). Dabei bezeichnet nach Smith (2010, S. 66) „das Wort Sympathie … in seiner eigentlichsten und ursprünglichsten Bedeutung unser Mitgefühl mit den Leiden, nicht jenes mit den Vergnügungen der anderen". Gleichzeitig kann jedoch Sympathie „in keinem Sinn als ein egoistisches Prinzip betrachtet werden" (Smith 2010, S. 519). Vielmehr sei Sympathie eher so eine Art Mitgefühl, heute würde man von Empathie sprechen. Ob man diese Haltung – wie Wurzer (2014, S. 20) meint – als „deistisch" bezeichnen kann, muss allerdings offenbleiben.

Wenn es stimmt, dass Märkte nicht nach moralischen Kategorien funktionieren, bedeutet das aber nicht automatisch, dass es keine Verschränkung von Moral und Markt gibt. Ganz im Gegenteil: Außermarktliche ethisch-moralische Aspekte wirken nicht nur auf die Märkte zurück, sondern auch auf die angebotenen Produkte. So gibt es in vielen Märkten von außen festgelegte Sicherheits- und Ökostandards für die einzelnen Produkte und ihre Herstellung, bestimmte Produkte werden sogar vom Markt ausgeschlossen. Dabei ist – so Sandel (2015, S. 27) – auch die Lehrbuchannahme falsch, dass die Bedeutung eines Gutes nicht verändert wird, wenn man es mit einem Preis versieht. Wenn ein Gerät mit den gleichen Bestandteilen einmal als Originalmarkengerät und einmal als Klon verkauft wird, ändert sich materiell am Gerät nichts, aber im ersten Fall ist der „soziale" Wert deutlich höher (Label!) als im zweiten Fall. Ebenso ist gekaufter Sex nicht das Gleiche wie Sex in einer Liebesbeziehung, obwohl sich vielleicht die Einzelhandlungen nicht unterscheiden: Die „soziale" Wertschätzung von gekauftem Sex ist zweifellos geringer als nichtbezahlter Sex in einer Liebesbeziehung. Das bedeutet: Die „Monetarisierung" einer Handlung hat sehr wohl Auswirkungen auf deren gesellschaftlich akzeptierten „Wert", und zwar kann das in beide Richtungen erfolgen: So wird Hausarbeit plötzlich höher geschätzt, wenn dafür bezahlt wird – wie viele Hausfrauen aus eigener Erfahrung bestätigen können. Umgekehrt kann eine „bezahlte Dienstleistung" auch an Wertschätzung verlieren – etwa weil man ja dafür bezahlt und damit ein Recht darauf hat.

Bekannt ist das Beispiel der Kindergärten in Israel, als man, um die zu späte Abholung der Kinder durch die Eltern und den damit verbundenen Mehraufwand der Erzieher mit einer Buße für die säumigen Eltern belegte, feststellte, dass nach Einführung der Buße nicht weniger, sondern mehr Eltern ihre Kinder zu spät abholten (vgl. Sandel 2015, S. 29). Der Grund war, dass die Einführung der Buße die Normen änderte: Viele Eltern sahen die Buße als Gebühr für eine zusätzliche Dienstleistung an, deren Anspruch sie durch die Buße sozusagen „rechtmäßig" erkauften.

Allerdings kann man aus den unterschiedlichen Kategorien von Ökonomik und Ethik nicht schließen, dass man Ökonomik und Ethik unabhängig voneinander betrachten sollte.

Verschiedene Ökonomen – so Gunnar Myrdal (vgl. 1973) und Hans Albert (2009) – haben schon sehr früh auf die Unmöglichkeit einer von ethischen Fragen losgelösten Ökonomie oder Ökonomik hingewiesen.

Wie unterschiedlich ethisch-moralische und ökonomische Denkkategorien sind, zeigt etwa folgendes Beispiel: Ökonomen haben vorgeschlagen, eine Lizenz für das Kinderkriegen zu schaffen, um die zu hohen Geburtenraten zu verringern. Die Idee wäre, dass Eltern ihre Lizenzen entweder nutzen oder verkaufen können, so wie man einen Gutschein nutzen oder verkaufen kann. Doch viele Menschen werden die Idee, mit dem Recht auf Kinderkriegen Handel zu treiben, zweifellos ablehnen. Warum? Ganz einfach, weil dieses Recht als nicht veräußerbar, jedem Menschen zukommend verstanden wird – und weil sie nicht bereits sind, dieses Recht dem Markt zu unterstellen.

Im Zusammenhang mit der Migrations- und Flüchtlingsthematik wurde wiederholt vorgeschlagen, dass die einzelnen Einwanderungsländer eine Art Kontingent für einreisende Personen ausstellen sollten, die von Unternehmen oder ggf. von Auswanderungsländern gekauft werden können. So wäre es auch möglich, die Zahl der weltweiten Flüchtlinge an die bestehenden Nationalstaaten nach ihrer Größe aufzuteilen. Dabei könnten weniger dicht besiedelte Länder – wie z. B. Russland oder südamerikanische Länder – die Flüchtlingskontingente der reichen oder überbevölkerten Länder gegen Bezahlung übernehmen. Oder Unternehmen, welche Personal suchen, könnten Einwanderungskontingente kaufen: „Wenn also beispielsweise Japan jährlich 10.000 Flüchtlinge zugewiesen bekommt, sie aber nicht aufnehmen will, könnte es Russland oder Uganda dafür bezahlen, sie einreisen zu lassen. Nach der Logik des Marktes profitieren [dabei] alle. Russland oder Uganda erhalten eine neue Quelle für Staatseinnahmen, Japan wird seinen Verpflichtungen gerecht, indem es Flüchtlinge auslagert, und es finden mehr Flüchtlinge Asyl als ohne eine entsprechende Regel" (Sandel 2015, S. 28). Doch solche Ansätze sind aus drei Gründen problematisch: Erstens kontrollieren dann Drittakteure wie Staaten oder Unternehmen noch stärker als bisher das Recht auf freie Mobilität und Niederlassung, das jedem Menschen auf der Erde zukommen müsste (vgl. Jäggi 2016, S. 108 ff.). Das bedeutet zweitens, dass die einzelnen Menschen noch mehr subjektive Freiheiten verlieren und nicht nur staats- und einwanderungspolitischen, sondern zusätzlich auch ökonomischen Zwängen unterworfen werden, was zusätzliche Barrieren für ihre freie Lebensgestaltung und Selbstverantwortung schafft. Nicht nur die menschliche Arbeit, sondern auch die Menschen selbst werden damit zu Waren internationaler Märkte – und zum Spielball Dritter. Und drittens liegt einmal mehr eine solche Regelung vor allem im Interesse der reichen Nachfrager, also von Ländern oder Unternehmen, welche sich von der Flüchtlingsproblematik freikaufen oder an dieser Regelung verdienen können, ohne dass sich an den Ursachen von Migration und Flucht irgendetwas ändert.

All das bedeutet, dass ein wichtiger Aspekt von Wirtschaftsethik immer auch die Frage sein muss, ob ein bestimmtes Gut oder ein bestimmtes Handeln Marktgesetzen unterstellt werden darf oder nicht. Leider beschränkt sich Wirtschafts- und Businessethik bis heute oft auf Fragen wie Compliancemanagement, Lohnmodelle und Bonuszahlungen, ökonomische Ordoethik oft auf Probleme wie die Korruptionsbekämpfung oder Fragen der Nachhaltigkeit. Ohne die Bedeutung dieser Themen zu leugnen, müsste eine wirtschaftliche Ordoethik noch eine Stufe tiefer ansetzen, nämlich bei der Frage nach der Marktgängigkeit und Akzeptanz in Bezug auf Monetarisierung einzelner Dienstleistungen und Handlungen.

Dabei stellt sich immer die Frage, inwieweit ein gesellschaftliches Problem als ökonomische Frage verstanden und angegangen wird, oder als außer- oder vorökonomische Problematik: „Wird z. B. ein Mangel an Solidarität in der Gesellschaft (Entsolidarisierung) als ‚ökonomisches' Problem begriffen, das einfach nur der ‚richtigen' Setzung von (Nutzen-)Anreizen bedarf? Oder muss tiefer angesetzt werden, bei der *Haltung* und beim *Bewusstsein,* sodass es z. B. pädagogischer Lösungselemente, Räume für einen gesellschaftlichen Dialog usw. bedarf?" (Thieme 2017, S. 119).

Solche Fragen haben auch Auswirkungen auf das Verständnis einer Wirtschafts- und Wirtschaftsordnungsethik, die entweder als Unternehmens- und Konsumethik etwa im Sinne einer Institutionen- oder Tugendethik verstanden werden kann oder als Ethik, welche nach den Bedingungen gerechter Wirtschaftsordnungen fragt.

Als eigenständige Disziplin ist die Wirtschaftsethik relativ jung (vgl. Stoecker et al. 2011, S. 160). Heute beherrschen verschiedene Ansätze das wirtschaftsethische Feld.

Eine prominente Stellung im deutschen Sprachraum nimmt die sogenannte **ökonomische Ethik** oder **normative Ökonomik** ein, welche unter anderem von Karl Homann (vgl. Homann und Blome-Drees 1992; Homann und Lütge 2013), Andreas Suchanek (2007) und Ingo Pies (1993) vertreten wird. Dieser Ansatz beruht auf folgenden Überlegungen (vgl. Stoecker et al. 2011, S. 160 f.): Erstens tendiert jeder Mensch als Homo oeconomicus zuerst dazu, seinen Nutzen zu maximieren. Diese Nutzenmaximierung wird zweitens als wirtschaftlicher Egoismus verstanden. Daraus folgt drittens, dass Moral „nur innerhalb der Grenzen des wirtschaftlichen Handelns gedacht werden kann" (Stoecker 2011, S. 161). Damit bildet ökonomische Rationalität – oder das, was dafür gehalten wird – den Handlungsrahmen und gleichzeitig die Grenze von ethischem Handeln. Oder anders gesagt: Vor und über der Ethik steht immer wirtschaftliche Rationalität. Das gilt sowohl für individuelles Handeln als auch für die Wirtschaftsordnung(en) selbst. Entsprechend steht diese Position in der Nähe des Marktliberalismus und ethisch des Utilitarismus. Nach Homann und Blome-Drees (1992, S. 145 f.) ist Ethik dann erwünscht, wenn sie zu einem sparsamen Umgang von Ressourcen führt, umgekehrt ist Ethik nachteilhaft, wenn sie mit Gewinn- und Effizienzverlusten verbunden ist. Das bedeutet: Entscheidendes Kriterium für Ethik sind die wirtschaftlichen Folgen. Also sind Ethik und Moral für ein Unternehmen nur zumutbar, wenn sie langfristig dessen Gewinne vergrößern: „Es kann daher keine ethische Begründung von Normen geben, die ständige wirtschaftliche Benachteiligungen nach sich ziehen" (Homann und Blome-Drees 1992, S. 146; vgl. auch Gesang 2016, S. 15). Oder anders gesagt: „Homann erachtet nur das als ethisch gerechtfertigt, was in der ökonomischen Axiomatik an Werten vorhanden ist" (Segbers 1999, S. 61). Damit widerspricht Homann im Grunde seinem eigenen Modell der vier möglichen Bezüge von Ethik und Ökonomik, die er alle ablehnt (1995, S. 179 ff.). Nach diesem Modell können a) Ethik und Ökonomik unverbunden nebeneinander stehen, b) die Ethik wird der Ökonomik untergeordnet, c) die Ethik ist der Ökonomik übergeordnet und d) Ökonomik und Ethik durchdringen sich gegenseitig. Doch wenn nur die in der ökonomischen Axiomatik enthaltenen Werte ethisch akzeptabel sind, vertritt Homann faktisch die Position der Variante b), in welcher die Ethik der Ökonomik untergeordnet wird. Das geht auch aus der Grundthese bei Homann (1999, S. 53 ff. und 2001, S. 37 sowie Homann und Blume-Drees 1992, S. 14) hervor, wonach nur diejenigen moralischen Normen vertretbar sind, die unter den Bedingungen der modernen Marktwirtschaft zur Geltung gebracht werden können[2] (vgl. Wurzer 2014, S. 34). Michaela Wurzer (2014, S. 34) meint, dass sich Homann ausschließlich der Frage widme, ob Ethik wirtschaftsgerecht sei, während bei ihm die umgekehrte Frage, ob Wirtschaft ethikgerecht sei, „nicht weiter thematisiert" werde. Diese Frage spiele bei Homann „allenfalls eine marginale Rolle" (Wurzer 2014, S. 35). Homann sei an einer Moralbegründung nicht interessiert, Moral sei bei ihm von der Vorteilserwartung bestimmt, womit Homann „fundamental dem in der philosophischen Ethik üblichen Verständnis von Moral und Ethik" widerspreche (Wurzer 2014, S. 42). Wie dem auch sei – so viel sollte klar geworden sein: Ethik und Moral werden bei Homann als Funktion von Wirtschaft und als sekundär gegenüber „wirtschaftlicher Sachlogik" gesehen, also nicht als Grundlage geltender ökonomischer Spielregeln oder gar als Orientierungsrahmen für die Marktwirtschaft.

Dazu passt die von Homann vertretene These, „dass wohlverstandene Solidarität unter modernen Bedingungen nichts anderes sein könne, als die durch das Gewinnstreben der Einzelnen hervorgerufene Produktion von Wohlstand im Sinne materieller Güter und Dienstleistungen" (Busche 2011, S. 72).

Daran ändern auch die von Homann (1995, S. 185) formulierten fünf ethischen Thesen zur Marktwirtschaft nichts:

1. Langfristige Gewinnmaximierung ist eine sittliche Pflicht der Unternehmen, weil sie dem Wohl der Konsumenten dient.
2. Moralische Intentionen werden durch Wettbewerb geltend gemacht.
3. Moralische Intentionen in Wirtschaft und Gesellschaft können nicht mehr in Form von Tugendethik, sondern nur auf der Grundlage einer Ordnungsethik erfolgen.
4. Die Abkoppelung der Moral von moralischen Handlungsmotiven ist nicht Ausdruck eines Moralverfalls, sondern Voraussetzung für die Ausdehnung der Moral auf die gesamte Gesellschaft.
5. Sittlichkeit folgt den Funktionsbedingungen der einzelnen gesellschaftlichen Teilsysteme.

Während (1) als Unternehmensphilosophie und strategische Ausrichtung sinnvoll erscheint, sind (2) und (3) fraglich: Moralische Intentionen (2) können nur dann über den Markt geltend gemacht werden, wenn sie vom Nachfrager oder Kunden verlangt werden (=Produktbestandteil), im umgekehrten Fall jedoch nicht, weil sie schlicht nicht marktrelevant sind. Außerdem ist (3) insofern fraglich, weil – neben der Ordnungsethik – auch das individuelle Marktverhalten relevant ist, das durchaus tugendethisch umschrieben

---

[2]Das gilt übrigens für Homanns gesamtes Grundverständnis der Wirtschaftsethik: „Wirtschaftsethik … befasst sich mit der Frage, welche moralischen Normen und Ideale unter den Bedingungen der modernen Wirtschaft und Gesellschaft … zur Geltung gebracht werden können" (Homann und Blome-Drees 1992, S. 14; vgl. auch zitiert nach Wurzer 2014, S. 81).

werden kann. (4) und (5) sind rein deskriptive Aussagen, die zutreffen können – oder auch nicht. Sie bilden jedoch kaum eine Handlungsmaxime im wirtschaftlichen Alltag, es sei denn als Begründung für eine ethisch-moralische Relativierung des eigenen Verhaltens.

Dabei erscheint die Position von Homann in sich widersprüchlich: Auf der einen Seite betont also Homann, dass Moral nur möglich und sinnvoll sei, wenn sie „wirtschaftsgerecht" sei, und auf der anderen Seite könne das Verhalten der einzelnen Marktakteure nicht losgelöst von der Rahmenordnung als „ethisch-moralisch" oder „nicht ethisch-moralisch" beurteilt werden (vgl. Homann 1993, S. 35, Fußnote 6 sowie Wurzer 2014, S. 69).

In diesem Zusammenhang erstaunt es nicht, dass Homann und Blome-Drees (1992, S. 36) vor einer „Hypermoralisierung" warnen und die Meinung vertreten, dass „die Moral … durch Moralisieren zerstört werden [kann]" (Homann und Blome-Drees 1992, S. 146). Umgekehrt sieht Homann eine „moralische Vorzugswürdigkeit der Marktwirtschaft … darin, dass sie das beste bisher bekannte Mittel zur Verwirklichung der Solidarität aller Menschen darstellt" (Homann und Blome-Drees 1992, S. 49). Ob das wohl ein Flüchtling, der vor einem Gewaltmarkt in der demokratischen Republik Kongo (Zaire) flüchtet, oder ein im Rahmen eines Agroinvestments von seinem Land vertriebener Bauer im Senegal auch so sehen wird? Man kann wohl Segbers (1999, S. 63) in seiner Einschätzung des Homann'schen Ansatzes zustimmen, wenn er folgert:

> Karl Homann blendet aus, dass Menschen moralisch handeln, wenn sie wirtschaftlich tätig sind. Indem er dieses moralische Handeln aber ausblendet, trägt er zu einer Erosion eben jener Moral bei, deren jede Marktwirtschaft für ihr Funktionieren bedarf, denn wenn nur noch zweckrationales Verhalten prämiert wird, gilt am Ende auch nur noch die ‚Marktethik' als einzige Ethik. Die Entsorgung der Ökonomie von Ethik bestätigt eine Ökonomie, in der das moralische Handeln des Menschen ausgeschlossen ist (Segbers 1999, S. 63).

Zuzustimmen ist jedoch Homann (1993, S. 35) in einem Punkt: Moralische Vorgaben müssen im Markt wettbewerbsneutral sein, d. h. für alle Marktteilnehmer in gleicher Weise gelten. Das bedeutet dass ein „Mehr" oder „Weniger" an Moral nicht – je nachdem – einen Marktvorteil oder einen Marktnachteil schaffen darf. Das bedeutet jedoch, dass die Einhaltung moralischer Mindeststandards zwingend vorgegeben und überprüft werden muss, und zwar durch die Rahmenordnung und die gesellschaftlichen und staatlichen Institutionen. Die Nichteinhaltung ethisch-moralischer Mindeststandards muss ebenso geahndet werden wie die Verletzung der Marktspielregeln, etwa durch Kartelle oder Monopole. Wurzer (2014, S. 71) hat zu Recht darauf hingewiesen, dass heute moralische Standards Teil einer Wettbewerbsstrategie sein können. Wenn das nur für moralische Aspekte gilt, welche über den von der Rahmenordnung vorgegebenen ethisch-moralischen Mindeststandards liegen – etwa im Sinne höherer ethisch-moralischer Vorgaben als Unique Selling Position –, ist dagegen nichts einzuwenden. Fehlen aber solche Vorgaben, wird die Moral selbst zu einem Verkaufsargument und impliziert, dass „nichtmoralische" Verhaltensweisen akzeptabel, wettbewerbskonform und marktwirtschaftlich in Ordnung seien.

Nach Homann kann moralisches Handeln keine dauerhafte Gewinneinbuße bewirken, weil eine „Ethik des Opferns und Teilens aus vergangenen Zeiten" (Gesang 2016, S. 12) stamme, weshalb eine solche Ethik nicht Grundlage einer modernen Marktwirtschaft sein könne. Diese Position vergisst aber, dass ethische, auf das Gemeinwohl ausgerichtete Marktvorgaben und -regelungen in den allermeisten Fällen zu höheren Kosten und damit zu geringeren Gewinnen führen. Oder mit den Worten Ulrichs (2010, S. 36): Moralisches Handeln unter Wettbewerbsbedingungen erweist sich als Problem „der situativen Zumutbarkeit moralisch begründeten Gewinn- und Einkommensverzichts", und damit stellt sich die Frage, inwiefern man von Wirtschaftsakteuren legitimerweise einen solchen Verzicht verlangen kann. Die Frage ist dabei, (1) inwieweit Sozial- und Umweltkosten durch die Unternehmen bilanziert und damit von ihnen getragen oder aber externalisiert, also auf andere abgewälzt werden und (2) in welchem Umfang ein Unternehmen Gewinn generieren muss und bezogen auf welche Zeitdauer: Wenn ein Unternehmen jedes Jahr mindestens 10 % Gewinn ausweisen muss, ist das etwas völlig anderes, als wenn das Unternehmen verteilt auf 20 Jahre durchschnittlich 2 % Gewinn ausweist – was übrigens bei den aktuellen Zinsen immer noch ein ganz gutes Resultat ist. In diesem Zusammenhang ist interessant, dass Pies (2009; vgl. auch Suchanek 2007, S. 51) von **Moral als** einem **Produktionsfaktor** spricht, indem Moral als längerfristige Investition in ein Unternehmen angesehen werden kann, die dazu beiträgt, einen angemessenen – wenn auch nicht exorbitanten – und sicheren Gewinn zu garantieren. Ethik und Moral sind also eine Investition in die Zukunft.

Eine interessante Frage ist, inwieweit „unethisches Verhalten" für ein Unternehmen ein Risikofaktor darstellt. Das ist dann – und nur dann – der Fall, wenn ethisch-moralische Mindeststandards Qualitätsbestandteil eines Produkts sind, oder anders gesagt: wenn das Nichteinhalten ethisch-moralischer Mindeststandards von den Nachfragern als Qualitätseinbuße bewertet wird. Und das wiederum kann auf zwei Ebenen geschehen: entweder als Verletzung gesetzlicher Vorgaben (Compliancemanagement) oder als Wertverlust des betreffenden Produktlabels. Wird die Nichteinhaltung der ethisch-moralischen Mindeststandards nicht erkannt, dürfte sich dadurch eher ein zusätzlicher ökonomischer Gewinn (durch geringere Kosten) ergeben, wird die Nichteinhaltung erkannt, eher ein Verlust (Imageverlust, allenfalls Kosten eines juristischen Verfahrens).

In ihrem Plädoyer für den Homo-oeconomicus-Ansatz argumentieren Brennan und Buchanan (1993, S. 88) unter anderem mit folgendem Argument für einen „gesunden Egoismus": „Solange es nicht eine bestimmte ‚kritische Masse' von altruistisch eingestellten Individuen gibt, – und das könnte heißen, solange nicht die überwiegende Mehrheit der Bevölkerung altruistisch eingestellt ist – ist es unter Umständen selbst für altruistische Individuen angebracht, sich egoistisch zu verhalten". Doch das Problem ist, dass kein Verhalten ausschließlich egoistisch oder ausschließlich altruistisch ist – in der Regel spielen beide Motivationsweisen hinein – die Frage ist nur, welche der beiden in der einzelnen, konkreten Handlung dominiert. Und außerdem: Wo steht geschrieben, dass „egoistische" Handlungen zufriedener machen als „altruistische", könnten „altruistische" Handlungen nicht längerfristig der Psychohygiene sogar besser bekommen?

Gegen das Menschenbild des „Homo oeconomicus" lässt sich auch – insbesondere aus Sicht neuester Erkenntnisse der Handlungstheorie und der Forschungen über „social reality" und der Ethnomethodologie – einwenden, dass Menschen weder zwingend egoistisch oder eigennützig handeln noch immer rational. Laut Haller (2012, S. 48) wird diese Erkenntnis auch durch die experimentelle Ökonomik bestätigt: „In einer umfassenden Studie an 15 Kulturen haben Henrich et al. das Standard-Modell des Homo Oeconomicus experimentell überprüft und dabei festgestellt, dass das ‚canonical model – based on self-interest – fails in all of the societies studied'" (Haller 2012, S. 48, vgl. auch Gesang 2016, S. 27 f.). Diese Einsicht hat sich auch zunehmend bei Ökonomen durchgesetzt (vgl. z. B. Pfriem 2016b, S. 72 ff.), weshalb etwa Emotionalität und Leidenschaft – ursprünglich der Gegenpol zu rationalem Verhalten – heute auf den verschiedensten Ebenen als Ergänzung der ökonomischen Rationalität gesehen werden, etwa auf der Ebene der Unternehmenskultur und des soziokulturellen Codes eines Unternehmens (vgl. dazu Jäggi 2009), im Bereich des Marketings und Designs oder auch in der Unternehmensstrategie.

Zur Kulturspezifität des Homo-oeconomicus-(HO-)Menschenbildes schreibt Gesang (2016, S. 30): „Letztlich kann man vielleicht sagen, dass das HO-Modell … ein faktisches Mehrheitsideal in unserem Kulturkreis abbildet …, demgemäß sich die meisten Menschen unter Konkurrenz wenigstens verhalten wollen. Aber sie scheitern häufig aufgrund von Fehlinformationen und anderer menschlicher Schwächen daran … Das Modell unterschlägt das Potenzial zu einem anderen Verhalten, das empirisch ebenfalls verbürgt ist".

Wirtschaftsethik lässt sich auch nach Themenfeldern und Geltungsbereichen einteilen, in welchen sie zur Anwendung kommt: Im Vordergrund stehen dabei die **Ethik des Wirtschaftssystems** (z. B. Ordoliberalismus, soziale Marktwirtschaft), die **Unternehmensethik,** die **Institutionenethik** und die **Managementethik.** Dazu kommt die **Konsumethik.** Diese erste Einteilung entspricht ungefähr der sozialwissenschaftlichen Unterteilung in **Makrobereich, Mesobereich** und **Mikrobereich.** Laut Johannes Frühbauer (2013, S. 7) gehören zur Makroebene das staatliche Handeln, die Gesetzgebung und die Ordnungspolitik, zur Mesoebene das Handeln intermediärer Akteure, wie etwa der Arbeitgeberverbände, der Gewerkschaften und der Branchenverbände, und zur Mikroebene die einzelnen Unternehmer, die Stakeholder, Gremien, Abteilungen, das Management und die Mitarbeitervertretungen. Dazu müsste man heute, in der Zeit der globalisierten Wirtschaft, eine vierte Ebene sehen: die der transrationalen Konzerne, der Weltwirtschaftsordnung und der internationalen Organisationen.

Daneben gibt es auch immer wieder aktuelle Fragen, die in der Wirtschaftsethik diskutiert werden, so etwa die Frage der Managementlöhne und -boni nach der Finanzkrise, die Frage nach dem Finanzsystem und nach Anlageformen wie etwa Derivate und strukturierte Produkte, aber auch das Problem der externen Kosten unternehmerischer Tätigkeit, welche die Gesellschaft und die Umwelt belasten, die aber in der Regel nicht in der Unternehmensbilanz auftauchen usw.

Eine andere Position als Homann vertritt der früher an der Universität St. Gallen lehrende Wirtschaftsethiker Peter Ulrich (2008, 2010 sowie 2016): Er postuliert eine sogenannte **integrative Wirtschaftsethik.**

In der Einführung zu seiner „Integrativen Wirtschaftsethik" hat Peter Ulrich (2016, S. 11) die Lebensdienlichkeit der Ökonomie der ökonomischen Sachlogik entgegengestellt, die immer mehr zu einer „merkwürdig anonymen Sach*zwang*logik" geworden sei. Dabei steigere zwar diese ökonomische Sachlogik die Produktivität und die wirtschaftliche Effizienz, aber sie schaffe es nicht, alle Menschen mit dem Lebensnotwendigsten zu versorgen. Die ökonomische Sachlogik führe zwar zu einem permanenten Wirtschaftswachstum und zu einem hohen Konsumniveau, aber sie bewirke auch eine dauerhafte und steigende Natur*un*verträglichkeit. Ulrichs Fazit: „Die ‚moderne' Sachlogik stellt unter Gesichtspunkten der Lebensdienlichkeit anscheinend nicht die *ganze* ökonomische Vernunft dar. Was ihr abhanden gekommen ist, ist die ethische Dimension vernünftigen Wirtschaftens" (Ulrich 2016, S. 11 f.). Ulrich sieht in der heutigen „Mainstream Economics" eher einen Teil des Problems als eine Grundlage für dessen Lösung: „Denn sie modelliert nur die ‚eigensinnige' Funktionslogik des in Reine gedachten marktwirtschaftlichen Systems und versucht daher in aller Regel, die ethisch-praktischen Probleme der gesellschaftlichen Ökonomie in *nichts* als ökonomischer ‚Systemrationalität' aufzuheben" (Ulrich 2016, S. 12 f.).

Unter den verschiedenen wirtschaftsethischen Schulen und Ansätzen besteht ein Konsens darin, dass sich Ethik und Moral für ein Unternehmen bezahlt machen müssen. Umstritten ist allerdings, in welchem Zeitrahmen, in welchem Ausmaß und in welcher Form. Ein Problem besteht allerdings darin, dass – so Gesang (2016, S. 19) – der Markt ständig wechselnde Aktivitäten honoriert. Das bedeutet, dass sowohl „ethisches" als auch „unethisches" Verhalten kurzfristig honoriert werden kann und dass die langfristige Implementierung ethischer Mindeststandards – etwa in Form eines Governance-Konzepts oder eines ausgebauten Compliancemanagements – längerfristig weniger Gewinne und höhere Kosten generieren kann.

Eine Grundthese des Ansatzes der integrativen Wirtschaftsethik von Ulrich sagt aus, „dass sich moralische und ökonomische Rationalität zu einer vernünftigen Einheit verbinden lassen" (Stoecker et al. 2011, S. 161). Daraus könnte ein völlig neues Wirtschaftssystem entstehen, das nach eigenen, aber nicht weniger rationalen Gesetzmäßigkeiten funktioniert. „Dieses neue Wirtschaftssystem funktioniert dann nicht mehr so, dass innerhalb gesetzter Grenzen, beispielsweise einer rechtlichen Rahmenordnung moralfrei gewirtschaftet werden kann, wie es in der liberalen oder sozialen Marktwirtschaft gedacht ist. Vielmehr ist dieses neue Wirtschaftssystem so beschaffen, dass individuelle und kollektive Wirtschaftsakteure zugleich moralisch und wirtschaftlich handeln können" (Stoecker et al. 2011, S. 161). Wenn darum Ulrich die beiden gesellschaftlichen Subsysteme Ökonomie und Ethik einander pointiert gegenüberstellt, geht es nicht um eine Verstärkung des Dualismus zwischen ihnen – wie Wühle (2015, S. 33) meint –, sondern um die Klärung der gegenseitigen Positionen, welche erst einen Diskurs zwischen ihnen ermöglicht.

Der integrative Ansatz von Ulrich (2008, S. 17 f.) umreißt drei Hauptaufgaben: „(1) die Kritik der ‚reinen' ökonomischen Vernunft und ihrer normativen Überhöhung zum Ökonomismus; (2) die Klärung der ethischen Gesichtspunkte einer lebensdienlichen Ökonomie; (3) die Bestimmung der ‚Orte' der Moral des Wirtschaftens in einer wohl geordneten Gesellschaft freier Bürger" (Düwell et al. 2011, S. 299).

Pfriem (2016a, S. 46) hat zu Recht darauf hingewiesen, dass „gehaltvolle ökonomische Untersuchungen … historisch-konkret sein [müssen]". Rein ahistorisch quantitative Analysen – etwa Korrelationsstudien – können zwar inhärente Zusammenhänge eines Sachverhalts aufzeigen, aber erst die historische und gesellschaftspolitische Einbettung kann weiterführende Erkenntnis über das reine Phänomen an sich hinaus generieren.

Bernward Gesang (2016, S. 4) hat in seinem Band *Wirtschaftsethik und Menschenrechte* die Meinung vertreten, dass die marktwirtschaftliche Ordnung und ihre Fähigkeit, die Bedürfnisse der Menschen effizient zu koordinieren und damit zu befriedigen, bisher alternativlos seien. Denn es sei völlig unklar, wie eine Wirtschaft von Grund auf anders organisiert werden könne. „Selbst moderne Varianten des *Ökosozialismus* legen sich häufig auf eine *mixed economy* oder einen *market socialism* fest, welche Schlüsselindustrien vergesellschaften wollen, staatliche Kontrollen und Mitarbeiter-Mitbestimmung groß schreiben oder ein bedingungsloses Grundeinkommen fordern, aber *den Markt als Koordinationsinstanz beibehalten.* … Jedenfalls scheint es derzeit kaum ein Wirtschaftssystem zu geben, das völlig auf den Markt verzichtet" (Gesang 2016, S. 4 f.). Gesang schlägt vor, alle Systeme als Marktwirtschaften zu bezeichnen, welche den Markt beibehalten, wenn auch in unterschiedlichem Ausmaß begrenzen. Das gilt auch im Zusammenwirken verschiedener Märkte.

Karl Polany (1978, S. 71) hat die Meinung vertreten, dass Marktwirtschaft gleichbedeutend sei wie ein sich selbst regulierendes System von Märkten. Ein solches System könne deshalb selbstregulierend genannt werden, weil es imstande sei, das gesamte Wirtschaftsleben ohne äußere Hilfe oder Einmischung zu regeln.

Im Grunde beruht jeder Markt auf der Durchsetzung von individuellen oder institutionellen Einzelinteressen.

Kann man also – wie Priddat (2010, S. 14) das vorgeschlagen hat – Wirtschaftsethik als „begleitende indikatorische Kommunikation" verstehen, also sozusagen als zusätzliche Kommunikationsebene wirtschaftlicher Prozesse, etwa von Marktbeziehungen? Nach Priddat (2010, S. 17) bildet Moral „ein Feld aus verschiedenen (informellen) Institutionen, innerhalb dessen sich Akteure bewegen können". Diese „moralischen", also sozialnormativ geprägten Interaktionsräume bilden dabei Interaktionskontinua, etwa zwischen Freunden, in der Familie, unter Bekannten und Kollegen. Die durch die Interaktionen zum Ausdruck kommenden Normen sind teils intrinsisch, teils durch äußere Anreize induziert (vgl. Priddat 2010, S. 17): „Allgemeiner gesagt: Moral ist kein homogenes Konzept, sondern diversifiziert in dem Sinne, dass Akteure je nachdem, in welchem sozialen Kontext sie sich bewegen, verschiedenen Institutionen zugehören. Faktisch bedeutet das, dass jede Institution ihre eigene, potentiell moralische, Regel aufweist, und dass moderne Individuen moralisch multipel ordiniert sind" (Priddat 2010,

S. 17). Dieses Konzept geht stark in Richtung des von mir entwickelten und vertretenen Konzepts des soziokulturellen Codes (vgl. Jäggi 2009). Dabei reproduziert jeder soziokulturelle Code eine bestimmte Sicht von Moralität und Ethik. Das gilt nicht nur für die einzelnen Institutionen oder Unternehmen, sondern auch für Märkte und letztlich für jedes einigermaßen dauerhafte Interaktionskontinuum (vgl. Jäggi 2009, S. 25 ff.). Doch auch jede Gesellschaft, jedes Wirtschaftssystem beinhaltet und reproduziert einen eigenen, übergreifenden soziokulturellen Code, der über den institutionseigenen soziokulturellen Codes steht – aber auch mit diesen in Konflikt stehen kann.

Reinhard K. Sprenger (2018, S. 35) hat nicht zu Unrecht von einer Verwechslung von Moral und Moralisierung gewarnt. Moral richtet sich nach allgemein anerkannten Grundwerten und normiert das Verhalten. Aber Moral – oder ihre Reflexion: die Ethik – soll helfen zu beurteilen, abzuwägen, also im Sinne eines „So-oder-So" (Sprenger 2018, S. 35) Handlungsalternativen aufzustellen und zu bewerten, nicht aber im Sinne eines „Nur-So" bestimmte Handlungen mit Druck oder Zwang durchzusetzen und andere auszuschließen. Moral hat mit Vernunft zu tun, aber auch mit Grundgefühlen – und mit Reflexion. Dagegen ist im Sinne Lübbes Moralismus der Triumph einer bestimmten Gesinnung über die Gesetze des Verstandes. Wer moralisiert, denkt nicht (vgl. Sprenger 2018, S. 35), sondern er verurteilt. Deshalb braucht es in der Wirtschaftsethik immer beide Pole: die (legitimen) Eigeninteressen auf der einen Seite und den berechtigten Anspruch auf Solidarität – insbesondere mit Schwächeren, Benachteiligten.

Gesang (2016, S. 8) hat die egozentrische Sicht des Wirtschaftszwecks wie folgt zusammengefasst:

1. „Alles Handeln ist nur vernünftig, wenn es durch Maximierung von Eigeninteressen erklärbar ist.
2. Alles moralisch erlaubte Handeln muss vernünftig sein.
3. Der Zweck des Wirtschaftens muss moralisch erlaubt sein.
4. Alles moralisch erlaubte Handeln, inklusive des Zwecks des Wirtschaftens, muss durch Maximierung von Eigeninteressen erklärbar sein".

Dagegen hält Gesang (2016, S. 9) kritisch fest, dass (1) die Vertragstheorie keinen ausreichenden normativen Handlungsrahmen bietet, dass (2) insbesondere in einem marktwirtschaftlichen Umfeld der Konsens aller Betroffenen nicht wahrscheinlich ist und dass (3) die Interessen der Individuen nicht automatisch mit dem maximierten Eigennutzen identisch sind. Wenn das stimmt, stellt sich die Frage, welche ergänzenden Legitimationsprozesse notwendig sind, wie trotzdem ein außer- oder übermarktlicher Konsens gefunden werden kann und welche Interessen der Individuen neben dem Eigennutzen in eine Wirtschaftsordnung einfließen sollten.

Damit stellen sich auf der einen Seite prozedurale Vorgehensfragen und auf der anderen Seite Fragen nach den inhaltlich-weltanschaulichen Grundwerten und den entsprechenden Verhaltensnormen.

Literatur

Albert, Hans (2009): Ökonomische Theorie als politische Ideologie. Das ökonomische Argument in der ordnungspolitischen Debatte. Tübingen: Mohr Siebeck.

Atkinson, A. B. (2009): Economics as a Moral Science. In: Economica. 76 (2009), Issue Supplement S1.791 ff.

Brennan, Geoffrey/Buchanan, James M. (1993): Die Begründung von Regeln. Konstitutionelle Politische Ökonomie. Tübingen: J. C. B. Mohr.

Brennan, Jason/Jaworski, Peter M. (2016): Markets without Limits. Moral Virtues and Commercial Interests. New York/London: Routledge.

Brundtland Report: Our Common Future (1987): Brundtland Bericht: Unsere gemeinsame Zukunft. „Unsere gemeinsame Zukunft. Der Brundtland-Bericht der Weltkommission für Umwelt und Entwicklung". Herausgeber: Volker Hauff. https://www.nachhaltigkeit.info/artikel/brundtland_report_563.htm (Zugriff 12.12.2017).

Busche, Hubertus (2011): Wohlstandsproduktion als institutionalisierte Solidarität? Kritik einer These der neueren Wirtschaftsethik. In: Busche, Hubertus (Hrsg.): Solidarität. Ein Prinzip des Rechts und der Ethik. Würzburg: Königshausen & Neumann. 71 ff.

Düwell, Marcus/Hübenthal, Christoph/Werner, Micha H. (Hrsg.) (2011): Handbuch Ethik. 3. Auflage. Stuttgart/Weimar: Verlag J.B. Metzler.

Frühbauer, Johannes (2013): Verantwortlich handeln im Kontext von Wirtschaft und Unternehmen. Grundlagen und Grundfragen der Wirtschafts- und Unternehmensethik. Vorlesungsskript. Herbstsemester 2013. Luzern: Universität Luzern.

Gesang, Bernward (2016): Wirtschaftsethik und Menschenrechte. Ein Kompass zur Orientierung im ökonomischen Denken und im unternehmerischen Handeln. Tübingen: Mohr Siebeck/UTB.

Haller, Christian (2012): Menschenbild und Wirtschaft. Eine philosophische Kritik und Erweiterung des Homo oeconomicus. Marburg: Tectum-Verlag.

Hartmann, Evi (2016): Wie viele Sklaven halten Sie? Über Globalisierung und Moral. Frankfurt/Main: Campus.

Höffe, Otfried (2015): Kritik der Freiheit. Das Grundproblem der Moderne. München: C.H. Beck.

Homann, Karl (1993): Wirtschaftsethik. Die Funktion der Moral in der modernen Wirtschaft. In: Wieland, J. (Hrsg.): Wirtschaftsethik und Theorie der Gesellschaft. Frankfurt/Main: Suhrkamp. 32 ff.

Homann, Karl (1995): Ethik und Ökonomik. In: Kappler, Ekkehard/Scheytt, Tobias (Hrsg.): Unternehmensführung – Wirtschaftsethik – Gesellschaftliche Evolution. Annäherungen an eine verantwortungsbewusste Führungspraxis. Gütersloh: Verlag Bertelsmann Stiftung. 177 ff.

Homann, Karl (1999): Das Problem der „Instrumentalisierung" der Moral in der Wirtschaftsethik. In: Kumar, B. N./Osterloh, M./Schreyögg, G. (Hrsg.): Unternehmensethik und die Transformation des Wettbewerbs. Shareholder-Value-Globalisierung-Hyperwettbewerb. Stuttgart: Schäffer-Poeschel. 53 ff.

Homann, Karl (2001): Governanceethik und philosophische Ethik mit ökonomischer Methode. Versuch einer Verhältnisbestimmung. In: zfwu Zeitschrift für Wirtschafts- und Unternehmensethik. 2 (2001) 1. 34 ff.

Homann, Karl/Blome-Drees, Franz (1992): Wirtschafts- und Unternehmensethik. Göttingen: Vandenhoeck & Ruprecht.

Homann, Karl/Lütge, Christoph (2013): Einführung in die Wirtschaftsethik. 3. Auflage. Berlin: Lit.

Jäggi, Christian J. (2009): Sozio-kultureller Code, Rituale und Management. Neue Perspektiven in interkulturellen Feldern. Wiesbaden: VS Verlag für Sozialwissenschaften.

Jäggi, Christian J. (2016): Migration und Flucht. Wirtschaftliche Aspekte – regionale Hot Spots – Dynamiken – Lösungsansätze. Wiesbaden: Springer Gabler.

Kappler, Ekkehard/Scheytt, Tobias (1995): Unternehmensführung – Wirtschaftsethik – Gesellschaftliche Evolution: Annäherungen an eine verantwortungsbewusste Führungspraxis. In: Kappler, Ekkehard/Scheytt, Tobias (Hrsg.): Unternehmensführung – Wirtschaftsethik – Gesellschaftliche Evolution. Annäherungen an eine verantwortungsbewusste Führungspraxis. Gütersloh: Verlag Bertelsmann Stiftung. 13 ff.

Kośmicki, Eugeniusz (1997): Das Nachhaltigkeitskonzept als grundlegende Kategorie des ökologischen Bewusstseins in der sozial-ökonomischen Entwicklung. In: Probleme der Didaktik und Erziehung in der Akademie für Landwirtschaft Poznań. Nr. 14. (poln.). 13 ff.

Myrdal, Gunnar (1973): Das politische Element in der nationalökonomischen Doktrinbildung. Hannover: Verlag für Literatur und Zeitgeschehen.

Nelson, Julie A. (2018): Inequality and Unsustainability. The Role of financialized Masculinity. In: Fadda, Sebastiano/Tridico, Pasquale (Hrsg.): Inequality and Uneven Development in the Post-Crisis World. London/New York: Routledge. 87 ff.

Oermann, Nils Ole (2015): Wirtschaftsethik. Vom freien Markt bis zu Share Economy. München: C.H. Beck.

Pfriem, Reinhard (2016a): Weltklugheit statt ökonomische Rationalität. In: Pfriem, Reinhard: Ökonomie als Gemengelage kultureller Praktiken. Marburg: Metropolis. 35 ff.

Pfriem, Reinhard (2016b): Weltlosigkeit überwinden. In: Pfriem, Reinhard: Ökonomie als Gemengelage kultureller Praktiken. Marburg: Metropolis. 63 ff.

Pies, Ingo (1993): Normative Institutionenökonomik. Zur Rationalisierung des politischen Liberalismus. Tübingen: Mohr.

Pies, Ingo (2009): Unternehmensethik in der Marktwirtschaft: Moral als Produktionsfaktor. Diskussionspapier. No. 2007-12. Provided in Cooperation with: Martin Luther University of Halle-Wittenberg, Chair of Economic Ethic.

Polany, Karl (1978): The Great Transformation. Politische und ökonomische Ursprünge von Gesellschaften und Wirtschaftssystemen. Frankfurt/Main: Suhrkamp Taschenbuch Wissenschaft.

Priddat, Birger P. (2010): Wozu Wirtschaftsethik? Marburg: Metropolis-Verlag.

Samuelson, Paul A./Nordhaus, William D. (2010): Volkswirtschaftslehre. 4., aktualisierte Auflage. München: FinanzBuch Verlag.

Sandel, Michael J. (2015): Moral und Politik. Wie wir das Richtige tun. Berlin: Ullstein.

Sautter, Hermann (2017): Verantwortlich wirtschaften. Die Ethik gesamtwirtschaftlicher Regelwerke und des unternehmerischen Handelns. Ethik und Ökonomie. Band 20. Marburg: Metropolis.

Segbers, Fanz (1999): Die Hausordnung der Tora. Biblische Impulse für eine theologische Wirtschaftsethik. Luzern: Edition Exodus.

Seipel, Ignaz (1907): Die wirtschaftsethischen Lehren der Kirchenväter. Wien: Mayer.

Smith, Adam (1990): Der Wohlstand der Nationen. Eine Untersuchung seiner Natur und seiner Ursachen. Für die Taschenbuch-Ausgabe revidierte Fassung vom Mai 1978. 5. Auflage. München: Deutscher Taschenbuch Verlag.

Smith, Adam (2010): Theorie der ethischen Gefühle. Hamburg: F. Meiner.

Sprenger, Reinhard K. (2018): Bekenne, du schlechter Mensch! In: Neue Zürcher Zeitung vom 11.4.2018. 35.

Stoecker, Ralf/Neuhäuser, Christian/Raters, Marie-Luise (Hrsg.) (2011): Handbuch Angewandte Ethik. Stuttgart/Weimar: Verlag J. B. Metzler.

Suchanek, Andreas (2007): Ökonomische Ethik. 2. Auflage. Tübingen: Mohr Siebeck.

Thielemann, Ulrich (2010): Wettbewerb als Gerechtigkeitskonzept. Kritik des Neoliberalismus. Marburg: Metropolis.

Thieme, Sebastian (2017): Menschengerechtes Wirtschaften? Subsistenzethische Perspektive auf die katholische Sozialethik, feministische Ökonomik und Gesellschaftspolitik. Opladen: Barbara Budrich.

Tridico, Pasquale (2018): The rise of Income Inequality in Rich Countries. In: Fadda, Sebastiano/ Tridico, Pasquale (Hrsg.) Inequality and Uneven Development in the Post-Crisis World. London/New York: Routledge. 9 ff.

Ulrich, Peter (2008): Integrative Wirtschaftsethik. Grundlagen einer lebensdienlichen Ökonomie. 4. Auflage. Bern: Haupt.

Ulrich, Peter (2010): Zivilisierte Marktwirtschaft. Eine wirtschaftsethische Orientierung. Bern: Haupt.

Ulrich, Peter (2016): Integrative Wirtschaftsethik. Grundlagen einer lebensdienlichen Ökonomie. 5. Auflage. Bern: Paul Haupt.

Wittgenstein, Ludwig (1982): Philosophische Untersuchungen. Dritte Auflage. Frankfurt/Main: Suhrkamp Taschenbuch Wissenschaft.

Wühle, Matthias (2015): Die Moral der Märkte. Warum Ethik neu gedacht werden muss. Wiesbaden: Springer Fachmedien/J.B. Metzler.

Wurzer, Michaela S. (2014): Wirtschaftsethik von ihren Extremen her Darstellung und Kritik der Ansätze von Karl Homann und Peter Ulrich. Würzburg: Königshausen und Neumann.

Zum aktuellen Diskussionsstand in der Wirtschaftsethik

Es ist eher selten, dass Wirtschaftsethiker die Sinnfrage nach der Wirtschaft stellen. Eine bemerkenswerte Ausnahme ist Alois Baumgartner (2010). Er geht zuerst von einem formalen und materialen Wirtschaftsbegriff aus. Unter Wirtschaft versteht Baumgartner (2010, S. 103) „alle das Mittel-Zweck-Verhältnis optimierenden Tätigkeiten der Produktion und Distribution, die, unter der Bedingung der Knappheit, den Menschen eines bestimmten Raumes zur Befriedigung ihrer Bedürfnisse dienen".

Dabei ist für jede Wirtschaftsethik entscheidend, von welchem Verständnis von Wirtschaft ausgegangen wird. Oder mit den lapidaren Worten von Oswald von Nell-Breuning (Nell-Breuning et al. 1958, S. 274): „Sage mir, was du unter Wirtschaft verstehst, und ich werde dir sagen, was du für eine Wirtschaftsethik hast".

Unter Verweis auf Smiths berühmtes Bild der „unsichtbaren Hand des Marktes" stellt Baumgartner (2010, S. 108) fest, dass gerade Smiths auf den ersten Blick unmoralischer Ansatz einen „moralischen Sinn-Horizont" aufweist: Die ethische Grundidee bei Smith bestehe darin, dass „das auf Eigeninteresse und Gewinn beruhende wirtschaftliche Handeln … dem Wohl aller Menschen dienen" (Baumgartner 2010, S. 108) soll. Smith verknüpfte damit die quantitative Komponente der Produktionsmaximierung mit der distributiven Dimension. Wenn man diesen Ansatz über Smith hinaus weiterdenkt, kommt man unweigerlich zu verteilungshemmenden Faktoren, wie z. B. mangelndes Einkommen (Armut), Marktbarrieren, mangelnde Informiertheit der Nachfrager usw. Insbesondere die – wirtschaftsethische – Bedeutung der Rahmenordnung haben die Ordoliberalen wie Wilhelm Röpke, Walter Eucken, Ludwig Ehrhard und Alfred Müller-Armack schon vor über 50 Jahren klar erkannt – ein Wissen, das im Zeitalter des Neoliberalismus und der ungebremsten Globalisierung bei vielen in Vergessenheit geraten ist.

Aus wirtschaftsethischer Sicht hat die Wirtschaft nicht nur die materiellen oder immateriellen Bedürfnisse der Marktteilnehmenden zu befriedigen, sondern – wie Nell-Breuning (1956, S. 100 f.) es formulierte – auch die menschliche Würde zu respektieren: „Die Wirtschaft hat den Menschen ein Leben in menschlicher Würde zu ermöglichen und zu sichern; dazu gehört, dass sie den Menschen gut reichlich versorgt, nicht aber, dass der Mensch zum Diener der größtmöglichen Reichtumsvermehrung gemacht wird. Im *Vollzug* der Wirtschaft die Menschenwürde zu achten, ist wichtiger, als seine Versorgung mit Unterhaltsmitteln auf das Höchstmass zu steigern" (Nell-Breuning 1956, S. 100 f.).

Eine Wirtschaftsethik, die diesen Namen verdient, muss sich also zentral mit Fragen wie Verteilungsgerechtigkeit, soziale Ungleichheit, Funktionieren des Marktes, Marktregelungen, Versorgungssicherheit, Ethik im Handeln aller Marktteilnehmenden usw. befassen.

Außerdem ist darauf zu achten, ob Wirtschaft sich als Teil des gesellschaftlichen Geschehens versteht, aber nicht umgekehrt: „Sätze wie ‚eine florierende Wirtschaft ist die beste Sozial- und Gesellschaftspolitik' treffen so nicht zu" (Baumgartner 2010, S. 111). Vielmehr müsse die wirtschaftliche Effizienz die Basis einer humanen und gesellschaftlichen Effizienz bilden (vgl. Baumgartner 2010, S. 111).

Stephan Wirz (2010, S. 89 f.) hat zu Recht darauf hingewiesen, dass die Akzeptanz der Marktwirtschaft zu einem großen Teil von der Glaubwürdigkeit ihrer Vertreter abhängt. Fehlt diese Glaubwürdigkeit, erhalten Bestrebungen nach mehr staatlichen Regelungen Auftrieb. In dieser Situation ist es nicht erstaunlich – so Wirz (2010, S. 90) –, dass liberale Wirtschaftsvertreter nach einer neuen Moral rufen. Diese argumentieren meistens tugendethisch – oder sie bleiben bei allgemeinen und unverbindlichen Moralappellen stehen.

Im Einzelnen formulierte Wirz (2010, S. 90 ff.) folgende ethischen Kompetenzen für wirtschaftliche Führungskräfte:

- Fähigkeit, kulturelle und gesellschaftliche Bedeutung unternehmerischen Handelns zu erkennen;
- Führungsstil, der eine humane Leistungskultur fördert;
- Wissen um wechselseitige Verflechtung von Gesellschaft und Unternehmen sowie Fähigkeit, Unternehmen strategisch in einem „Korridor des ethisch Verträglichen" zu positionieren;
- wacher und kreativer Sinn für nachhaltiges Wirtschaften sowie
- Fähigkeit zur Distanznahme zu gefundenen Lösungen und permanentes Fragen nach dem Sinn des Tuns.

Gesang (2016, S. 5 f.) wies zu Recht darauf hin, dass die vielen und sich teilweise widersprechenden wirtschaftsethischen Ansätze Wirtschaftspraktiker und Politiker eher verwirren als ihnen helfen: „Was nützt es dem Politiker, Unternehmer oder Manager, wenn er liest, dass er als Kantianer a, als Utilitarist b und als Vertragstheoretiker c tun soll?" Sollen Wirtschaftspraktiker und Politiker die Vor- und Nachteile unterschiedlicher wirtschaftsethischer Modelle kennen? Sollten sie nicht vielmehr praktikable und einfache Handlungsregeln anwenden können, um in ihrem Berufsalltag adäquat zu handeln? Zu Recht meint Gesang, dass Ersteres eine Überforderung für die meisten Manager und Politiker darstellt – und ich würde ergänzen, auch vieler Ökonomen! Auf der anderen

Seite kann aber wirtschaftliches Handeln kaum ethisch reflektiert werden, wenn nicht mindestens die wichtigsten ethischer Theorien und Ansätze bekannt sind. Also ein klares Dilemma!

Deshalb ist immer wieder die Meinung zu hören, dass es nicht um metaethische Reflexionen über unterschiedliche Wirtschaftssysteme gehen könne, sondern gefragt seien praktikable und einfach zu handhabende Hilfestellungen in der Praxis. Dem steht allerdings die Tatsache gegenüber, dass die Wirtschaft – trotz vereinzelter gegenläufiger Tendenzen – immer stärker nach globalen, also transnationalen Spielregeln funktioniert. Damit steht die Wirtschaftsethik im Prinzip vor dem gleichen Problem wie jede ökonomische Tätigkeit: Das Handlungsfeld wird immer globaler sowohl im geografischen als auch im umfassenden Sinn und immer interkultureller. Das bedeutet: Eine adäquate Wirtschaftsethik kann nicht mehr partikulär, national oder sektoriell sein, sie muss das gesamte wirtschaftliche Handlungsfeld mit reflektieren.

Matthias Wühle (2015, S. 112) hat darauf hingewiesen, dass unter Managern und Wirtschaftsführern zwei Grundhaltungen in Bezug auf das Verhältnis von Ökonomie und Ethik verbreitet sind: Eine harmonistische Sicht von der Vereinbarkeit von Markt und Moral und eine disharmonische Sicht, welche das Verhältnis von Markt und Moral grundsätzlich als konfliktbeladen sieht. Dies zeigte eine Umfrage unter Managern 1992: „Einer Befragung unter Managern und Unternehmern zufolge rechnen sich 88 % zu den Harmonisten, während 12 % von einem grundsätzlichen Konflikt ausgehen" (Wühle 2015, S. 112; vgl. auch Herold 2012, S. 22 f.). Dabei unterschied die Studie vier Typen von managerialem Verständnis von Ethik/Moral- und Marktverständnis: Ökonomisten, Konventionalisten, Idealisten und Reformer (vgl. Tab. 2.1).

Tab. 2.1 Die Haltung von Managern zu Ökonomie und Ethik. (Quelle: Herold 2012, S. 22; vgl. auch Ulrich und Thielemann 1993, S. 61)

88 % Harmonisten		12 % sind sich eines **Konflikts** bewusst (zwischen **Markt und Moral**)	
Darunter:			
33 % Öko-nomisten	55 % Konventionalisten	2 % Idealisten	10 % Reformer/ Ordnungspolitiker
Sachzwänge sind moralisch unproblematisch	Gültige Normen stehen nicht im Konflikt mit der Systemlogik des Marktes	Egoismus und Werte-verfall sind schuld an ökologischen und gesellschaftlichen Fehlentwicklungen	Man muss ökonomische Sachzwänge akzeptieren, aber durch eine Ver-besserung der Rahmen-bedingungen kann Ethik die Basis einer erfolg-reichen Unternehmens-führung sein
→ Vertrauen auf die „Metaphysik des Marktes"	→ allenfalls Konflikt zwi-schen Pflicht und Neigung	→ systematischer Konflikt zwischen Markt und Moral	→ Notwendigkeit poli-tischer und rechtlicher Regelungen

Tab. 2.2 Bedeutung von Moral in der Wirtschaft. (Quelle: Herold 2012, S. 24)

≈ ein Drittel	≈ ein Drittel	≈ ein Drittel
Die Moral spielt eine große Rolle in der Wirtschaft	Der Stellenwert der Moral ist ambivalent	Moral hat eine geringe Bedeutung
Nur wer moralisch sauber ist, kann auf lange Sicht Geschäfte machen	Moral muss in bestimmten Situationen und Ländern Ermessenfrage bleiben	Wirtschaft erfordert Amoralität (12,5 %)
Ökonomische Notwendigkeiten und moralische Grundsätze müssen ausbalanciert sein	Der Manager muss Dinge tun, die streng moralisch gesehen nicht richtig sind	Moral ist letztlich nicht durchsetzbar
		Diskussionen über Moral haben eine Feigenblattfunktion

Gleichzeitig beurteilten fast 90 % der befragten Manager ihr unternehmerisches Handeln als moralverträglich, nur gerade 12 % sahen überhaupt einen Konflikt zwischen Markt und Moral (vgl. Herold 2012, S. 23). Das große Problem solcher Umfragen ist natürlich, dass bei den Befragten äußerst unterschiedliche Vorstellungen von Moral und Ethik bestehen. Eine spätere repräsentative Befragung bei Vorstandsmitgliedern in den hundert größten Unternehmen in Deutschland ergab 2007, dass immerhin ein Drittel die Auffassung vertrat, Moral spiele in der Wirtschaft eine große Rolle und sei als solche ein erstrebenswertes Gut (vgl. Herold 2012, S. 23). Herold interpretierte das als Verschiebung in Bezug auf die Haltung zu Moral in der Wirtschaft. Im Einzelnen hielt je ein Drittel Moral in der Wirtschaft für wichtig, ein Drittel war diesbezüglich ambivalent und ein Drittel hielt Moral in der Wirtschaft für unbedeutend (vgl. Herold 2012, S. 24). Die drei Haltungen wurden unterschiedlich begründet (vgl. Tab. 2.2).

Dabei sind viel mehr Handlungen als allgemein angenommen ethisch ambivalent.

Diese Zahlen zeigen, dass die Haltung zu Markt und Moral auch eine Frage des vertretenen Menschenbildes ist. Werner Lachmann (2016, S. 33) hat darauf hingewiesen, dass sozialistische oder planwirtschaftliche Vorstellungen des Marktes eher davon ausgehen, dass sich die Lebensumstände der Menschen tendenziell verbessern, dass sich so etwas wie ein „neuer Mensch" entwickelt. Dagegen sahen die Vertreter marktwirtschaftlicher Konzepte den Menschen eher pragmatisch, sie bauten ihre ökonomischen Vorstellungen darauf auf, „was ist", sahen also den Menschen eher als fehlerbehaftet und egoistisch.

Die Frage, ob Märkte moralisch oder unmoralisch sind, wird immer wieder heiß diskutiert. Dabei werden den Märkten von den einen moralische Qualität zugeschrieben (vgl. Clark und Lee 2015, S. 14), während andere Menschen Märkte als unmoralisch ansehen. Häufig wird von Ersteren mit dem Paretokriterium argumentiert:

Das Paretokriterium ist nach dem Soziologen Vilfredo Pareto benannt, der sich Ende des 19. Jahrhunderts mit Fragen der Volkswirtschaft befasste.

Das Pareto-Kriterium … ist die Antwort der jüngeren Wohlfahrtstheorie auf die ‚kommunistische Fiktion' des utilitaristischen Prinzips und der auf ihm beruhenden Vorstellung von einem ‚volkswirtschaftlichen Maximum'. Als kollektive (volkswirtschaftliche) Wohlfahrtsverbesserungen sollen gemäss dem Pareto-Kriterium nur noch jene sozialen *Veränderungen* anerkannt werden, durch die sich die (subjektiv beurteilte) Lage von mindestens einem Individuum verbessert, ohne dass sich dadurch die Lage irgend eines anderen Individuums verschlechtert. Als *pareto-effizient* gilt also jeder gesellschaftliche (politische) Reformvorschlag, dem alle Beteiligten allein deshalb zustimmen, weil er für jeden unter ihnen die *vorteilhafteste* real verfügbare Alternative ist und insofern ‚zum Vorteil aller Betroffenen' ausfällt. Als *pareto-ineffizient* gilt umgekehrt jeder Vorschlag für die Veränderung sozialer Spielregeln, der bei einzelnen Betroffenen Ablehnung (fehlende ‚Akzeptanz') provoziert, weil die Veränderung gemäss ihrer subjektiven Wahrnehmung ihren Besitzstand verletzt (Ulrich 2016, S. 203).

Die Meinungen über das Paretoprinzip gehen weit auseinander.

So bezeichnet etwa Gesang (2016, S. 38) die Paretooptimalität als „eine heilige Kuh der Ökonomie", weil sie das utilitaristische Prinzip der Nutzenmaximierung so auslege, dass *Paretosuperiorität* erfüllt sei, ‚wenn wenigstens eine Person ökonomisch besser gestellt werden kann, ohne dass eine andere schlechter gestellt wird" (Gesang 2016, S. 38). Dagegen bestehe ein *paretooptimaler* Zustand, wenn kein anderer Zustand mehr möglich sei, der im Vergleich dazu paretosuperior ist.

Nach Meinung von Ulrich (2016, S. 204) handelt es sich beim Paretokriterium eigentlich um einen „individualistisch gewendeten Gemeinwohlbegriff". Deshalb gelte: Wenn etwas dem privaten Vorteil eines jeden Einzelnen diene, diene es auch dem allgemeinen Wohl. Allerdings müsste man hier einschränken, dass **der Nutzen oder der Schaden vom Einzelnen auch als solche erkannt werden müssen.** So sind Umweltvorschriften, deren Wirkung häufig erst langfristig zu erkennen sind, kurzfristig für den Einzelnen oder für das einzelne Unternehmen lediglich als Kosten wahrnehmbar, was das Paretokriterium wenn nicht außer Kraft setzt, so zumindest relativiert. Genau aus diesem Grund ist zum Beispiel die Regierung Trump aus dem Klimaabkommen ausgestiegen. Ein anderes Beispiel sind die im Betrieb und insbesondere bei der Entsorgung viel zu teuren und außerdem risikobehafteten Atomkraftwerke, welche aber weiterhin am Netz gelassen werden, weil einige wenige – nämlich die Betreiber bzw. deren Aktionäre – daran verdienen.

Überhaupt bestehen hinsichtlich des Paretokriteriums grundlegende Messprobleme:

Die interpersonale ordinale oder kardinale Messung von Nutzen wird von vielen Ökonomen als gescheitert angesehen . . Woher soll man wissen, dass zehn Nutzeneinheiten für dich dasselbe bedeuten wie zehn Nutzeneinheiten für mich? Insbesondere dann, wenn wir verschiedenen Kulturkreisen angehören? Wie sind *interpersonelle* Nutzenmessungen möglich, wenn kein gemeinsamer Nutzennullpunkt und kein gemeinsames Ende der Nutzenskala bekannt sind? Das sind die Gründe, aus denen heraus der Aggregationismus abgelehnt wird (Gesang 2016, S. 39).

Dazu ein konkretes Beispiel: Wenn ich als Vermieter in einem von mir selbst mitbewohnten Mehrfamilienhaus ein konfliktfreies Verhältnis mit den Mitbewohnern höher schätze als den ökonomischen Nutzen, werde ich vielleicht darauf verzichten, eine betriebswirtschaftlich notwendige Mietzinserhöhung an die Mieter weiterzugeben. Im konkreten Alltag gibt es Hunderte von solchen Situationen, wo immaterielle Werte dem ökonomischen Nutzen übergeordnet werden – genau wie auch das Gegenteil möglich ist. Oder etwas salopp formuliert: „Kann ich wissen, wie sehr dir ein Bier besser schmeckt als mir?" (Gesang 2016, S. 43). So kann eine bestimmte Geldsumme – sagen wir 1000 EUR – für zwei Personen etwas völlig Unterschiedliches bedeuten, ebenso wie die Vermeidung eines persönlichen Konflikts.

Peter Ulrich (2016, S. 205) kritisierte am Paretokriterium – oder genauer gesagt: an dessen Anwendung als ethische Legitimierung ökonomischer Entscheide –, dass damit jeder ökonomische Entscheid auf eine Frage der allgemeinen Akzeptanz reduziert werde: „Wird Pareto-Effizienz als hinreichendes Legitimationskriterium betrachtet, so wird damit … ethische Legitimation (Berechtigung) auf strategische *Akzeptanz* (Durchsetzbarkeit) legitimiert" (Ulrich 2016, S. 205). Gleichzeitig kann jeder Markt als paretokonform und damit letztlich aus einer eingeschränkten Perspektive als ethisch gerecht verstanden werden: „Da in einem ‚freien' Markt alle zustande kommenden Tauschgeschäfte formal freiwillig eingegangen werden, also jeder stets zu seinem Vorteil handelt, ist der Markt definitionsgemäß und ganz unabhängig von der Ausgangsverteilung der Ressourcen für alle Beteiligten effizient und damit insgesamt *pareto-effizient*" (Ulrich 2016, S. 208).

Der deutsche – katholische – Wirtschaftsethiker Karl Homann hat in Bezug auf Moralität des Marktes wie folgt argumentiert: „Markt und Wettbewerb erhalten die moralische Qualität ausschließlich deswegen zugesprochen, weil sie ‚effizient' sind, d. h. weil sie allein in der Lage sind, die Chancen aller einzelnen für eine Lebensgestaltung nach eigenen Vorstellungen zu garantieren bzw. zu erweitern" (Homann 1990, S. 41). Dagegen kritisierte der – ebenfalls katholische – Theologe Hans Küng die Position von Karl Homann: „Von einer ‚Ethik des Wettbewerbs' … sollte man nicht reden. Aus sich heraus ist der Wettbewerb ambivalent, er kann (ethisch) zum Wohlstand aller oder aber (unethisch) zur Verteidigung von Partikularinteressen auf Kosten aller anderen führen" (Küng 2010, S. 171). Auch Homann müsse zugeben, dass „die sittliche Qualität des Wettbewerbs von der Rahmenordnung abhängt" (Küng 2010, S. 171).

Es macht auch wenig Sinn, die Marktwirtschaft im Sinne Homanns als „ethisch" zu bezeichnen und „ihre Ethik als ihre Effizienz" (Segbers 1999, S. 62) zu verstehen. Das funktioniert nur dann, wenn man „ethisch" mit „gut funktionierend" gleichsetzt, aber dann wäre auch ein leistungsstarkes, „gutes Auto" ein „ethisches Auto" oder ein smarter, „guter Anwalt" ein „ethischer Anwalt". Aber wir alle wissen, dass diese Gleichung nicht stimmt: Ein gerissener Anwalt kann fachlich hervorragend sein, aber mit ethisch fraglichen Methoden arbeiten, ein technisch ausgeklügeltes Auto kann für ethisch gute oder schlechte Ziele eingesetzt werden usw.

Nach Segbers (1999, S. 63) liegt die entscheidende Schwäche des Ansatzes von Homann jedoch darin, dass er „alle sozialen Beziehungen auf ökonomisch rationales Handeln zurückführen will".

Diese Sichtweise reduziert die Moral des Marktes auf eine reine marktliche Produktions- und Verteilungseffizienz. Damit wird der Moralbegriff jedoch zu einer reinen Worthülse.

Doch auch die Position, wonach Märkte per se unmoralisch seien, ist problematisch: Genauso gut könnte man sagen: Autofahren oder gar Mobilität ist unmoralisch.

Clark und Lee (2015, S. 14) haben – meines Erachtens zu Recht – argumentiert, „dass eine moralische Argumentation zugunsten des Marktes dann am meisten überzeugt, wenn man die übliche Sichtweise auf moralisches Handeln als legitim akzeptiert und gleichzeitig anerkennt, dass die Überlegenheit von Märkten auf ihrer Fähigkeit beruht, wünschenswerte Ergebnisse hervorzubringen, ohne auf das zu bauen, was man gemeinhin als ‚moralisches Handeln' ansieht" (Clark und Lee 2015, S. 14).

Clark und Lee (2015, S. 18) haben argumentiert, dass Urteile über moralisches Marktverhalten in der Regel von einer Pflichtmoral – im Gegensatz zu einer konsequentialistischen Moral – ausgehen, die sich entweder als Helfermoral oder als Marktmoral äußere. Dabei werde bei der Pflichtmoral die Größe des persönlichen Opfers höher bewertet als die tatsächlich bewirkte Hilfeleistung. Die Autoren verweisen dabei auf die Bibelstelle bei Markus 12,43 f., in welcher Jesus die beiden kleinen Münzen der armen Witwe höher bewertet als wertmäßig größere Opfergaben der Reichen. Dem wäre allerdings theologisch entgegenzuhalten, dass es Jesus nicht um die Größe der Opfergabe geht, sondern um die innere Haltung, nicht um ein „Pflichtverhalten", sondern um die motivationale Grundlage.

Von einer Haltung der Pflichtmoral unterscheiden Clark und Lee eine „Marktmoral": „Die Marktmoral kann, grob gesagt, als Befolgung allgemein akzeptierter Regeln oder Verhaltensnormen beschrieben werden – etwa wie ‚die Wahrheit sagen', ‚Versprechungen einlösen', ‚vertragliche Verpflichtungen erfüllen', ‚fremde Eigentumsrechte respektieren' oder ‚andere nicht bewusst schädigen'" (Clark und Lee 2015, S. 24). So gesehen entspricht die „Marktmoral" mehr oder weniger der „Goldenen Regel", also einer als Minimalethik zu bezeichnenden Ethik (vgl. dazu Jäggi 2016, S. 164 f.).

Allerdings hat Priddat (2015, S. 162) zu Recht darauf hingewiesen, dass man die „Moral des Marktes" nicht mit der ‚moralischen Prädikation von Gütern' verwechseln sollte. Priddat (2015, S. 162) meint damit „die Tatsache, dass Güter auf Märkten angeboten werden, die in der Werbung und in der allgemeinen Kommunikation als moralisch qualifiziert ausgewiesen werden. Ob es durch Verweise auf Ökostandards, Gesundheitswerte, *fair trade*, Nachhaltigkeit etc. geschieht, ist erst einmal sekundär. Natürlich geschieht diese moralische Prädikation nicht selbstlos, sondern um Umsatz und Absatz zu erhöhen. Faktisch werden Konsumenten für ihre moralischen Einstellungen bedient, indem sie Güter offeriert bekommen, die ihnen moralische Zweifel an Produktion (und Produktionsweisen [z. B. Kinderarbeit, Ausbeutung etc.]) nehmen sollen" (Priddat 2015, S. 162). Dabei gehe es weniger um moralische Positionierungen, sondern vielmehr um „die moralische Einbettung von Konkurrenzprodukten, die auf diese Weise höhere Aufmerksamkeit und Akzeptanz gewinnen sollen" (Priddat 2015, S. 162).

Nach Priddat (2010, S. 35) sind „alle Güter … moralisch markierbar, wenn die gesellschaftliche Kommunikation sich auf sie fokussiert". Moralität wird also sozusagen auf die Produkteigenschaften aufmoduliert. Wie alle anderen Bedeutungen sind auch ethisch-moralische Kriterien „keine Restriktionen, sondern Markierungen von Gütern, die auf Kontexte verweisen und aus den Kontexten interpretiert werden" (Priddat 2010, S. 36). Man könnte auch sagen: Ethisch-moralische Kriterien sind immaterielle

Produkteigenschaften, die entsprechend vermarktet werden können – so wie ein Label. Das bedeutet: Die Vermarktung von moralischen Aspekten eines Produkts hängt von der Unternehmenskommunikation ab und kann im optimalen Fall als Unique Selling Proposition (USP) im strategischen Marketing eingesetzt werden. Das funktioniert aber nur, wenn in der Käufercommunity ein entsprechender *Moral Consent* besteht. Priddat (2010, S. 42) spricht in diesem Zusammenhang von einem zweifachen – oder genauer hybriden – Charakter von Gütern, der aus dem betreffenden Produkt selbst und aus seiner moralischen Markierung besteht. Streng genommen gibt es drei Ebenen von Eigenschaften – Priddat (2010, S. 43) spricht sogar von drei Märkten –: die gewöhnlichen Güter- und Leistungsmärkte, die Markierungsmärkte mit entsprechenden Narrativen und die Medienmärkte zu *„moral issues"*. Beispiele dafür wären Märkte für vegane Nahrungsmittel und Produkte (vgl. dazu auch Jäggi 2018), Märkte für „pädagogisch wertvolle Spielsachen" (z. B. Holzspielzeug), natürliche Kosmetika usw. Dazu Priddat (2010, S. 44): „Der moralische Konsum wird ein bedeutsames Thema der Ökonomie werden, nicht weil wir moralischer werden oder nur moralisch konsumieren wollen, sondern weil die Inklusion von Gütern und Leistungen in den Attraktionskorridor der changierenden Bewertungen von gut/böse, Moral/Unmoral etc. neue Angebotsdiversitäten erzeugt, d. h. den Wettbewerb weiter dynamisiert". Doch man kann diese „Moralisierung der Märkte" auch ganz einfach als Marktdiversifizierung verstehen, die zuerst in Form von Nischen entsteht und sich später über ein – möglicherweise – wachsendes Marktpotenzial als steigendes Marktvolumen präsentiert. Doch das heißt weder, dass die Produkte „moralischer" werden, noch, dass die Marktordnung dadurch an Moralität gewinnt – ganz im Gegenteil: „Moralität" wird einfach zu einem unter vielen anderen Produkteigenschaften.

Mit anderen Worten: Ethisch-moralische Kriterien werden als Marketinginstrument für bestimmte Produkte instrumentalisiert. Laut Priddat (2015, S. 166) geschieht die Verwertung moralischer Kriterien im Marketing „in den *big-data*-modulierten Märkten in erweiterter Form" auf dreierlei Art: erstens durch die Einspielung von Moralprädikaten in die Produkte und deren Umdeutung als *Moral Goods*, zweitens durch die Ermittlung individueller *Moral Beliefs* aus dem bisherigen Kaufverhalten der Kunden sowie drittens durch Analyse des Verhaltens potenzieller oder aktueller Kunden in *Social Networks* und *Communities.*

Priddat (2015, S. 162) sieht in der Nachfrage nach „moralisch einwandfreien Produkten" keinen moralischen Trend, sondern *„social trends"* als Ausdruck der Zugehörigkeit zu einer entsprechenden Community. Ein Beispiel wäre etwa der jüngste vegane Trend in der Gastronomie (vgl. dazu ausführlich Jäggi 2018).

Doch lassen wir einmal die Frage beiseite, ob Märkte moralisch sind oder nicht. Um jeglichen naturalistischen Fehlschluss zu vermeiden – also aus dem Istzustand darauf zu schließen, was sein sollte –, können wir Märkte wie folgt definieren: Märkte sind örtlich-zeitliche oder virtuelle Begegnungspunkte, an denen sich Anbieter und Nachfrager von Waren treffen. Dabei kann es je nachdem zu einem erfolgreichen Warenaustausch gegen Geld kommen oder eben nicht. Weder bedeutet dabei, dass ein nichterfolgter Handelsabschluss ein Marktversagen darstellt, noch, dass ein erfolgreicher

Geschäftsabschluss Ausdruck eines funktionierenden Marktes ist. Ein Nichtabschluss bedeutet lediglich, dass sich Anbieter und Nachfrager nicht einig geworden sind.

Doch aus welchen Gründen dies der Fall ist – etwa weil der Nachfrager zu wenig Geld hat, um eine Ware zu erwerben, oder weil er die Angebotspalette nicht kennt –, hängt vorerst einmal nicht vom Markt ab, sondern von den dem Markt vorgelagerten Vorbedingungen wie verfügbares Kapital und Informiertheit des Käufers. Wenn also jemand fordert, dass sich alle Menschen auf dem Markt so weit mit lebensnotwendigen Gütern oder Dienstleistungen versorgen können, dass sie leben oder mindestens über-leben können, dann ist das vorerst einmal eine Frage des außermarktlichen Verständ-nisses vom Menschen, der Menschenrechte oder der Existenzsicherung.

Nach diesen außermarktlichen Vorstellungen und Kriterien sollten die Rahmen-bedingungen geschaffen werden – z. B. Mindesteinkommen, minimale Bildung und Informiertheit, um als Marktnachfrager tätig zu werden usw. Darum muss zuerst defi-niert werden, welche Bedürfnisse das Wirtschaftssystem erfüllen muss und welche Ansprüche die einzelnen Menschen auf wirtschaftliche Leistungen haben.

Wenn die These von Andrea Roth (2017, S. 83) stimmt, dass das im Unternehmens-alltag handlungsleitende Prinzip der Gewinngenerierung und der Gewinnmaximierung dazu führt, „dass Menschen in ihrem Arbeitsalltag unter der Umsetzung dieses öko-nomischen Prinzips leiden“, dann gilt es, dieses Prinzip so zu modifizieren, dass die Menschen dabei keinem (übermäßigen) Leidensdruck mehr ausgesetzt sind. Ein über-mäßiger und inakzeptabler Leidensdruck besteht zweifellos dann, wenn die Menschen-würde und das Recht auf Integrität sowie das Recht auf Leben gefährdet sind. Dazu gehört auch die Gefährdung der Gesundheit durch wirtschaftliche Prozesse (vgl. dazu Roth 2017, S. 176). Allerdings wäre hier einzuwenden, dass nicht das Prinzip der Gewinn**generierung** an sich, sondern das Ausmaß der Gewinn**maximierung** und die damit verbundenen Kosten und Auswirkungen auf Mitarbeiterde, Außenstehende und Umwelt das eigentliche Problem darstellen dürften.

Gestützt darauf muss somit das Wirtschaftssystem aufgebaut sein und mit ent-sprechenden Spielregeln versehen werden. Deshalb muss eine Wirtschaftsordnung grundsätzlich zwei Fragen beantworten: 1) Was muss die Wirtschaftsordnung im Einzel-nen leisten und 2) nach welchen Spielregeln soll es funktionieren?

1. Es besteht ein relativ breiter Konsens, dass ein Wirtschaftssystem grundsätzlich allen Menschen das (Über-)Leben sichern soll. Der große Streit verläuft jedoch darüber, was es zum (Über-)Leben braucht und was nicht.
2. Verbunden damit stellt sich die Frage, nach welchen Spielregeln und Rahmen-bedingungen das Wirtschaftssystem und die Märkte funktionieren sollen. Auch hier gibt es große Divergenzen in den Vorstellungen.

Fioole (2015, S. 171) hat darauf hingewiesen, dass in der Literatur zu Marktversagen und Transaktionskosten die Moral vor allem als Störungspotenzial verstanden wurde. Viele Autoren – so Arrow (1969, 1983, S. 151) – fassten Ethik- und Moralkodizes oder gar staatliche oder juristische Regelungen als gesellschaftliche Reaktion auf das Versagen von Märkten auf. Entsprechend erhöhen daraus entstehende Vorschriften die Transaktionskosten. Fioole (2015, S. 171) vertritt aber die gegenteilige These: „Floriert die Moral, bleiben Transaktionskosten niedrig."

Doch in welchem Verhältnis stehen Märkte zum Leben und dem Überleben der Menschen – und zwar aller Menschen? Sind das Überleben von Menschen und die Lebenssituation von benachteiligten Menschen für die Märkte überhaupt ein Thema? Ist es nicht vielmehr so, dass die Märkte nur an denjenigen Menschen interessiert sind, die auf den Märkten als Anbieter oder Nachfrager von Waren und Dienstleistungen auftreten können? Zeigt nicht gerade die zunehmende Substitution von Subsistenzwirtschaftsbetrieben – etwa in der Landwirtschaft – durch hoch industrialisierte und auf den (monetarisierten) Markt ausgerichtete Agrounternehmen (vgl. Jäggi 2018), dass die Frage der Subsistenz auf dem Markt gar keine Rolle spielt – und auch immer mehr aus dem öffentlichen Diskurs verschwindet?

Gerade aus einer über den Markt hinausgehenden Sicht ist das Verständnis von „Lebensfähigkeit" und Subsistenz von Interesse.

Thieme (2017, S. 24) hat vorgeschlagen, Selbsterhaltung oder Subsistenz so zu verstehen, dass die „Lebensfähigkeit vorliegt (notwendige Bedingung) *und* darüber hinaus auch (a) *pro-aktiv* eigene und neue Handlungsoptionen entwickelt und das eigene Lebenssystem verändert werden können". Dabei gehe es (b) um „die Fähigkeit zur *Selbsthilfe* und (c) die Fähigkeit zur selbstbestimmten freien Entfaltung, die auch das Vermögen umfasst, über die bisherigen Fähigkeiten hinauszuwachsen bzw. das eigene Leben (komplett) umzustrukturieren" (Thieme 2017, S. 24).

Nach Thieme (2017, S. 24 f.) lässt sich das Verhältnis von Lebensfähigkeit (Viabilität) und Selbsterhaltung (Subsistenz) gemäss Abb. 2.1 darstellen.

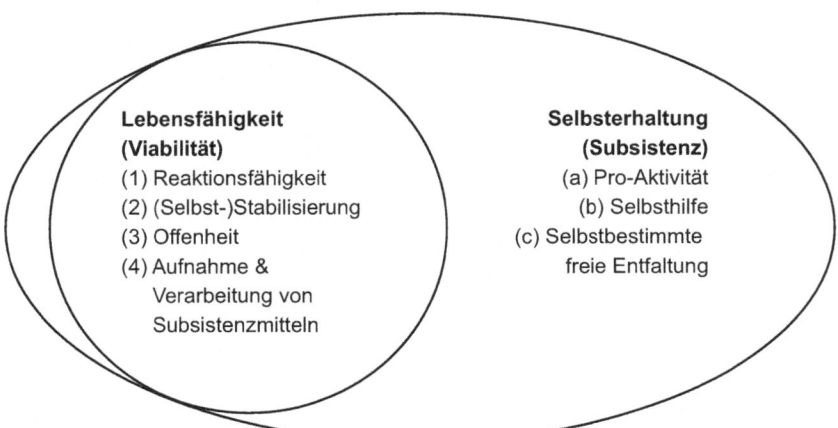

Abb. 2.1 Lebensfähigkeit und Selbsterhaltung. (Quelle: Thieme 2017, S. 24 f.)

Dabei sind neben materiellen auch immaterielle Faktoren für die Selbsterhaltung und Lebensfähigkeit notwendig. Oder mit den Worten Thiemes (2017, S. 25): „Die menschliche Selbsterhaltung vollzieht sich immer in einem sozialen Zusammenhang".

Lebensfähigkeit als „notwendige Voraussetzung für die Selbsterhaltung" (Thieme 2017, S. 26) muss in einem gerechten ordoökonomischen Grundkonzept subsidiärer Vorrang besitzen. Thieme (2017, S. 27) nennt als notwendige Bedingung für die Selbsterhaltung die Einhaltung des Reproduktionsprinzips und das Prinzip der Einhaltung sozialer Nachhaltigkeit. Dabei ist das Reproduktionsprinzip immer dann gefährdet, wenn die Lebensfähigkeit nicht mehr gesichert ist – oder ökonomisch gesagt: wenn die Grundbedürfnisse der Menschen nicht durch einen entsprechenden Bedarf an Gütern abgedeckt wird und der durch ein entsprechendes Einkommen gesichert ist. Aus dieser Sicht ist festzuhalten, dass auch ein rein marktliberales System aus der Sicht einer ordoökonomischen Ethik nicht genügen kann, weil es in vielen Fällen nicht in der Lage ist, die Bedürfnisse aller zu befriedigen.

Literatur

Arrow, Kenneth J. (1969, 1983): The Organization of Economic Activity. Issues Pertinent to the choice of Market versus Nonmarket Allocation. In: Arrow, Kenneth J. (Hrsg.): Collected papers. Band 2. Oxford: Blackwell. 133 ff.

Baumgartner, Alois (2010): Die Sinn-Herausforderung: Gibt es für die Marktwirtschaft noch etwas „jenseits von Angebot und Nachfrage?" In: Wirz, Stephan/Hildmann, Philipp W. (Hrsg.): Soziale Marktwirtschaft: Zukunfts- oder Auslaufmodell? Ein ökonomischer, soziologischer, politischer und ethischer Diskurs. Zürich: Theologischer Verlag. 103 ff.

Clark, Jeff. R./Lee, Dwight R. (2015): Markt und Moral. In: Pies, Ingo (Hrsg.): Der Markt und seine moralischen Grundlagen. Diskussionsmaterial zu einem Aufsatz von Jeff. R. Clark und Dwight R. Lee. München: Karl Alber. 12 ff.

Fioole, Johannes (2015): Moral als Marktversagen. In: Pies, Ingo (Hrsg.): Der Markt und seine moralischen Grundlagen. Diskussionsmaterial zu einem Aufsatz von Jeff. R. Clark und Dwight R. Lee. München: Karl Alber. 169 ff.

Gesang, Bernward (2016): Wirtschaftsethik und Menschenrechte. Ein Kompass zur Orientierung im ökonomischen Denken und im unternehmerischen Handeln. Tübingen: Mohr Siebeck/UTB.

Herold, Norbert (2012): Einführung in die Wirtschaftsethik. Darmstadt: Wissenschaftliche Buchgesellschaft.

Homann, Karl (1990): Wettbewerb und Moral. In: Jahrbuch für christliche Sozialwissenschaften. 31/1990. 34 ff.

Jäggi, Christian J. (2016): Auf dem Weg zu einer inter-kontextuellen Ethik. Übergreifende Elemente aus religiösen und säkularen Ethiken. Münster: Lit Verlag.

Jäggi, Christian J. (2018): Ernährung, Nahrungsmittelmärkte und Landwirtschaft. Ökonomische Fragestellungen vor dem Hintergrund der Globalisierung. Wiesbaden: Springer Gabler.

Küng, Hans (2010): Anständig wirtschaften. Warum Ökonomie Moral braucht. München/Zürich: Piper.

Lachmann, Werner (2016): Wirtschaft und Ethik. Massstäbe wirtschaftlichen Handelns aus biblischer und ökonomischer Sicht. 3. Auflage. Münster: Lit Verlag.

Nell-Breuning, von, Oswald (1956): Wirtschaft und Gesellschaft heute. Band 3. Freiburg/Br.: Herder.

Nell-Breuning, von, Oswald (1958): Wirtschaftsphilosophie. In: Nell-Breuning, von, Oswald/
    Sacher, Hermann (Hrsg.): Zur Wirtschaftsordnung. Beiträge zu einem Wörterbuch der Politik.
    Heft 4. 3. Auflage. Freiburg/Br.: Herder.
Priddat, Birger P. (2010): Wozu Wirtschaftsethik? Marburg: Metropolis-Verlag.
Priddat, Birger P. (2015): Moralproduktion durch Märkte: Moral ohne Ethik. In Pies, Ingo (Hrsg.):
    Der Markt und seine moralischen Grundlagen. Diskussionsmaterial zu einem Aufsatz von Jeff.
    R. Clark und Dwight R. Lee. München: Karl Alber. 161 ff.
Roth, Andrea (2017): Option Menschlichkeit. Wirtschaftsethische Perspektiven im Kontext Öffent-
    licher Theologie und religiöser Bildung. Leipzig: Evangelische Verlagsanstalt.
Segbers, Fanz (1999): Die Hausordnung der Tora. Biblische Impulse für eine theologische Wirt-
    schaftsethik. Luzern: Edition Exodus.
Thieme, Sebastian (2017): Menschengerechtes Wirtschaften? Subsistenzethische Perspektive auf
    die katholische Sozialethik, feministische Ökonomik und Gesellschaftspolitik. Opladen: Bar-
    bara Budrich.
Ulrich, Peter (2016): Integrative Wirtschaftsethik. Grundlagen einer lebensdienlichen Ökonomie.
    5. Auflage. Bern: Paul Haupt.
Ulrich, Peter/Thielemann, Ulrich (1993): Wie denken Manager über Markt und Moral. Empirische
    Untersuchungen unternehmensethischer Denkmuster im Vergleich. In: Wieland, Josef (Hrsg.):
    Wirtschaftsethik und Theorie der Gesellschaft. Frankfurt: Suhrkamp Taschenbuch Wissen-
    schaft. 54 ff.
Wirz, Stephan (2010): Die unternehmensethische Herausforderung: Braucht die Marktwirtschaft
    unternehmerische Führungspersonen mit neuem Ethos? In: Wirz, Stephan/Hildmann, Philipp
    W. (Hrsg.): Soziale Marktwirtschaft: Zukunfts- oder Auslaufmodell? Ein ökonomischer, sozio-
    logischer, politischer und ethischer Diskurs. Zürich: Theologischer Verlag. 89 ff.
Wühle, Matthias (2015): Die Moral der Märkte. Warum Ethik neu gedacht werden muss. Wies-
    baden: Springer Fachmedien/J.B. Metzler.

Es stellt sich die Frage, inwieweit ethische Vorstellungen für das bestehende wirtschaftliche Ordnungssystem überhaupt von Bedeutung sind. So wies bereits Max Weber darauf hin, dass sich das Wirtschaftssystem seine eigenen Akteure schafft: „Der heutige, zur Herrschaft im Wirtschaftsleben gelangte Kapitalismus … erzieht und schafft sich im Wege der ‚ökonomischen Auslese' die Wirtschaftssubjekte – Unternehmer und Arbeiter – deren er bedarf" (Weber 1993, S. 16 f.). Dabei stellt sich die Frage, ob überhaupt die Chance besteht, über ein – wie auch immer verstandenes – „ethisch-moralisches" Verhalten der Akteure auf das Wirtschaftssystem zurückzuwirken, wenn der Kapitalismus oder das Marktsystem ihre eigenen Akteure nach ihren eigenen Regeln schaffen? Besteht also die einzige Hoffnung darin, dass „es der Markt schon richten" werde?

Müller (2011, S. 120) hat drei aktuelle Spielarten der aktuellen Marktwirtschaft unterschieden (vgl. Abb. 3.1).

Allerdings ist angesichts der schematischen Darstellung in Abb. 3.1 zu präzisieren, dass gerade der chinesische Staatskapitalismus in einzelnen Punkten eine sehr wirtschaftsliberale Linie verfolgt (z. B. keine echten Gewerkschaften) und dass einige osteuropäische Gesellschaften eine ausgeprägte neoliberale Wirtschaftsordnung aufgebaut haben. Umgekehrt wurde auch in der US-amerikanischen Gesellschaft immer wieder versucht, Elemente einer sozialen Marktwirtschaft aufzubauen, allerdings meist ohne nachhaltigen Erfolg (z. B. unter Obama eine allgemeine und obligatorische Krankenversicherung, die unter der Administration Trump wieder weitgehend abgeschafft wurde).

Entsprechend unterschiedlich sind in den einzelnen Marktwirtschaften einzelne Aspekte neoliberaler und sozialer Marktwirtschaften ausgebildet.

Eine große Chance besteht darin, dass die Menschen nicht nur im Rahmen eines gegebenen Wirtschaftssystems konform oder konträr zu den geltenden Regeln handeln können oder müssen, sie haben vielmehr auch die Chance, die Spielregeln selbst (mit) zu beeinflussen. Und genau hier setzt die ordoökonomische Diskussion an – oder sollte

© Springer Fachmedien Wiesbaden GmbH, ein Teil von Springer Nature 2018

C. J. Jäggi, *Wirtschaftsordnung und Ethik,* https://doi.org/10.1007/978-3-658-23034-0_3

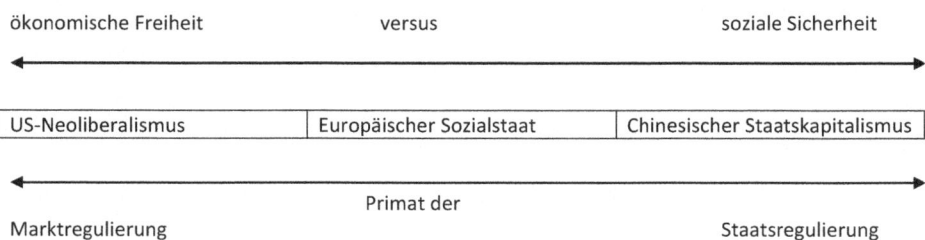

Abb. 3.1 Drei Spielarten der Marktwirtschaft. (Quelle: Müller 2011, S. 120; eigene Darstellung)

sie ansetzen. Dabei ist zu bedenken, dass der Markt weder das Allheilmittel oder die letzte Instanz sein kann, noch willkürlich oder beliebig veränderbar ist. Vielmehr müssen Systemregeln geschaffen werden, welche a) den Markt spielen lassen, ihn aber b) auch in Schranken weisen oder sozusagen „domestizieren".

Tobias Graf von Bernstorff (2016, S. 76) hat mit Blick auf die jüngsten Entwicklungen im Finanzbereich folgende Fragen gestellt: „Wer kontrolliert wen? Kontrolliert das Geld unsere Handlungen, oder kontrollieren wir das Geld? Lassen wir uns von der Gier leiten, um immer mehr Geld zu erwirtschaften, oder bestimmen wir, wie wir Geld erwirtschaften und zu welchem Zweck wir das tun?" Fazit: Die ethisch-moralischen Fragen im Zusammenhang mit der Finanzkrise erschöpfen sich nicht im (möglichen) Fehlverhalten einzelner Banker, sondern das gesamte Wirtschafts- und Finanzsystem muss vor dem Hintergrund ethisch-moralischer Grundfragen analysiert und allenfalls verändert werden.

Dabei sind gemäß dem britischen Wirtschaftswissenschaftler John H. Dunning (2000) drei Komplexe des Versagens festzustellen:

1. *Versagen der Märkte* selber infolge *Moral Hazard,* exzessiver Spekulation, z. B. im Aktien- und Immobilienbereich, über- oder unterbewerteter Währungen, falschen Timings betr. Schulden und Präsenz von Schwarzmärkten usw.
2. *Versagen der Institutionen* infolge unzureichender Regulierungen, schlecht funktionierender Überwachungssysteme, Probleme im Bankensystem, Mängel in der rechtlichen Infrastruktur und im Finanzsystem, ungenügenden Schutzes der Eigentumsrechte, fehlender Transparenz und ungenügender Bilanzstandards.
3. *Versagen der Moral,* welches den versagenden Märkten und Institutionen zugrunde liegt: „Mafia-Kapitalismus", Bestechung und Korruption, fehlendes Vertrauen und mangelnde soziale Verantwortung, Raffgier der Investoren (vgl. Küng 2010, S. 88 f.).

Doch es gibt noch eine weitere ordoökonomische Ebene, die für wirtschaftsethische Fragestellungen relevant ist: Die Frage nach ökonomischen Freiheiten und ihren Grenzen. Das bedeutet: Welche Grenzen der ökonomischen Freiheiten sind festzulegen? Aber auch: Wo liegen die Grenzen moralischen oder ökonomischen Zwangs? So wie Wahlfreiheit unerlässlich für moralisches Verhalten ist – wenn es keine Wahlfreiheit gibt, kann ich auch nicht moralisch oder unmoralisch handeln –, ist umgekehrt fehlende Wahlfrei-heit identisch mit Unmoral (vgl. Hartmann 2016, S. 53). Doch gleichzeitig erscheint es unumgänglich, ethisch-moralische Mindeststandards in eine Wirtschaftsordnung zu inte-grieren. Denn nicht nur Zwang und fehlende Wahlfreiheit bedeuten Unmoral, sondern auch Wahlfreiheit ohne Grenzen, die automatisch auf Kosten anderer geht.

Sautter (2017, S. 165) meint, dass sich „Ethik" und „Ökonomik" gegenseitig ergänzen und sich auch infrage stellen. Doch das ist nur der Fall, wenn die Ökonomik die kri-tischen Rückfragen der Ethik überhaupt zulässt oder besser: sich damit befasst. Als geschlossenes System kann die Ökonomik durchaus darauf verzichten, die Frage nach dem „Guten" oder „Wahren" zu stellen: Sie funktioniert auch so. Dagegen kann die Ethik ihren „Job" nur dann machen, wenn sie a) die inhärenten Regeln und Gesetze des von ihr untersuchten Bereichs – in diesem Fall der Wirtschaft – kennt und versteht und b) kritische Rückfragen an die Akteure des untersuchten Systems stellen kann und auch wahrgenommen wird. So gesehen kann Ethik als Reflexion über das ökonomische Sys-tem nie losgelöst von diesem betrieben werden. Damit wird die Ethik automatisch auch zu einer Metareflexion ökonomischer wissenschaftlicher Methoden und Paradigmata.

Von daher wird Ulrichs Konzept der „Integralen Wirtschaftsethik" (vgl. Ulrich 2016), wonach Ökonomik und Ethik zwei eigene Systeme darstellen, die miteinander diskursiv und sozusagen auf gleicher Ebene im Austausch stehen, insofern problematisch, als Öko-nomik ohne Ethik durchaus betrieben werden und selbstgenügsam sein kann, während Wirtschaftsethik ohne Ökonomik nicht denkbar ist. Denn eine Wirtschaftsethik ohne Rückgriff auf die ökonomische Sachlogik ist undenkbar, dagegen benötigt die Ökonomik nicht unbedingt eine – zumindest explizite – wirtschaftsethische Einbettung (vgl. Sautter 2017, S. 183).

Auch Homanns Aussage (vgl. Homann und Blome-Drees 1992, S. 35), wonach „moralische Probleme der Wirtschaft systematisch kollektiver Natur sind und … dem-zufolge nicht vom einzelnen, sondern nur kollektiv gelöst werden [können]" und gleich-zeitig „Moral konzeptionell nur über die Regeln von Markt und Wettbewerb … realisiert werden [kann]" (vgl. Homann und Blome-Drees 1992, S. 37), bedeutet letztlich, dass die Marktregeln über der Moral stehen und diese nur als eine Art Korrektiv für die Markt-wirtschaft fungieren kann. Gleichzeitig verortet Homann die Moral in der wirtschaft-lichen Rahmenordnung (vgl. Homann und Blome-Drees 1992, S. 38) und befreit damit sozusagen das Handeln der einzelnen Unternehmer von moralischen Erwägungen. Die ganze Position Homanns ist dabei widersprüchlich: Einerseits sieht er die Wirtschafts-ordnung als „systematischen Ort" der Moral" (vgl. Homann und Blome-Drees 1992, S. 38), aber auf der anderen Seite wird Moral nur so weit zugelassen, als sie „wett-bewerbsneutral" ist und damit die marktwirtschaftlichen Spielregeln nicht infrage stellt.

Gegen diese Position wäre die These von Elinor Ostrom (2005, S. 18 ff.; vgl. auch Priddat 2010, S. 21) anzuführen, wonach die Ökonomie von Gemeinschaftsgütern zeige, das moralische Regeln und informelle Einrichtungen aufgrund des Kooperationsver-haltens auch dann noch funktionieren, wenn aufgrund rein ökonomischer Kriterien eine Organisation gar nicht mehr funktionsfähig ist.

Deshalb greifen die von Homann und anderen aus der Sicht möglicher Spielzüge diskutierten Marktregeln zu kurz. Entscheidend ist immer die Rahmenordnung bzw. das Setting des Sprachspiels. Das gilt umso mehr, wenn es stimmt – wie feministische Ökonominnen behaupten –, dass Märkte nicht eine „natürliche Gesetzmäßigkeit" darstellen, sondern soziale bzw. soziokulturelle Konstrukte sind. Laut Klawatsch-Treitl (2011, S. 144) greift die Sicht des Wirtschaftsgeschehens ohne Berücksichtigung der sozialen und kulturellen Gegebenheiten, Normen und Interaktionen zu kurz. So übersehe etwa die klassische und neoklassische Sicht die Lebensrealitäten der Frauen, weshalb die Ökonomik mit „Genderblindheit" (Klawatsch-Treitl 2011, S. 144) geschlagen sei. Im Grunde geht es immer um die gleiche Frage: Werden die Rahmenbedingungen eines Marktes als „natur- oder gottgegeben" und damit als im Grunde unveränderlich angesehen oder sind die jeweiligen Marktbedingungen Ausdruck historisch gewachsener sozialer oder soziokultureller Bedingungen? In diesem – zweiten – Fall ist jeder Markt als sozial konstruiert anzusehen und damit sind die geltenden Spielregeln prinzipiell veränderbar.

Entweder schließt dabei die Rahmenordnung gewisse Spielzüge für die Unternehmer aus – z. B. kurzfristigen Profit durch Ausbeutung von Bodenschätzen ohne Rücksicht auf die einheimische Bevölkerung und die Umwelt – oder eben nicht. Im ersten Fall wird die Zahl der möglichen Spielzüge eingeschränkt – was einen Eingriff in das Marktwirtschaftssystem bedeutet –, im zweiten Fall wird dem Akteur eine größere Zahl von möglichen Spielzügen zugestanden, was mit einem größeren Handlungsfreiraum verbunden ist. Weil – wie ich gezeigt habe (vgl. Jäggi 2009, S. 25) – der soziokulturelle Code eines Handlungsfeldes, also zum Beispiel eines Marktes, Art und Zahl möglicher Handlungsalternativen vorgibt, ändert eine erhebliche Änderung der Wahlmöglichkeiten auch das entsprechende „Sprachspiel". Ein Beispiel dazu stellt das Verhalten von BMW und Ford im Jahr 2000 dar, als sich die beiden Unternehmen entschlossen, ihre Produktion in Großbritannien zugunsten der deutschen Standorte zu reduzieren. Obwohl offiziell der Kurs des britischen Pfunds als Begründung angegeben wurde, war – laut Crouch (2017, S. 49) – der eigentliche Grund für den Entscheid, dass es in Deutschland schlicht schwieriger und kostspieliger war (und ist), einen Unternehmensbereich zu schließen als in einer weitgehend liberal funktionierenden Gesellschaft. Crouch (2017, S. 49) kommentierte das wie folgt: „Eben jene Anstrengungen, die zunächst die konservativen Regierungen und dann New Labour unter Tony Blair unternommen hatten, um ausländische Investoren ins Land zu holen, indem sie hervorhoben, wie flexibel die Vorschriften in Großbritannien seien, machten es zugleich wahrscheinlicher, dass die ausländischen Investoren eine Fabrik in Großbritannien auch wieder schließen würden – wie gewonnen, so zerronnen". Das bedeutet, dass sehr wohl äußere Rahmenbedingungen vorgeben, wie sich Unternehmen im Markt entscheiden, also ob eine bestimmte Strategie lohnenswert ist und welcher Standort vorzuziehen ist.

Von daher ist es unsinnig, gleichzeitig „Wettbewerbsneutralität" zu fordern und „moralische Rahmenbedingungen" – jede Änderung der Spielregeln, also des soziokulturellen Codes eines Marktes, verändert definitionsgemäß seine Spielregeln und damit auch den Markt. Somit kommt Homann nicht darum herum, *inhaltliche Spielregeln* zu definieren, nicht nur formale.

Homann stellt damit das Verhältnis von Wirtschaft und Moral sozusagen auf dem Kopf: Aus ordoökonomischer Sicht muss die Ethik dagegen den Rahmen und die Bedingungen für eine gerechte Wirtschaft entwickeln und die Ökonomik muss – sozusagen als angewandte Wissenschaft – diese Vorgaben umsetzen. Damit nehmen Ethik und Ökonomik auch nicht, wie Sautter (2017, S. 175) meint, „in der Infragestellung einer marktimmanenten Rationalität einerseits und einer normativen Forderung andererseits … spiegelbildliche Funktionen wahr". Denn die Ökonomik hat weder die Kategorien noch die Methoden, um metanormative Aussagen über sich selbst bzw. das Wirtschaftssystem zu machen, es sei denn über systemimmanente Eigenschaften wie optimale Input-Output-Relationen, Effektivität und Effizienz, Produktivität, Allokation von Gütern über den Markt auf der Grundlage der Systemvorgaben. Anhand dieser Kategorien kann die Ökonomik zwar durchaus vergleichende Aussagen über verschiedene Wirtschaftssysteme – z. B. eine Marktwirtschaft und eine Planwirtschaft – machen, aber nur über deren Funktionieren, über ihre Prozesse und Abläufe. Der ökonomischen Reflexion entzogen sind jedoch die dem System vorangehenden Prämissen und die normativen Voraussetzungen. Dagegen kann die Ethik sehr wohl Aussagen über das Wirtschaftssystem als Ganzes machen, gerade weil sie ja nicht Bestandteil davon ist.

Wie Sautter (2017, S. 177) zu Recht betont, bleiben die wertmäßigen Prämissen, auf denen die ökonomische Sachlogik basiert, häufig im Dunkeln, wobei viele Ökonomen ihre Wissenschaft als „wertfreie Disziplin" verstehen. Deshalb erscheinen wirtschaftsethische Reflexionen oft als „Fundamentalkritik", was nicht wenige Ökonomen ihrerseits zu einer konfrontativen Haltung gegenüber der Ethik veranlasst (vgl. dazu auch Sautter 2017, S. 177).

Peter Ulrich (2010, S. 33) hat drei Aufgaben von Wirtschaftsethik formuliert: erstens die Kritik der „reinen" ökonomischen Vernunft oder besser des „Ökonomismus", zweitens die Klärung der Voraussetzungen für eine lebensdienliche Ökonomie in Bezug auf die Sinnorientierung und die Legitimitätsgrundlagen und drittens die Bestimmung von Orten der Moral des Wirtschaftens. Insbesondere die Kritik am Ökonomismus verdient an dieser Stelle besondere Aufmerksamkeit. Laut Ulrich (2010, S. 35) zeigt sich der Ökonomismus „in Theorie und Praxis am häufigsten in Form eines *Reflexionsstopps vor dem normativen Gehalt ökonomischer Argumente,* die in wirtschafts- und gesellschaftspolitischer Absicht vorgebracht werden. Das geschieht regelmäßig in der Weise, dass *andere* normative Geltungsansprüche, etwa solche, die explizit im Namen der Ethik erhoben werden, mit dem Verweis auf die *angebliche Unmöglichkeit* ihrer Berücksichtigung *unter den Bedingungen des marktwirtschaftlichen Wettbewerbs* abgewiesen werden, womit die normative Logik des Marktes natürlich selbst unbegründet als vorrangig ausgegeben wird".

Das folgende Beispiel zeigt sehr schön, wie wichtig eine metanormative Reflexion ist, während rein ökonomisch dazu wenig gesagt bzw. dies Problem nicht einmal als solches thematisiert werden kann:

Fallbeispiel: Gewinnmaximierung durch eine monopolistische Preissetzung

„Anfang 2015 gründete Martin Shkreli in den USA das Pharmaunternehmen ‚Turing‘. Entgegen seiner ursprünglichen Ankündigung, ‚bahnbrechende‘ neue Medikamente entwickeln zu wollen, erwarb er die Rechte an einem 60 Jahre alten Mittel zur Bekämpfung von Infektionskrankheiten bei Menschen mit einem eingeschränkten Immunsystem. Auf einer Liste der Weltgesundheitsorganisation wird dieses Medikament (‚Daraprim‘) als ‚unentbehrliches Arzneimittel‘ geführt. Es schützt beispielsweise Aidskranke und ungeborene Kinder im Mutterleib vor schweren Komplikationen und in besonders schweren Fällen vor dem Tod. Ökonomisch interpretiert: Die Preiselastizität der Nachfrage nach diesem Mittel tendiert gegen ‚Null‘. Die Voraussetzungen für eine monopolistische Preisanhebung sind also besonders günstig.

Shkreli hatte deshalb keine spürbare Nachfrageminderung zu befürchten, als er den Preis für ‚Daraprim‘ von einem Tag auf den anderen von US$ 13,50 auf US$ 750 pro Pille erhöhte, d. h. um 5500 %. Es gab einen Aufschrei der Entrüstung, auf den Shkreli sehr kühl mit der Bemerkung reagierte, man lebe nun einmal im ‚Kapitalismus‘, in dem es völlig normal sei, die jeweilige Marktsituation im Sinne einer Gewinnmaximierung zu nutzen"

(Buchter 2016, S. 24; zitiert nach Sautter 2017, S. 86).

Einen interessanten Vorschlag hat Thomas Pogge (2011, S. 274) gemacht: Er schlug vor, einen „Health Impact Fund" einzurichten, der wie folgt funktionieren würde: „Der Health Impact Fund ist ein von Staaten finanzierter Mechanismus leistungsbasierter Ausschüttungen, der forschenden Pharmaunternehmen die Möglichkeit (aber keinerlei Verpflichtung) gibt, ein neues Medikament zu melden, bzw. unter bestimmten Voraussetzungen auch traditionelle Medikamente oder neue Indikationen eines bekannten Medikaments. Das meldende Unternehmen verpflichtet sich, sein neues Medikament während der ersten zehn Jahre nach seiner Markteinführung überall zugänglich zu machen, wo es benötigt wird, und zwar zu einem Preis, der die geringsten möglichen Produktions- und Vertriebskosten nicht übersteigt. Das Unternehmen verspricht zusätzlich, nach Ablauf dieser zehn Jahre die generische Herstellung und Vermarktung seines Medikaments kostenlos zu erlauben, falls seine relevanten Patente noch nicht abgelaufen sein sollten. Im Gegenzug erhält es während der zehn Jahre jährliche Prämien, deren Höhe sich nach den globalen Gesundheitsauswirkungen des Produkts richten. Jede Prämie wäre Teil einer großen jährlichen Ausschüttung, aus der jedes gemeldete Produkt einen Anteil erhält, der seinen Anteil an den Gesundheitsauswirkungen aller gemeldeten HIF-Produkte im betreffenden Jahr entspricht" (Pogge 2011, S. 274 f.). Der Clou an der ganzen Sache wäre, dass dieser Health Impact Fund zu einem großen Teil durch die wohlhabenden Länder bzw. Menschen getragen würde. Das ist im Prinzip auch heute

so. Aber im Unterschied zu heute wäre nicht die Menge der verkauften Medikamente –
die oft weggeworfen werden – gewinnrelevant, sondern nur die tatsächlich wirksamen
Medikamente. Zwar kann nach heutigem WTO-Recht ein Staat den Produzenten eines
Medikaments zwingen, dieses gegen Bezahlung eines bestimmten Prozentsatzes
(üblicherweise 10 %) unter ihrem Verkaufserlös herstellen zu lassen. Doch damit verringert sich die Motivation des Unternehmens, entsprechende Forschungen zu betreiben
(vgl. Pogge 2011, S. 274) Man mag zu diesem Vorschlag stehen, wie man will – auf
jeden Fall zeigt er, dass es bei etwas Kreativität und Erfindungsgeist durchaus Möglichkeiten und Wege gibt, arme Menschen besser mit Gesundheitsleistungen zu versorgen –
und entsprechende Regelsysteme einzuführen.

Zweifellos trifft es zu, wie Sautter (2017, S. 220) meint, dass ein ordoökonomi-
sches Regelsystem nicht frontal gegen die individuellen Eigeninteressen der Akteure
durchgesetzt werden kann. Das zeige – so Sautter (2017, S. 220) – die sogenannte
„Ordonomik"[1], ein institutionenökonomischer Ansatz zur Entwicklung von Ordnungsregeln in der Marktwirtschaft. Dabei steht die Ordonomik „an der Schnittstelle zwischen Philosophie und Ökonomik" (Pies und Hielscher 2012, S. 1) und verfolgt die
Fragestellung, „wie die Welt der Gründe und die Welt der Anreize miteinander vermittelt werden können". Dabei meint der Ansatz der Ordonomik mit „Sozialstruktur" die
gesellschaftlichen Spielregeln und Abhängigkeiten, während mit „Semantik" die (individuellen) Ideen oder das Bewusstsein der einzelnen gemeint ist (vgl. Pies und Hielscher
2012, S. 2). „Explizites Ziel dieses Ansatzes ist es, etwaige Konflikte zwischen ‚Ethik'
und ‚Ökonomik' auf der Ebene des einzelwirtschaftlichen Handelns durch Etablierung
intelligenter Ordnungsregeln zu überwinden" (Sautter 2017, S. 220). So soll etwa der
Konflikt zwischen individuellem Gewinnstreben und Umweltschutz durch Umwelt-
gesetze überwunden werden, wobei „die möglichen Konflikte und Dilemmata auf der
‚Meta-Ebene' der Regelbildung … durch Vereinbarungen auf einer ‚Meta-Meta'-Ebene
gelöst werden [sollen]" (Sautter 2017, S. 220). Dabei sollen die „Spielregeln" des
Marktes höher bewertet werden als die Eigeninteressen der einzelnen Spieler. Das im
Gegensatz zu Homann (2003, S. 167 f.), wenn er das Eigeninteresse als einzige Hand-
lungsmotivation in der Ökonomie umschreibt. Doch das Problem liegt darin, dass längst
nicht alle Spieler mehr als ihre – oft kurzfristigen – Eigeninteressen sehen können oder
wollen. Deshalb verlangt die Ordonomik zur Erreichung einer solchen Höherbewertung
der systemischen Interessen eine „gesellschaftliche Selbstaufklärung" der Marktteilnehmer, also ein „verändertes Denken" – oder ordonomisch formuliert – eine „Theorie
zur Re-Formierung der semantischen Denk-Ordnung, d. h. der Ideen und zugleich eine

---

[1]Nicht zu verwechseln mit ‚ordoökonomisch" bzw. „Ordoökonomik", wie er in diesem Band
benutzt wird. Ich benutze „ordoökonomisch" im Sinne von wirtschaftssystemübergreifenden,
auf das Funktionieren der Marktwirtschaft bezogenen ethischen Fragen aus der Sicht der Ethik.
Dagegen ist mit „Ordonomik" ein ganz bestimmter Ansatz von ordoökonomischer Ethik gemeint –
einer unter anderen.

Re-Formierung der sozial-strukturellen Handlungs-Ordnung. D. h. der Institutionen" (Pies und Hielscher 2012, S. 3, vgl. auch Sautter 2017, S. 220).

All das zeigt, dass die *Frage nach den geltenden und nach den wünschenswerten Rahmenbedingungen und Spielregeln* eine entscheidende, wenn nicht sogar *die* entscheidende Frage in der Wirtschaftsethik darstellt. Diese Frage haben die unterschiedlichen ökonomischen Schulen auf verschiedene Art beantwortet – wenn auch oft nur implizit.

Im Folgenden wird es deshalb darum gehen, die wichtigsten ökonomischen Sichtweisen und Selbstverständnisse darzustellen und zu diskutieren.

3.1   Adam Smith und die ökonomischen Klassiker

Horst Claus Recktenwald (1990a, S. XIII) hat in seinem Vorwort zur deutschen Taschenbauchausgabe von Adam Smiths (1990) „Wohlstand der Nationen" zur Vision von Adam Smith Folgendes geschrieben: „Die unzerstörbare Lebenskraft von Smiths *Politischer Ökonomie,* d. h. seinem integrierten ethischen, ökonomischen und politischen System (mit historischer Dimension), wurzelt tief in seiner realistischen Beobachtung und nüchternen Einschätzung der menschlichen Natur – *dem selbstbezogenen* (self-interested nicht selfish) Handeln des einzelnen in der *Gemeinschaft.* Dieses lebensnahe System der Politischen Ökonomie ist durchlässig und beweglich. Es ist klar, plausibel und offen für jede vernünftige Verbesserung. Trotz Unvollkommenheiten ist es offensichtlich auch weiterhin das tragende Fundament für jene modernen Theorien, die die beste Chance haben, die Arbeitsweise einer effizienten und gerechten Wirtschaft *und* Gemeinschaft der Zukunft zu erklären und sinnvoll zu beeinflussen". Mit anderen Worten: Smith hat – im Gegensatz zu vielen seiner späteren Epigonen – immer auch die Abhängigkeit und Einbettung des Marktes in die Gemeininteressen gesehen und berücksichtigt.

Dabei sei es – so Recktenwald (1990b, S. XV) – Smith gelungen, „persönliche Freiheit und wirtschaftliche Leistung mit sozialer Koexistenz auf einem weiteren Feld menschlichen Lebens auf friedliche Weise in Einklang zu bringen, ja, sie zum Wohle des Gemeinwesens miteinander zu versöhnen". So seien das entscheidende Motiv des Einzelnen und die Haupttriebfeder für die Bildung von Wohlstand für Smith „das Streben des einzelnen nach Verbesserung seiner ökonomischen Lage und seines sozialen Rangs" (Recktenwald 1990b, S. XLI). Doch diese eigennützigen Motive würden durch drei Dinge in Schranken gehalten: erstens durch das Gefühl der Sympathie gegenüber anderen, zweitens durch die freiwillige Anerkennung von gemeinsamen Regeln der Ethik und Gerechtigkeit, drittens durch das staatliche System positiver Gesetze. Dazu kommt – sozusagen als viertes Korrektiv – die ökonomische Konkurrenz (vgl. Recktenwald 1990b, S. XLI).

Ordnungsökonomisch kritisierte Smith sowohl die staatlichen Eingriffe des Merkantilismus als auch die physiokratische Lehre des Agrarsystems (vgl. Recktenwald 1990b, S. LXII f.). Der Staat muss nach Smith alle Gesetze, welche Vererbung, Schenkung, Kauf und Tausch von Eigentum einschränken, aufheben und die Bildung privater

Monopole verhindern. Umgekehrt sieht Smith in der Koalitionsfreiheit der Arbeiter ein legitimes Mittel, ebenso in Ausbildungsgesetzen für Jugendliche. Gleichzeitig sollen Handelsschranken im In- und Ausland abgeschafft werden, ebenso eine staatliche Bevorzugung bestimmter Gruppen gegenüber anderen (vgl. Recktenwald 1990b, S. LXIII). Zwar sollen überflüssige staatliche Einrichtungen abgebaut werden, gleichzeitig befürwortet Smith den Schutz der Konsumenten vor Betrug. Der Staat sollte nach Smith Infrastrukturaufgaben übernehmen, so etwa die Verkehrseinrichtungen, die Nachrichtenverbindungen, die Bildung und das Gesundheitswesen. Nur so könne das Gemeinwesen überhaupt lebensfähig sein. Nach Recktenwald (1990b, S. LXV) kann keine Rede davon sein, dass Smith – wie ihm teilweise später unterstellt wurde – den Staat als überflüssig betrachtete oder auf ein absolutes Minimum reduzieren wollte.

Interessant ist, dass Smith (1990, S. 18) die Ansicht vertritt, dass „der Unterschied in den Begabungen der einzelnen Menschen … in Wirklichkeit weit geringer [ist], als uns bewusst ist" – die individuellen Unterschiede in der Leistung führt Smith weniger auf die Veranlagung als auf die Lebensweise, die Gewohnheit und die Erziehung zurück (vgl. Smith 1990, S. 18).

Die gesellschaftliche Arbeitsteilung ist in der Sicht Smiths eng mit dem Markt und der Möglichkeit des Tausches verbunden, wobei die Größe des Marktes für die Ausprägung von spezifischen Fähigkeiten entscheidend ist: „Ist der Markt sehr klein, kann sich niemand ermutigt fühlen, sich ausschließlich einer Beschäftigung zu widmen" (Smith 1990, S. 19), ganz einfach, weil er nicht genügend Abnehmer findet. Also sind die gesellschaftliche Arbeitsteilung und ihre Ausdifferenzierung von der jeweiligen Marktgröße abhängig.

Im Gegensatz zu Smith sah David Ricardo (vgl. 1972) das Verteilproblem als zentral für Fragen des Volkswohlstandes an (vgl. Neumark 1972, S. 18 sowie Kolb 2015, S. 32). Ricardos Verteilungslehre verstand die Grundrente als ein Differenzialeinkommen, welche die Folge und nicht die Ursache des Preises sei. Mit steigenden Preisen der Lebensmittel müsse der natürliche Preis der Arbeit (Geldlohn) steigen, weil es sich beim „natürlichen" Lohn um ein Entgelt handle, welches dem Arbeiter ermögliche, seine Familie am Leben zu erhalten. Deshalb oszilliere der tatsächliche Marktpreis um den „natürlichen" Preis der Arbeit. Ricardo fasste den Profit (=Kapitalzins und Unternehmensgewinn) als Residualeinkommen, das die Tendenz habe, zu fallen. Dies, weil mit steigenden Löhnen die Steigerung der Grundrente nur zulasten des Profits gehen könne (vgl. Kolb 2015, S. 33).

Bei den Neoklassikern verschob sich der Schwerpunkt der wissenschaftlichen Beschäftigung vom Bereich der Produktion zum Tausch (vgl. Cortekar et al. 2006, S. 81). Dabei rückten die Wertschätzung eines Gutes und so der Preis als Ausdruck der Knappheit ins Zentrum. Gleichzeitig fielen mit der neoklassischen Theorie die in der Klassik noch „als konstituierend gedachten Schranken der Natur, die ein Wachstum der Wirtschaft beschränkten" (Cortekar et al. 2006, S. 86). Bis zu den 1930er-Jahren hatte sich das neoklassische Denken in den meisten Ländern durchgesetzt (vgl. Cortekar et al. 2006, S. 81). Die natürliche Umwelt verlor im neoklassischen Denken als eine

Konzeption des anderen ihre Bedeutung und die Landwirtschaft – die in der Klassik die „hauptsächlich thematisierte Form der Natur war" (Cortekar et al. 2006, S. 87) – wurde als eigenständiger Theoriebestandteil der Ökonomik unbedeutend. Die natürliche Umwelt erschien in der Neoklassik als Ressource, ohne aber eine absolute Begrenzung der Natur zu sein: „Mit der Neoklassik fokussiert sich der Blick ausschliesslich auf dem Aspekt des Nutzens und löst sich so von der materiellen Grundlage. Eine der zentralen Fragen der Klassik – die Unterscheidung zwischen seltenen und produzierten Gütern und der Versuch, das Entstehen ersterer aus den Entstehungsbedingungen letzterer zu erklären – verliert vollständig an Relevanz. Reichtum kommt nun die Bedeutung zu, eine Ansammlung von Dingen zu sein, die knapp sind – die Art ihrer Entstehung wird unbedeutend" (Cortekar et al. 2006, S. 89 f.).

Für die Existenz eines freien Marktes braucht es drei Dinge: private Eigentums- und Verfügungsrechte, die Abwesenheit von Monopolen, Oligopolen und Kartellen und eine „faire Durchführung von Kooperation und Konkurrenz" (Höffe 2015, S. 137). Sind diese drei Bedingungen erfüllt, können begrenzte Märkte entstehen, wobei dabei die Marktgröße bzw. die Zahl der Marktteilnehmenden auf der Produzentenseite unter anderem vom zur Verfügung stehenden Know-how, der Infrastruktur und den Ressourcen der Anbieter und auf Konsumentenseite von der Informiertheit, von den finanziellen Ressourcen und damit vom Einkommen der Nachfrager abhängig ist. Außerdem können marktexterne Faktoren wie bürokratische Regelungen, überlokale Zugänglichkeit und Substitutionsangebote anderer Märkte das Marktangebot beeinflussen (vgl. dazu auch Höffe 2009, S. 254 ff.).

Wesentlicher Bestandteil von Märkten ist der freie Handel. Ohne freien Handel können die Märkte nicht spielen.

Thomas Pogge (2011, S. 23) hat darauf hingewiesen, dass viele Kritiker der Welthandelsorganisation WTO prinzipiell gegen offene Märkte, freien Handel und Globalisierung sind. Doch die Kritik richtet sich nicht – oder sollte sich nicht richten – gegen freie Märkte an sich, sondern gegen die Bedingungen, welche für viele Märkte gelten: „Meine Kritik beruht nicht auf einer solchen Gegnerschaft [gegen offene Märkte und freien Handel]. Ich kritisiere nicht, dass die WTO Märkte zu sehr, sondern dass sie *unsere* Märkte *zu wenig* öffnet. Auf diese Weise verschafft sie uns die Vorteile des freien Handels, ohne diese auch den Armen dieser Welt zuzugestehen" (Pogge 2011, S. 23). Gerade auch der internationale Handel zeigt, wie wichtig es ist, für alle gleichermaßen gerechte Handelsbedingungen festzulegen, die deutlich weiter gehen müssen als rein formale Gleichheit, die immer die Gut- und Bessergestellten bevorzugen.

3.2   Kapitalismuskritik

Bereits Jean-Jacques Rousseau war in seiner „Rede über die Ungleichheit" zum Schluss gekommen, dass die bestehende Eigentumsordnung auf einer „Besitznahme durch die Reichen und Klugen bei gleichzeitig kritikloser Anerkennung dieser Okkupation durch die Schwachen und Einfältigen" (Jütten 2007, S. 17) beruhe:

> Der Erste, welcher ein Stück Land umzäunete (sic), sich in den Sinn kommen liess zu sagen, *dieses ist mein,* und einfältige Leute antraf, die es ihm glaubeten (sic), der war der wahre Stifter der bürgerlichen Gesellschafft (sic). Wie viel Laster wie viel Krieg, wie viel Mord, Elend und Greuel, hätte einer nicht verhüten können, der die Pfähle ausgerissen, den Graben verschüttet, und seinen Nebenmenschen zugerufen hätte, ‚Glaubet diesem Betrüger nicht; ihr seyd (sic) verlohren (sic), wenn ihr daran vergesst, dass die Früchte euch allen, der Boden aber niemanden zugehöre' (Rousseau 2000, S. 141).

Gleichzeitig kam Rousseau zum Schluss, dass aus der Bebauung von Grund und Boden notwendig dessen Aufteilung folgte, wonach sich aus dem privaten Eigentum notwendig das entsprechende Gerechtigkeitsverständnis ableitete (Rousseau 2000, S. 154). Dabei erhielt die auf dem Eigentum beruhende Gerechtigkeit in den Augen Rousseaus eine negative Konnotation (vgl. Jütten 2007, S. 20). Anstelle der Goldenen Regel im Sinne von: „Tue den anderen, wie du willst, dass man dir tue", setzte sich der maximale Eigennutz mit möglichst geringem Schaden für die anderen als Devise durch (vgl. Rousseau 2000, S. 159 ff.). Letztlich steht in Rousseaus Argumentation der Gleichheitsgedanke vor dem Gerechtigkeitsbegriff, weil gesellschaftliches Unrecht aus der Ungleichheit der Menschen entsteht (vgl. Jütten 2007, S. 21). Mit dem Eigentum entstanden neue Herrschaftsverhältnisse und neue Bedürfnisse, welche die Menschen gleichzeitig von sich und untereinander entfremdeten. Dies führt nach Meinung von Rousseau zu Unehrlichkeit, Täuschung und letztlich Zerstörung und Krieg (vgl. Rousseau 2000, S. 157 f.). Letztlich – so Rousseau – ist der Gesellschaftsvertrag zum Schutz der Armen ein Scheinvertrag zugunsten der Besitzenden, die sich dessen allerdings bewusst sind (vgl. Jütten 2007, S. 22). Dem setzt Rousseau sozialkritisch einen Sozialkontrakt als Ausdruck eines übergeordneten Gesamtwillens („volonté générale") entgegen, der im Unterschied zum summierten Einzelwillen – „volonté de tous" – insbesondere der Besitzenden die Gemeininteressen, nicht die Partikularinteressen der einzelnen (besitzenden) Bürger verfolgt. Erst wenn das Gemeinwohl in Form der „volonté générale" herrscht, herrscht nach Rousseau wahre Freiheit und Gleichheit.

Der Widerspruch zum gängigen ökonomischen Paradigma besteht in der Fiktion, dass der (ökonomische) Bedarf der auf dem Markt auftretenden Nachfrager identisch mit den Bedürfnissen aller Menschen sei. Dabei ist der ökonomisch feststellbare und durch die Märkte zu deckende Bedarf nicht mit den Bedürfnissen der Menschen deckungsgleich, weil auf der einen Seite niemals alle Menschen finanziell in der Lage sind, sich die benötigten Produkte oder Dienstleistungen zu leisten, und weil auf der anderen Seite der Bedarf manipulierbar ist und künstlich aufgeblasen werden kann, etwa durch Marketingmaßnahmen.

Aus ethischer Sicht ist gegen das Verständnis von Ökonomie als reine Bedarfsdeckung menschlicher Bedürfnisse einzuwenden, dass heute ein großer Teil des ökonomischen Bedarfs auf Bedürfnissen beruht, die nachträglich geschaffen worden sind: „Die Bedarfsdeckung ist … dann kein wesentliches Charakteristikum der Wirtschaft mehr, wenn ihr kein tatsächlicher, sondern lediglich ein künstlich provozierter Bedarf entspricht" (Wolfes 2016, S. 57). Allerdings muss man gegenüber einer strikten

Unterscheidung von „Grundbedürfnissen" und „künstlichen Bedürfnissen" einwenden, dass beide oft ineinander übergehen und dass moderne Anbieter Grundbedürfnisse auf andere – oft innovative – Art befriedigen. So kann etwa das Bedürfnis nach Kommunikation durch individuelle Face-to-Face-Gespräche, durch Versammlungen und gesellige Zusammenkünfte oder durch Telefon, E-Mail, SMS oder Social Networks befriedigt werden.

Armut hat viel mit der Befriedigung der Grundbedürfnisse zu tun – oder genauer damit, dass wesentliche Grundbedürfnisse nicht befriedigt werden können. Ich habe an anderer Stelle vorgeschlagen, Armut als dauerhafte Defizite in der Lebensqualität zu verstehen (vgl. Jäggi 1995, S. 30 ff.). Dabei gilt: Wer keinen Zugang zu den heute gängigen Angeboten der Bedürfnisbefriedigung hat, kann als arm gelten.

Ekardt (2016, S. 276) hat gegen den – marxistischen – Ansatz einer Unterscheidung legitimer Grundbedürfnisse von nichtlegitimen Zusatzbedürfnissen eingewendet, dass nie geklärt worden sei, „wie man … richtige von falschen Bedürfnissen oder anerkennenswerte von nicht anerkennenswerten Befähigungen unterscheiden soll". Abgesehen davon, dass ein solcher Ansatz dem Problem des naturalistischen Fehlschlusses nicht entgehen könne, sei dieser Ansatz in der Ethik nicht anschlussfähig, weil er ohne normative Kriterien unlösbare Fragen aufwerfe, ähnlich wie die nicht tragfähige Unterscheidung von „wahrer" und „falscher" Freiheit. Außerdem bestehe bei einer solchen Unterscheidung zwischen „legitimen" und nichtlegitimen Bedürfnissen die Gefahr einer paternalistischen Haltung (vgl. Ekardt 2016, S. 277).

Hahn und Kliemt (2017, S. 23) haben die These vertreten, dass „die zentrale innovative Idee moderner Marxisten und moderner utopischer Sozialisten … darin [bestehe], die informationsschaffende von der anreizschaffenden Funktion von Marktmechanismen zu trennen". Dabei wird die Motivation, das Bestmögliche zu leisten, nicht auf den Wunsch nach möglichst hohem Einkommen, sondern auf das Anliegen zurückgeführt, so viel wie möglich Positives für das Gemeinwohl zu schaffen. Und genau hier liegt auch die Fiktion des Utilitarismus: Was ist, wenn der Einzelne von einer Handlung profitiert, die der Allgemeinheit schadet und umgekehrt?

Daran ändert auch wenig, dass einer der wichtigsten Utilitaristen, John Stuart Mill, sich und seine Frau in seiner Autobiografie selbst als „decidedly under the general designation of Socialists" (zitiert nach Derpmann 2014, S. 179 f.) bezeichnet hat. Der Einwand, dass dies wohl kaum zutreffe, weil Mill die Individualität und die persönliche Freiheit so stark betone (vgl. Derpmann 2014, S. 180), geht jedoch am Kern der Sache vorbei, weil es durchaus auch sozialistische Konzepte gab und gibt, die das kollektive Wohl mit der Freiheit des Einzelnen verbunden haben.

Wichtiger ist dabei der Vorbehalt Mills gegenüber dem Privateigentum: „It appears to us that nothing valid can be said against socialism in principle; and that the attempts … to defend private property, on the ground of justice, must inevitably fail" (zitiert nach Derpmann 2014, S. 184). Mill begründet diese Haltung mit der Ungleichheit zwischen Arm und Reich, weshalb eine neue Gesellschaftsordnung moralisch und intellektuell auf eine völlig neue Basis gestellt werden müsse, anstatt auf die Grundlage von privatem

Eigentum und Wettbewerb (vgl. Derpmann 2014, S. 185). Mill verstand das Privateigentum nicht als natürliches Recht, sondern als Folge gesellschaftlicher Entwicklungen und des daraus entstandenen Systems von Rechtsansprüchen. Privateigentum habe sich etabliert, weil es sich mit dem Prinzip der Nützlichkeit begründen lasse. Entsprechend schlug Mill vor, die Eigentumsrechte unterschiedlich für einzelne Gegenstände und Bereiche zu definieren und insbesondere die mit dem Eigentum verbundenen Befugnisse („qualified property") zu beschränken. Während die Besitzer uneingeschränkt über Gebrauchsgegenstände verfügen sollten, forderte Mill, bestimmte Gegenstände oder andere Personen, politische Mandate oder Produktionsmittel entweder überhaupt nicht oder nur eingeschränkt als Privateigentum anzuerkennen (vgl. Derpmann 2014, S. 186). So schwebte Mill etwa vor, das Privateigentum an Produktionsmitteln in Form von lokalen Genossenschaften zu vergemeinschaften. Dabei sollten kollektive Eigentumsformen an Produktionsmitteln nicht nur das Eigentumssystem, sondern die individuellen moralischen Einstellungen verändern („moral improvement of mankind"), ohne aber die persönlichen Entwicklungsmöglichkeiten des Einzelnen zu beeinträchtigen (vgl. Derpmann 2014, S. 191).

Deutlich weiter als Mill gingen die Marxisten.

Entscheidend am marxistischen Denken war die Vorstellung, dass ökonomische Gegebenheiten – und damit auch die Wirtschaftsinteressen der einzelnen Gesellschaftsgruppen („Klassen") – das Bewusstsein der Menschen beeinflussen. Das spiegelte sich in der These, dass das in einer Gesellschaft vorherrschende Bewusstsein das Bewusstsein der herrschenden Klasse sei: „Die Gedanken der herrschenden Klasse sind in jeder Epoche die herrschenden Gedanken, d. h. die Klasse, welche die herrschende *materielle* Macht der Gesellschaft ist, ist zugleich ihre herrschende *geistige* Macht" (Marx und Engels 1971, S. 110). In der sogenannten Basis-Überbau-Theorie wurde dabei eine primäre (strukturelle) Abhängigkeit des Bewusstseins und der Kultur (Überbau) von den ökonomischen Strukturen und den damit verbundenen sozialen Klassen (Basis) gesehen, während – sekundär – das Bewusstsein auch auf die ökonomische Basis zurückwirke. Marx und Engels (1971, S. 91) formulierten mit Blick auf den Feudalismus, aber auch im weiteren Sinn diesen Zusammenhang wie folgt:

Die Produktion der Ideen, Vorstellungen, des Bewusstseins ist … unmittelbar verflochten in die materielle Tätigkeit und den materiellen Verkehr der Menschen, Sprache des wirklichen Lebens. … Die Menschen sind die Produzenten ihrer Vorstellungen, Ideen …, aber die wirklichen, wirkenden Menschen, … [sind] bedingt … durch eine bestimmte Entwicklung ihrer Produktivkräfte und des denselben entsprechenden Verkehrs… Das Bewusstsein kann nie etwas Andres sein als das bewusste Sein, und das Sein des Menschen ist ihr wirklicher Lebensprozess (Marx und Engels 1971 S. 91).

Und in einem Brief an J. Block umschrieb Friedrich Engels 1890 das dialektische Verhältnis von ökonomischer Basis zum kulturellen Überbau wie folgt:

Nach materialistischer Geschichtsauffassung ist das in *letzter Instanz* bestimmende Moment in der Geschichte die Produktion und Reproduktion des wirklichen Lebens. … Wenn nun jemand das dahin verdreht, das ökonomische Moment sei das *einzig* bestimmende, so verwandelt er jenen Satz in eine nichtssagende, abstrakte, absurde Phrase. Die ökonomische

Lage ist die Basis, aber die verschiedenen Momente des Überbaus – politische Formen des Klassenkampfs und seine Resultate – Verfassungen, nach gewonnener Schlacht durch die siegende Klasse festgestellt usw. – Rechtsformen und nun gar die Reflexe aller dieser wirklichen Kämpfe im Gehirn der Beteiligten, politische, juristische, philosophische Theorien, religiöse Anschauungen und deren Weiterentwicklung zu Dogmensystemen üben auch ihre Einwirkung auf den Verlauf der geschichtlichen Kämpfe aus und bestimmen in vielen Fällen vorwiegend deren *Form*. Es ist eine Wechselwirkung aller dieser Momente, worin schließlich durch alle die unendliche Menge von Zufälligkeiten ... als Notwendiges die ökonomische Bewegung sich durchsetzt (Engels 1971, S. 226).

Deshalb – so die marxistische Sicht – könnten über ein entwickeltes Bewusstsein der unterdrückten Klassen (Arbeiter und arme Bauern) die politische Herrschaft erkämpft und mittels einer „Diktatur des Proletariats" die ökonomischen Grundlagen so verändert werden, dass die Wirtschaft allen diene und nicht nur den bisher herrschenden Klassen (d. h. den Kapitalisten und den Feudalherren).

Dabei erscheint der Staat im 19. und 20. Jahrhundert als Instrument der herrschenden Klasse, um ihre ökonomischen Interessen politisch durchzusetzen, oder mit den Worten von Hirsch (2005, S. 30; vgl. auch Rest 2011, S. 29): „Der Staat drückt in seiner konkreten organisatorischen Struktur soziale Kräfteverhältnisse aus, formt und stabilisiert sie aber auch zugleich". Nach Hirsch sind Markt und Staat gegenseitig verknüpft: „Der Staat als Gewaltapparat ermöglicht durch die Garantie des Privateigentums und der darauf beruhenden Rechtsverhältnisse erst die Existenz des Marktes und muss ständig in den Marktprozess eingreifen, um diesen funktionsfähig zu halten. Zugleich bleibt der Markt aber in seinen Grundlagen davon abhängig, dass der marktregulierte kapitalistische Verwertungsprozess gewährleistet bleibt" (Hirsch 2005, S. 28; vgl. auch Rest 2011, S. 29). Zwar habe sich der Nationalstaat als Machtinstrument des Bürgertums als herrschender Klasse, aber gleichzeitig auch als Kompromiss und Folgewirkung verschiedener Revolutionen gebildet (vgl. Hirsch et al. 2001, S. 9), weshalb der Staat die Form eines Herrschaftsapparats annahm, der von den gesellschaftlichen Klassen formell getrennt war (vgl. Hirsch 2001, S. 104). Doch gleichzeitig bildeten Staat und Gesellschaft „als Ausdruck der bestehenden Produktionsverhältnisse zugleich eine widersprüchliche Einheit" (Hirsch 2001, S. 106). In den 1990er-Jahren und darüber hinaus habe es im Rahmen der Globalisierungswelle und als Folge „neoliberaler Umwälzungen der Klassenverhältnisse" und des Zusammenbruchs des Staatssozialismus eine grundlegende Änderung der (national-)staatlichen Strukturen gegeben. Dabei sehen Hirsch et al. (2001, S. 7 f.) die Prozesse bei den Nationalstaaten, welche als „Souveränitätsverlust" oder „Erosion" der Nationalstaaten beschrieben werden, als „im Kern fundamentale Reorganisation politisch institutionalisierter Klassenbeziehungen im Zuge der als ‚Globalisierung' bezeichneten neoliberalen Restrukturierung". Jedoch – so Hirsch et al. (2001, S. 16) – bleibe das Verhältnis von Staat und Kapitalismus widersprüchlich: Einerseits transnationalisiere sich der Kapitalismus, während die Reproduktion der bürgerlichen Gesellschaft weiterhin auf den Nationalstaat fokussiert sei. Und spätestens hier zeigt sich, dass der klassisch marxistische Staatsbegriff nicht mehr greift.

Das, was Rehbein und Souza (2014, S. 77) „unselige Trennung von Sein und Bewusstsein" nennen und als „Erbe des cartesianischen Dualismus von Leib und Seele" bezeichnen, ist für das Verständnis der Marx'schen Analyse grundlegend. Denn gerade dieses dialektische Verhältnis von sozioökonomischer Grundlegung und bewusstseinsmäßiger Verarbeitung gab (und gibt) der Marx'schen Analyse ihren Biss – wenn die Zähne auch teilweise, das sei zugegeben, in die falschen Waden geschlagen haben.

Die klassische marxistische Sicht beruht auf zwei problematischen Annahmen: Auf der einen Seite werden die Interessen der „arbeitenden Klasse" mit den Interessen der Allgemeinheit gleichgesetzt und auf der anderen Seite wird das (distributive) Wirken des Marktes systematisch unterschätzt. Die erste Annahme führte dazu, dass sich die „Diktatur des Proletariats" immer mehr hin zu einer Diktatur einer bürokratisierten Partei entwickelte und sich die demokratischen Rechte – auch die der Arbeiter – zunehmend inhaltlich entleerten. Dazu kommt, dass – wie Polany (1978, S. 210) sehr richtig bemerkte – die ökonomische Funktion und „das Klasseninteresse bloß eine begrenzte Erklärung für langfristige gesellschaftliche Entwicklungen [lieferten]. Viel häufiger wird das Schicksal einer Klasse von den Erfordernissen der Gesellschaft bestimmt, als das Schicksal der Gesellschaft von den Erfordernissen einer Klasse". Die Befriedigung ökonomischer Bedürfnisse – so die These von Polany (1978, S. 212) – ist für das Verhalten einzelner sozialer Gruppen und Klassen wesentlich weniger wichtig als die Frage gesellschaftlicher Anerkennung.

Die zweite Annahme, also die in der Praxis unterschätzte Bedeutung des Marktes für die Distribution von Waren und Dienstleistungen und für die Erhöhung der Produktivität, führte letztlich zum ökonomischen Zusammenbruch der „sozialistischen" Staaten, weil die bürokratisch organisierte Wirtschaft gegenüber den dynamischen und innovativen Märkten liberaler Gesellschaften systematisch ins Hintertreffen geriet und letztlich ganz einfach nicht mehr konkurrenzfähig waren.

Dies zeigte sich etwa im Vergleich der längerfristigen Entwicklung der Produktivität und der Löhne in der BRD und in der DDR (vgl. Tab. 3.1).

Dazu kam in verschiedenen sozialistischen Staaten und insbesondere in der Sowjetunion die Verschleuderung von wirtschaftlichen und technischen Ressourcen für ein korruptes und diktatorisches Regime, das immer größere Teile seines Wirtschaftspotenzials in die Rüstung steckte, was letztlich den Zusammenbruch weiter förderte.

Auch eine dritte Annahme, nämlich dass die Produktionsweise „des Kapitalismus" in einen immer stärkeren Widerspruch zu den sich entwickelnden Produktivkräften geraten

Tab. 3.1 Produktivität und Löhne in der BRD und in der DDR. (Quelle: Sarkar 2001, S. 49)

Werte der DDR in % der entsprechenden Werte in der BRD	1960 (%)	1970 (%)	1984 (%)	1990 (Prognose[a]) (%)
Produktivität	70	55	46	35
Reallöhne	73	58	44	35

[a]Diese Prognose erwies sich später als zutreffend

werde (vgl. Neck und Schneider 2013, S. 18) und zu einer wachsenden Verelendung der lohnabhängigen Bevölkerung führen müsse (Verelendungstheorie), hat sich so nicht bewahrheitet – zu innovativ und korrekturfähig erwies sich letztlich die kapitalistische Marktwirtschaft. Dazu kommt, dass – wie Dahrendorf (1992, S. 17) richtig vermerkte – die Verelendung von Bevölkerung oder von Teilen davon in den meisten Fällen nicht zu einem revolutionären Aufbegehren führte, sondern eher zu Lethargie und Vertiefung des Elends. Historisch gesehen waren die Träger von Revolutionen und Rebellionen in den meisten Fällen nicht die am stärksten von Armut Betroffenen, sondern eher Gruppen relativ privilegierter Menschen, die sich mit den von Elend Betroffenen solidarisierten.

Auch wenn Neck und Schneider (2013, S. 19) Marx „als einen der letzten großen Vertreter der Klassik" ansehen, der sich vor allem auf Ricardos Arbeitswertlehre bezog, kann Marx aufgrund seiner dialektischen Verknüpfung von politischem und wirtschaftlichem Denken kaum wirklich zu den ökonomischen Klassikern gezählt werden.

Marxistische und sozialistische Konzepte gehen davon aus, dass die Identifikation mit dem Allgemeinwohl größer ist als der individuelle Drang nach materiellem Vorteil. Umgekehrt gehen wirtschaftsliberale Konzepte vom Gegenteil aus: Weil der Einzelne genau auf seinen materiellen Vorteil achtet, funktioniert der Markt und damit wird die Effizienz der Produktion von Gütern und Dienstleistungen maximiert. Das Problem ist dabei, dass beide Sichtweisen oder Grundhaltungen zutreffen, aber nie ausschließlich und nie widerspruchsfrei: Neuere Untersuchungen im Human-Resources-Bereich zeigen, dass die ideelle Motivation in der Arbeitswelt für viele – vor allem hoch qualifizierte – Mitarbeitende von entscheidender Bedeutung ist. Umgekehrt ist aber die Einkommenshöhe ebenfalls entscheidend für die Berufswahl und die Wahl des Arbeitsplatzes.

Als nur eines von vielen Beispielen in diesem Zusammenhang ist eine Umfrage unter 600 ehemaligen MBA-Absolventen interessant. An einer vom Departement Management, Technologie und Ökonomie der ETH Zürich durchgeführten anonymen Befragung nannten 31 % die Zufriedenheit im Job und 19 % die Work-Life-Balance als wichtigsten Faktor für den beruflichen Erfolg. Nur gerade 1 % der Befragten hielt das Salär als zentrales Kriterium. Allerdings muss man einschränken, dass dies nur für gut bis sehr gut verdienende Menschen zutrifft – also für Menschen, welche ihre Bedürfnisse mit ihrem Lohn ohne Weiteres decken können. In den unteren Einkommensgruppen ist die Bedeutung der Lohnhöhe sehr viel größer.

Zweifellos haben Hahn und Kiemt (2017, S. 24) recht, wenn sie meinen, dass Menschen immer auch von Eigeninteressen angetrieben sind. Aber auch das Umgekehrte gilt: Die meisten Menschen verfolgen auch ideelle, gemeinwohlorientierte Ziele. Dieser doppelten Motivationsstruktur muss jedes ordoökonomische System, das ernst genommen werden will und Nachhaltigkeit beansprucht, Rechenschaft tragen.

Von daher ist zweifellos die Kritik an einem ausschließlich nach kapitalistischen Prinzipien funktionierenden und auf Eigeninteressen ausgerichteten Marktsystem berechtigt.

Eine Reihe von marxistischen Theoretikern und Ökonomen haben in Bezug auf das Verhältnis der Dritten Welt zu den Industriestaaten die These des ungleichen Tauschs entwickelt. Dabei seien aufgrund der in den Kolonien ausgeübten Gewaltherrschaft durch die europäischen Staaten die Produzenten in den kolonisierten Ländern gezwungen worden, ihre Güter – unter anderem Zucker, andere landwirtschaftiche Produkte und Edelmetalle – unter ihrem Wert zu exportieren, was den Händlern in den Zentrumsländern zusätzliche Profite generiert hätte und langfristig zu einem Kapitalfluss aus den Kolonien in die Metropolen geführt habe (vgl. Frank 1980, S. 35). Dieser ungleiche Tausch im 18. und 19. Jahrhundert habe sich im 20. Jahrhundert in Form des globalen Freihandels und der Terms of Trade fortgesetzt, weil die vorwiegend in den Entwicklungsländern produzierten Rohstoffe und landwirtschaftlichen Produkte tendenziell an Wert verloren und die Fertigprodukte der Industrieländer im Verhältnis dazu laufend teurer wurden. Dazu ist zweierlei zu sagen: Auf der einen Seite begünstigen der freie Markt und der Freihandel immer diejenigen Produzenten, welche die neuesten Produktionstechniken und -methoden einsetzen können, und das war (und ist) in den hoch industrialisierten bzw. entwickelten Ländern der Fall. Diese Bevorzugung der fortschrittlichsten Produktionsweisen im Markt ist jedoch gewollt und langfristig zweifellos sinnvoll. Aber – und das ist die andere Seite – ging und geht die Öffnung der lokalen Märkte kaum je ohne direkte oder indirekte Gewalt vor sich. So waren die chinesischen Manufakturen den europäischen bis ins 18. Jahrhundert gleichwertig, wenn nicht sogar überlegen. Deshalb schrieb etwa 1793 der Kaiser von China an König George III. von England: „Wie Euer Gesandter selbst sehen kann, besitzen wir alles. Ich lege keinen Wert auf fremde und kunstvolle Gegenstände und habe keine Verwendung für die Manufakturgüter Eures Landes" (zitiert nach Frank 1980, S. 36). Erst die kombinierte Antwort von militärischer Gewalt und Rauschgift – nämlich in den indischen Kolonien geerntetem Opium – zwang China 50 Jahre später zur Öffnung seiner Märkte. Und in Indien sowie in Südostasien hatten die Engländer und andere europäische Kolonialstaaten zuerst hoch entwickelte Agrar- und Handwerkssysteme zerstört, um diese Gebiete insbesondere im 19. Jahrhundert in das (kapitalistische) Welthandelssystem einzubinden (vgl. Frank 1980, S. 169 ff.). Karl Marx (1972, S. 792 ff.) beschrieb in seiner „Kolonisationstheorie" im ersten Band des „Kapitals", wie britische Unternehmer und Siedler bestehende lokale Produktionsformen in den Kolonien gewaltsam beseitigten, sich den Boden aneigneten und ihre eigenen Produktionsunternehmen aufbauten, in Amerika unter Einsatz von Sklaven. Somit beruhte sowohl der Dreieckshandel zwischen Europa, Afrika und Nordamerika auf Landraub, der Verschleppung von Sklaven und ungleichen Tauschbedingen als auch der Handel Großbritanniens mit Indien auf der Zerstörung einheimischer Produktion in Indien, auf Gewalt und auf unrechtmäßiger Aneignung. Und Ersteres war für die Akkumulation von Reichtum und wirtschaftliche Entwicklung in den USA und Letzteres für den wirtschaftlichen Aufschwung in Großbritannien von entscheidender Bedeutung.

André Gunder Frank (1980, S. 41) zog folgendes Fazit:

> Überprüft man, wo die exzessiv unterentwickelten ‚ärmsten' Gebiete in der Neuen Welt liegen, Gebiete, die nicht nur durch aussergewöhnliche Armut, sondern auch durch unterdrückende gesellschaftliche Institutionen, extremen katholischen Klerikalismus oder protestantischen Fundamentalismus, illiberale politische Organisationen usw. gekennzeichnet

sind, so zeigt sich, dass in allen Fällen eine frühere Periode, in der hauptsächlich Grund-produkte für den Export hergestellt wurden, den Weg zum Niedergang vorherbestimmt hat, nachdem die Bergwerke des Gebiets, sein Holzbestand oder sein Markt im Zuge der weltkapitalistischen Entwicklung ausgeschöpft waren. Das gilt nicht nur für die (früheren) Bergbaugebiete in Brasilien, den ,kleinen' und den ,großen' Norden von Chile, das Hoch-land von Bolivien und Peru, Zentralmexiko, ebenso für West-Virginia und Teile der Rocky Mountains in den Vereinigten Staaten und für Quebec in Kanada …

Von daher kritisierte Frank (1980, S. 48) auch Max Webers Protestantismusthese, weil einerseits – wie bereits Smith und Marx erkannt hätten – der Kapitalismus ursprünglich in katholischen Ländern wie Spanien, Italien, Portugal und im katholischen Belgien ent-standen sei und anderseits Weber und sein Schüler Talcott Parson mit dieser These eine „antimarxistische Offensive" (Frank 1980, S. 45) gegen die damals in den USA wach-sende Verbreitung der Marx'schen Basis-Überbau-Theorie geführt hätten. Entscheidend für die Entstehung und dominante Entwicklung des Kapitalismus seien jedoch die kolo-niale Unterwerfung eines Großteils der Welt durch die europäischen Staaten und der ungleiche, von den neu industrialisierten Staaten dominierte Welthandel gewesen (vgl. Frank 1980, S. 61 ff.).

Allerdings muss man sich schon fragen, ob Garry Leechs (2012) Versuch, Kapitalis-mus als „strukturellen Völkermord" zu begreifen, nicht weit über das Ziel hinausschießt (vgl. auch Duchrow 2013, S. 44). Es ist zwar unbestritten, dass bestimmte Formen von Kapitalismus zu Armut, Gewalt oder gar Massentod führten und führen können, aber das ist wohl kaum das „Wesen" oder das „Ziel" des Kapitalismus, sondern die Folge bestimmter Arten der ökonomischen Produktion und ihres soziopolitischen oder sozio-kulturellen Umfelds. Allerdings können kapitalistische Strukturen – etwa im Bereich der Gewaltmärkte oder des privaten Söldnerwesens, aber auch in der Rohstoffgewinnung – zu Verbrechen gegen die Menschlichkeit führen, aber um dies zu vermeiden, braucht es staatliche oder überstaatliche Regelungen und verbindliche Kontrollen – nicht die Abschaffung des Kapitalismus an sich. Das ist etwa der Fall, wenn gewaltsame oder kriegerische Handlungen einzelner Akteure – zum Beispiel von Warlords, aber auch staatlicher Armeen – zu Massenmord, Genoziden, Massenvergewaltigungen oder Raub an ganzen Bevölkerungsgruppen führen.

3.3   John Maynard Keynes

Im Jahr 1936 hatte John Maynard Keynes (2006) sein berühmtes Buch *The general theory of employment, interest, and money* veröffentlicht. Darin befasste er sich unter anderem mit Konjunkturschwankungen und mit der Weltwirtschaftskrise. Dabei war Keynes' wichtigste Aussage, dass Wirtschaftskrisen dann eintreten können, wenn die gesamtwirtschaftliche Nachfrage ungenügend ist (vgl. Mankiw und Taylor 2016, S. 923). Entsprechend verlangte Keynes in Zeiten hoher Arbeitslosigkeit die Förderung der Nach-frage durch staatliche Programme.

Die „Allgemeine Theorie" von Keynes wurde von der Ökonomenzunft mehrheitlich ungnädig aufgenommen. So verkannte etwa Joseph Schumpeter (1936) die Bedeutung des Buchs völlig (vgl. Kromphardt 2013, S. 113). Dagegen begeisterten sich viele junge Ökonomen für Keynes neue Sicht der Ökonomie.

Keynes kritisierte an der damals dominanten neoklassischen Theorie, dass diese auf gesamtwirtschaftlicher Ebene nur in einem speziellen Sonderfall gültig sei, nämlich in Situationen der Vollbeschäftigung (vgl. Kromphardt 2013, S. 73). Er kritisierte die (Neo-)Klassiker aus logischen, nicht aus empirischen Gründen (vgl. Carabelli 2012, S. 84), insbesondere warf ihnen Keynes unrealistische Annahmen vor.

Dabei vertrat Keynes die Meinung, dass das effektive Beschäftigungsniveau nicht durch den Arbeitsmarkt erklärt werden könne. Dagegen postulierte Keynes das Prinzip der effektiven Nachfrage. Dieses Prinzip besagt, dass die effektive Nachfrage Produktion und Beschäftigung bestimmt. Die große Innovation von Keynes war die Einführung der „Erwartungen" in die ökonomische Theorie (vgl. Skidelsky 2010, S. 105). Dabei war für Keynes wichtig, dass die effektive Nachfrage eine Erwartungsgröße ist. So wird das Produktionsvolumen von den Unternehmen so gewählt, dass die Nachfrage gedeckt wird (vgl. Kromphardt 2013, S. 75). Dabei ging Keynes davon aus dass die Höhe des Verbrauchs zwar überwiegend vom Realeinkommen abhängt, aber von einer Reihe weiterer objektiver und subjektiver Faktoren beeinflusst wird (vgl. Kromphardt 2013, S. 78). Wesentlich für die Gesamtnachfrage einer Wirtschaft sind laut Keynes das Einkommen und der Zinssatz (vgl. Kromphardt 2013, S. 89).

Entscheidend für die Sicht Keynes war die Unterscheidung von geplanten und tatsächlichen Entscheidungen der Haushalte und Unternehmen. Geplante Ausgaben, Ersparnisse und Investitionen von Haushalten und Unternehmen beziehen sich nach Keynes auf Erwünschtes oder Beabsichtigtes. Dagegen resultieren tatsächliche Ausgaben, Ersparnisse und Investitionen aus tatsächlich erzielten Ergebnissen, also nicht im Voraus, sondern nachträglich (vgl. Mankiw und Taylor 2016, S. 924).

Entsprechend vertrat Keynes die Meinung, dass konjunkturelle Schwankungen durch Einflüsse von der Nachfrageseite her zu erklären sind. Die Grundidee ist dabei, dass ein Konsumrückgang sich in Form eines Produktionsrückgangs ausdrückt. Allerdings sind die Ursachen für den Rückgang der Nachfrage und des Konsums nicht immer leicht zu identifizieren. Gründe können neben sinkendem Einkommen – etwa durch Verlust des Arbeitsplatzes oder sinkende Löhne – psychologische Faktoren sein. Etwa wenn alle von Krise reden, kann die Bereitschaft, Geld für den Konsum auszugeben, sinken und die Haushalte beginnen, größere Beträge für Ersparnisse zurückzulegen (vgl. Mankiw und Taylor 2016, S. 927). Dabei vertrat Keynes die Meinung, dass der Staat über geld- und besonders fiskalpolitische Maßnahmen die gesamtwirtschaftliche Nachfrage steuern sollte. Dies insbesondere, um die deflatorischen und inflatorischen Lücken einer Volkswirtschaft zu verringern. Bei Inflation sollte der Staat die Ausgaben zurückfahren, bei Deflation die Ausgaben steigern. Denn sowohl die Geldentwertung (Inflation) wirkt kaufkraftverringernd – weil für den Kauf von Gütern mehr Geld aufgewendet werden muss als zuvor – als auch deflatorische Entwicklungen, insofern sie zu Arbeitslosigkeit und zu deutlich geringerem Einkommen führen (zu Inflation und Deflation vgl. Jäggi 2016d, S. 12 ff. sowie S. 77 ff.).

Keynes Denken war durch vier Konzepte geprägt: Die *Knappheit*, die *Neutralität des Geldes*, das *Gleichgewichtsdenken* und die *Unwahrscheinlichkeit von Annahmen* (vgl. Skidelsky 2010, S. 124). Vor Keynes hatte die (klassische) Ökonomie seit Smith angenommen, dass Ressourcen knapp waren im Verhältnis zur Nachfrage oder mit den Worten Ricardos: dass die Nachfrage nur durch die Produktion begrenzt sei. In diesem Denken lautete die Frage, wie man genug Waren produzieren konnte, um die Nachfrage zu befriedigen, und nicht, dass es vielleicht zu wenig Nachfrage nach Waren geben konnte. Dabei beherrschte die produktionszentrierte Sicht der Knappheit die Ökonomie noch, als die Produktion das Bevölkerungswachstum überstieg und den Menschen viele Wahlmöglichkeiten bescherte (vgl. Skidelsky 2010, S. 126). Dagegen ging Keynes davon aus, dass unter bestimmten Bedingungen – und zwar häufiger als umgekehrt – die Nachfrage hinter dem Angebot zurückblieb. In Bezug auf die Geldtheorie hatte Keynes – im Gegensatz zur früheren Quantitätstheorie des Geldes, wonach Veränderungen der Geldmenge keinen Einfluss auf die Tauschverhältnisse der Güter untereinander hatten, sondern nur auf das allgemeine Geldniveau – Geld nicht nur als Tauschmittel, sondern auch als Wertaufbewahrungsmittel betrachtet, wodurch das Geld zu einem Verbindungsglied zwischen Gegenwart und Zukunft wurde (vgl. Skidelsky 2010, S. 127 f.). Beim ökonomischen Gleichgewichtsdenken stellte sich Keynes auf die Seite des eher kurzfristig denkenden Malthus, gegen dessen Freund Ricardo, der vor allem die Langfristigkeit ökonomischer Zyklen betont hatte (vgl. Skidelsky 2010, S. 129 ff.). Berühmt wurde Keynes Ausspruch: „Aber die *lange Sicht* ist ein schlechter Führer in Bezug auf die laufenden Dinge. *Auf lange Sicht* sind wir alle tot" (Keynes 1924, S. 83; vgl. auch Skidelsky 2010, S. 130). Schließlich legte Keynes Wert auf realistische Annahmen seiner Modelle, Ökonomie sollte Fakten so erklären, dass sie Intuition und Menschenverstand ansprachen (vgl. Skidelsky 2010, S. 133). Damit vertrat Keynes – anders als die idealtypisch ausgerichteten Konstruktionen der Klassiker – sowohl eine realitäts- und praxisnahe als auch eine pragmatische Ökonomie. Für Keynes entstanden Gleichgewichtszustände wesentlich durch Erwartungen und weniger durch „fundamentale Kräfte" wie Produktivität und Gier. Dabei gibt es für Volkswirtschaften viele mögliche Gleichgewichtszustände.

Entscheidend für unsere Fragestellung ist die Rolle, welche Keynes dem Staat zugesteht. Keynes stellte folgende Gleichung – auch als Ausgabenfunktion bezeichnet – auf: BIP (Bruttoinlandprodukt) = C (Konsum) + I (Investitionen) + G (Staatsausgaben) + NX (Nettoexporte). Dabei kann u. a. durch Vergrößerung (bei Deflation) oder Verringerung (Inflation) von G die Konjunktur maßgeblich beeinflusst werden. Dabei wird durch Steuererhöhungen Geld aus dem Geldkreislauf abgeführt und umgekehrt durch Steuerverringerungen zugeführt. Ebenso kann der Staat durch Ausgabenerhöhungen die Nachfrage erhöhen und durch Ausgabenverringerung die Nachfrage reduzieren.

Im Zusammenhang mit der Weltwirtschaftskrise der 1930er-Jahre setzte sich Keynes dafür ein, sich von der Laissez-Faire-Ideologie zu verabschieden und dafür staatliche und halbstaatliche Investitionsprogramme zu fördern, um die infolge rückläufiger privater Investitionen entstandenen Lücken zu füllen. 1938 verlangte Keynes insbesondere Investitionen im Bereich der Infrastruktur, so im Wohnungsbau, in der öffentlichen Versorgung und im Eisenbahnbau (vgl. Kromphardt 2013, S. 108).

Interessant an Keynes Sichtweise ist die Steuerungsfunktion des Staates. Keynes schrieb damit dem Staat eine ganz konkrete Aufgabe im Rahmen der Gesamtwirtschaft zu, und zwar nicht nur in Form punktueller Interventionen in Krisen- und Ausnahmesituationen, sondern im Sinne einer permanenten Steuerungsfunktion. Entsprechend gilt Keynes heute sowohl als Begründer der Konjunkturtheorie als auch der modernen Makroökonomie (vgl. Naef 2014, S. 40).

Hagemann und Krämer (2011, S. 7) haben die Meinung vertreten, dass die Finanzkrise 2008 nur deshalb relativ schnell überwunden werden konnte, „weil keynesianische Maßnahmen, insbesondere eine expansive Fiskalpolitik, weltweit relativ zügig und mit großem Erfolg eingesetzt wurden". So seien selbst konservative Zentralbanken und Regierungen nach dem Zusammenbruch der Investmentbank Lehman Brothers im September 2008 schnell auf eine expansive Geldpolitik mit Niedrigzinsen umgeschwenkt und hätten teilweise große Konjunkturprogramme aufgelegt. Entsprechend habe die Finanz- und Wirtschaftskrise zu einer erstaunlichen Renaissance der Lehren von Keynes geführt.

Man könnte sich nun fragen, warum nicht einfach eine anhaltende Politik der Nachfrageförderung betrieben wird, um Vollbeschäftigung zu erreichen und zu garantieren. Darauf gibt es zwei Antworten, eine ökonomische und eine ökologische.

> Die gesamtwirtschaftliche Angebotskurve … ist kurzfristig flach, aber langfristig vertikal. Konkret bedeutet das, dass die Wirtschaft im Zuge einer anhaltenden Nachfrageexpansion früher oder später in Engpässe hineinwächst, die einen beschleunigten Lohnauftrieb und in der Folge auch einen zunehmenden Inflationsdruck bewirken. Dies spätestens ist der Punkt, an dem die Zentralbank, bei der die Verantwortung für die Stabilität des Preisniveaus angesiedelt ist, die Zügel anzieht, die Zinsen erhöht und damit der Nachfrage-, Produktions- und Beschäftigungszunahme ein Ende setzt. Die Frage ist somit nicht, ob eine Nachfragezunahme die Arbeitslosenquote senken kann. Sie kann. Die entscheidende Frage ist vielmehr, wie tief die Arbeitslosenquote sinken kann, bis die Beschleunigung des Preisauftriebs einsetzt (Landmann 2011, S. 90).

Hier setzt dann Friedmans Entdeckung des Zusammenhangs zwischen Höhe der Arbeitslosigkeit und der Veränderung der Inflationsrate ein, wobei sich für diesen Schwellenwert bis heute der Begriff NAIRU (Non-Accelerating-Inflation Rate of Unemployment) eingebürgert hat (vgl. Landmann 2011, S. 90).

Landmann (2011, S. 106) hat die These vertreten, dass sich in Situationen, in welchen eine Volkswirtschaft „in der näheren Umgebung ihres langfristigen Wachstumspfades operiert und die Geldpolitik das Zinsinstrument uneingeschränkt zur Verfügung hat (und es in den Dienst einer flexiblen Inflationssteuerung stellt)", der Streit zwischen keynesianisch nachfrageorientierten und klassisch angebotsorientierten Konzeptionen der Beschäftigungspolitik erübrige. Dagegen komme in Situationen – wie etwa diejenige im Anschluss an die Finanz- und Wirtschaftskrise 2008/2009 –, in denen die Ökonomie in einem Depressionsmodus stehe („depression economics") der Augenblick für Keynes Instrumentarium der Nachfrageförderung. Doch das Problem ist, dass eine solche Sicht von der periodischen Wiederkehr von Krisen- und Depressionsphasen und dazwischen von Phasen der Hochkonjunktur und wirtschaftlicher Überhitzung ausgeht, ohne im Einzelnen sagen zu können, wie lange die einzelnen Phasen dauern und mit welchen Ausschlägen sie erfolgen (und erfolgen werden).

Der zweite, ökologische Grund für die Unmöglichkeit einer Vollbeschäftigung durch eine anhaltende Nachfrageförderung besteht darin, dass eine solche Nachfrageförderung nur mit einer exponentiellen Konsumzunahme erreicht werden könnte, wodurch die Belastung der Umwelt dermaßen steigen würde, dass sich die Lebensbedingungen für die Menschen – und zwar für alle Menschen! – dermaßen verschlechtern würde, dass das menschliche Überleben in vielen Gegenden der Welt nicht mehr möglich wäre. Und wenn man unvoreingenommen die heutige Situation betrachtet, ist diese Entwicklung an einigen Orten – zum Beispiel in der Subsaharazone, in einigen Regionen des Mittleren Ostens und in einzelnen Quartieren der Megastädte – bereits weit fortgeschritten, was zu Kriegen, zu massiver Bandengewalt und als Folge zu großen Fluchtbewegungen geführt hat.

Für Keynes (2006, S. 315) waren Ungleichheit bei den Einkommen und beim Reichtum „gesellschaftlich und psychologisch gerechtfertigt ..., aber nicht so große Ungleichheiten, wie sie heute bestehen". Gleichzeitig sah Keynes eine Berechtigung für viele „wertvolle menschliche Betätigungen, die zu ihrer vollen Entfaltung das Motiv des Gelderwerbes und den Rahmen privaten Besitztums erfordern" (Keynes 2006, S. 315).

Eine Besonderheit bei Keynes war auch, dass er den Freihandel nicht in jedem Fall bedingungslos bejahte. So äußerte er in einem Artikel 1933 ein gewisses Verständnis für Länder, welche ihre eigenen Weg gehen und sich von der Weltwirtschaft unabhängiger machen wollten (vgl. Kromphardt 2013, S. 69).

Köhn und Priddat (2014, S. 89) bezeichneten Keynes als „doppelten Liberalen": Einerseits stand er in der Mill'schen Tradition der liberalen Öffentlichkeit und anderseits betonte er im Anschluss an die 1920er-Jahre staatliche Regulationen und Interventionen, allerdings so, dass die unternehmerische Freiheit dadurch möglichst nicht eingeschränkt wurde, außer in Krisenfällen. Wenn sich Keynes auch unzweifelhaft selbst als Liberaler verstand (vgl. Beckmann 2014, S. 93), war er jedoch keinesfalls ein Anhänger der Selbstregulierungstheorie des Marktes, also das, was man heute als „neoliberal" apostrophiert.

Angesichts dieses Sachverhalts erstaunt es kaum, dass Friedrich August von Hayek einer der großen Kritiker von Keynes war, hingegen schon, dass auch deutsche Ordoliberale wie Walter Eucken als große Kritiker von Keynes auftraten (vgl. Pies 2014, S. 2).

Bekanntlich hat Keynes seine „Allgemeine Theorie" für geschlossene Ökonomien entwickelt (vgl. Krämer 2011, S. 194). Er hat sich aber auch intensiv mit internationalen makroökonomischen Fragen befasst. Er leistete auch keinen geringen Beitrag an die Schaffung der Bretton-Woods-Institutionen. Aber sein Verhältnis zur Internationalisierung der Wirtschaft war ambivalent: So betrachtete er die Internationalisierung des wirtschaftlichen Wachstums bis zum Ausbruch des Ersten Weltkriegs als Ausnahme und 1933 erklärte er sogar sein Wohlwollen für eine Verminderung des internationalen wirtschaftlichen Austauschs zwischen Nationalstaaten: „I sympathise, therefore, with those who would minimise, rather than with those who would maximise, economic entanglement between nations … let goods be homespun whenever it is reasonably and conveniently possible, above all, let finance be primarily national" (Keynes 1933, S. 759; zitiert nach Krämer 2011, S. 185).

Keynes war also alles andere als ein Ökonom im engen Sinn – er selber bezeichnete sich Zeit seines Lebens lieber als „Publizist" denn als „Ökonom" (vgl. Lainé 2012, S. 66). Methodologisch könnte man Keynes' Art zu Reflektieren beschreiben als „apparatus of probable reasoning, where the term ‚probable' refers to the logical conception of probability" (Carabelli 2012, S. 80). Keynes entwickelte immer wieder eine Art von „Open-End-Theorien", die untereinander nicht kohärent sein mussten und welche er aus einem ebensolchen „Open-End-Denksystem" herleitete (vgl. Carabelli 2012, S. 80). Das macht die Faszination, aber gleichzeitig auch die Schwierigkeit aus, das Denken Keynes zu fassen.

Keynes hielt die Freiheit keinesfalls für eine natürliche gesellschaftliche Form, sondern war davon überzeugt, dass sie immer wieder hergestellt werden müsse – eine Aufgabe der politischen Elite. Bemerkenswert an Keynes war „die Einschätzung, dass die [kapitalistische, Anm. CJ] Ökonomie nicht als Naturnotwendigkeit betrachtet wird, sondern als historisch vorübergehende Form, der wir uns entledigen können, wenn der technische Fortschritt ein bestimmtes Niveau erreicht hat, das ‚die Wirtschaft' auf das degradiert, was die *gentlemen* immer schon favorisierten: auf das Niveau einer Versorgungsinstanz, als Basis der Freiheit des eigentlichen Lebens – einer nicht-kommunistischen *non-market-economy*" (Köhn und Priddat 2014, S. 90).

Diese Position erscheint heute vor dem Hintergrund der Klima- und Umweltkrise überraschend aktuell – insbesondere wenn man bedenkt, dass Keynes 1946 gestorben ist. Zwar – so muss man wohl abschließend festhalten – stellten die verschiedenen keynesianischen Bausteine für die Steuerung von Volkswirtschaften bis heute wichtige Korrektive zur neoklassischen und zu der später und bis heute sehr verbreiteten monetaristischen Sicht dar, aber sie lassen viele ordoökonomische Fragen unbeantwortet und bleiben fragmentarisch, teilweise sogar widersprüchlich.

3.4 Neoliberalismus

Hermann Sautter (2017, S. 238) hat völlig zu Recht darauf hingewiesen, dass das marktwirtschaftliche System nach wie vor und bei Weitem immer noch das effizienteste und am besten funktionierende Produktions- und Distributionssystem darstellt. Es hat sich allen anderen bis heute bekannten und zur Anwendung gekommenen Wirtschaftssystemen, wie den verschiedenen Varianten bürokratischer Planwirtschaft, des Merkantilismus – also eine staatsinterventionistische Politik der aktiven Förderung von Fertigwarenexporte und der Beschränkung des Imports von Endprodukten im Sinne eines künstlichen Schutzes des Binnenmarktes – sowie verschiedener Systeme der Kriegswirtschaft, als überlegen erwiesen.

Nicht zufällig hat sich die Marktwirtschaft heute weltweit als einziges Wirtschafts-system durchgesetzt. Oder wie es Milton Friedman (2002, S. 38) formulierte: „Der Markt sichert die wirtschaftliche Freiheit" und optimiert damit die wirtschaftliche Ver-sorgung der Bevölkerung. Doch das ändert nichts daran, dass auch die moderne Markt-wirtschaft an ihre Grenze gekommen ist und heute sogar ihre eigenen Grundlagen angreift und zerstört. Das gilt nicht nur für die nichterneuerbaren Bodenschätze, son-dern auch für die gesamte habitable Klimazone auf der Erde und letztlich auch für die Menschheit selbst.

Dabei gibt es sehr verschiedene Spielarten von liberalen Marktwirtschaften.

In Anlehnung an Tuchfeldt (1994) hat Falk (2012, S. 15) sechs Varianten des Liberalismus und deren Vertreter unterschieden (vgl. Abb. 3.2).

Wenn man sich auch über die Zuordnung der einzelnen Vertreter streiten mag – Abb. 3.2 zeigt ohne Zweifel, dass die Spielarten des Liberalismus vielfältig sind.

Butterwegge et al. (2007, S. 11) haben zu Recht unterstrichen, dass auch der Neo-liberalismus streng genommen nicht einen einheitlichen Ansatz darstellt, sondern „eine breite geistige Strömung mit unterschiedlichen historischen wie länderspezifischen Erscheinungsformen, Strategievarianten und Praktiken". Deshalb müsse man eigentlich von „Neoliberalismen" in der Mehrzahl sprechen. Allerdings sollte der Begriff des „Neo-liberalismus" nicht einfach ins Unendliche ausgeweitet werden, wenn er nicht zu einem Hülsenbegriff oder einem reinen ideologischen Schimpfwort werden soll. Wenn etwa Ptak (2007, S. 21) auch die deutschen Ordoliberalen Walter Eucken, Alfred Müller-Armack, Wilhelm Röpcke und Alexander Rüstow zu den Neoliberalen zählt, ist das insofern prob-lematisch, als diese Ökonomen nie eine einseitig und ausschließlich auf Marktmechanis-men ausgerichtete Wirtschaftspolitik mit entsprechender Staatsskepsis vertreten haben.

Die neoliberale Sicht versteht die marktwirtschaftlichen Spielregeln als Selbstzweck und erwartet, dass sich der Markt schon regeln wird, wenn man ihn nur lässt. Das Pro-blem ist dabei nicht, dass sich die Marktregeln nicht durchsetzen können, sondern viel-mehr dass sie nicht mehr Mittel zum Zweck sind, sondern zum Selbstzweck werden und den Menschen instrumentalisieren – anstatt umgekehrt dem Menschen zu dienen. Als neoliberale Kernideen haben die neoklassischen Prinzipien der Eigennutzenmaximierung

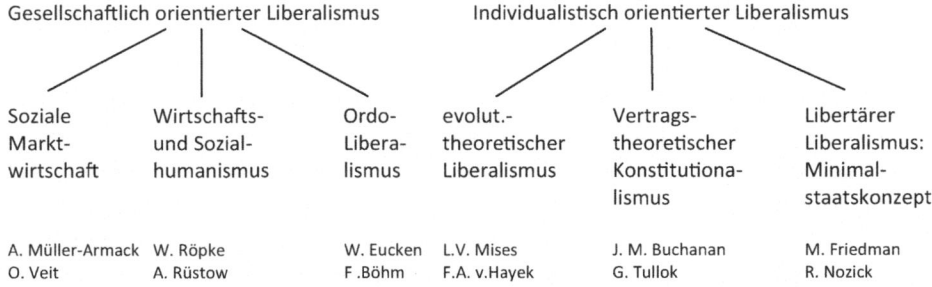

Abb. 3.2 Exponenten einzelner Richtungen des Liberalismus. (Quelle: Tuchfeldt 1994; Falk 2012, S. 15; eigene Darstellung)

(vgl. Naef 2014, S. 61), der Selbstregulation und des ökonomischen Gleichgewichts seit den 1980er-Jahren Eingang in die Wirtschaftspolitik vieler westlicher Länder gefunden, wo sie heute kaum mehr infrage gestellt werden.

Laut Khalid Mir (2015, S. 61) kann der Zeitraum seit den späten 1970ern bis heute als neoliberale Ära bezeichnet werden. Dies ist aber laut Mir (2015, S. 63) nicht darum so, weil die neoliberale Theorie besonders kohärent und erklärungsstark ist, sondern weil sie durch die aktuellen sozialen und politischen Entwicklungen in Richtung autonomer nationaler und globaler Märkte getragen wird, für die der Staat immer mehr als Hindernis und immer weniger als Garant erscheint. Dabei erscheint der Markt in dieser Sicht immer mehr als Grundmodell, wie auch die nationalen und globalen Gesellschaften organisiert sein sollten (vgl. Mir 2015, S. 64).

Wenn die Menschen nur noch als Anbieter von Arbeitskraft und als Nachfrager von Gütern und Dienstleistungen verstanden werden, unterordnen sie sich und unterordnet sich alles dem Marktgeschehen. Wenn Unmengen von Gütern produziert und verkauft werden müssen, „um das Wachstum zu sichern", die keinen tatsächlichen Mehrnutzen mehr generieren, dann läuft irgendetwas grundsätzlich schief. Wenn unser Wirtschaftssystem auf der einen Seite viele Menschen – etwa aufgrund zu kleiner Einkommen – vom Marktgeschehen ausschließt und auf der anderen Seite Unmengen von Verschleißprodukten für gesättigte Märkte produziert, die entweder nicht abgesetzt oder nur noch zu Dumpingpreisen verkauft werden können – wie das z. B. in Bereichen der Nahrungsmittelindustrie der Fall ist (vgl. Jäggi 2018) –, stimmt etwas von Grund auf nicht mehr.

Dabei sind beide Extremhaltungen falsch: Weder geht es um eine Abschaffung des Marktes noch um eine grenzenlose Marktdurchdringung sämtlicher Lebensbereiche. Vernünftig ist einzig eine Mittelposition eines – wie auch immer – geregelten Marktes.

Denn wie Sautter (2017, S. 262) sehr richtig festgestellt hat, ist der (ungeregelte) Marktmechanismus nicht sanft, „sondern aggressiv, zerstörerisch und rücksichtslos. Er zerstört die kulturelle und moralische Basis, auf der er sich entwickelt hat, und gräbt damit ‚sein eigenes Grab'" (Sautter 2017, S. 262). Müller (2011, S. 177) kam hinsichtlich der Finanzkrise 2008 zu folgendem vernichtenden Urteil über den Neoliberalismus:

> Man sollte in diesem Zusammenhang jedoch nicht die wichtigste Hauptursache der Krise aus den Augen verlieren: Die systemisch wichtigste Ursache für die globale Finanzkrise war zweifellos die neoliberal inspirierte Idee, am Beispiel der US-Devisenmärkte den empirischen Beweis für das alte wirtschaftsliberale Mantra zu erbringen, wonach freie Märkte besser als staatliche Behörden in der Lage sind, die Kreditrisiken von Banken zu diversifizieren. Die globale Finanzkrise von 2008 hat nach 1929 den erneuten Beweis erbracht, dass liberale Marktwirtschaften ohne ausreichende staatliche Regulierungen eine gefährliche Tendenz zur Selbstzerstörung in sich tragen.

Und wer konnte schließlich die gefährdeten Banken – wie zum Beispiel die UBS in der Schweiz – retten: einzig und allein der Staat!

Der renommierte, neoklassische, britische Ökonom Alfred Marshall (1994, S. 3) hat die Meinung vertreten, dass ein frei funktionierender Markt die Armut überwinden könnte: Weil der Markt die Allokation von Gütern optimal sicherstelle, sei Armut schlichtweg die

Folge eines ineffizient funktionierenden Marktes (vgl. Oermann 2015, S. 33). Ähnlich wie Alfred Marshall verstand Milton Friedman die ökonomische Theorie als Hilfestellung für das ökonomische „Handling" sozialer Probleme (vgl. Selden 1976, S. 4). In seinem wirtschaftsethischen Aufsatz „The social responsibility of business is to increase its profits" vertritt Friedman (1970) die Position, dass ein Unternehmen in erster Linie dem Kapitalgeber verantwortlich sei (vgl. Oermann 2015, S. 37).

Für Friedman bedeutet ökonomische Freiheit eine notwendige, aber nicht hinreichende Bedingung für politische Freiheit (vgl. Friedman 2002, S. 32; Friedman und Friedman 1980, S. 3 sowie Selden 1976, S. 6). Umgekehrt verstand Friedman jeden Machtzwang, sei er in den Händen eines Monarchen, Diktators, einer Oligarchie oder einer vorübergehenden Bevölkerungsmehrheit als Bedrohung für die Freiheit. Entsprechend sieht Friedman (2002, S. 32) die menschliche Geschichte vorwiegend negativ: „Der typische Zustand der menschlichen Geschichte war stets Tyrannei, Knechtschaft und Elend".

Eines der Probleme des Neoliberalismus Friedman'scher Prägung besteht darin, dass Wirtschaft und Gesellschaft ausschließlich aus der Sicht von Individuen bzw. von Marktakteuren gesehen wird: „Als Liberale sehen wir die Freiheit des Individuums und vielleicht noch in der Freiheit der Familie das höchste Ziel aller sozialen Einrichtungen" (Friedman 2002, S. 35). Entsprechend erscheinen soziale oder sozialstaatliche Einrichtungen vor allem und zuerst einmal als eine Bedrohung persönlicher Freiheit. Das zentrale Postulat sozialstaatlicher Einrichtungen – nämlich Schaffung einer minimalen Gleichheit und Stärkung der Chancengleichheit – wird nicht einmal erwähnt. Dabei ist Friedmans Sicht der persönlichen Ressourcen der einzelnen Marktteilnehmer entwaffnend: Die einem jeden von uns zur Verfügung stehenden Ressourcen sind – so die Friedman (1980, S. 21) – einerseits eine Frage des Glücks (Gene) und anderseits das Ergebnis von persönlichen Entscheiden. Physische Anlagen und mentale Fähigkeiten sind nach Friedman damit sozusagen natur- oder gottgegeben und von den im familiären und soziokulturellen Umfeld vorhandenen Möglichkeiten determiniert. Doch – so Friedman (1980, S. 22) – seien persönliche Entscheide, die vorhandenen Ressourcen zu nutzen, ebenso wichtig. Damit vertritt Friedman im Grunde ein deterministisches Menschenbild, in welchem soziale Ausgleichsmechanismen oder Chancengleichheitsideen keinen Platz haben.

Damit ist eigentlich bereits klar, wie Friedman die Ökonomie sieht: Als gigantischen Wettbewerbsmechanismus unzähliger Marktakteure, die alle über völlig unterschiedliche Ressourcen verfügen. Alles, was dem Wettbewerbsmechanismus entgegensteht, seien das staatliche Umverteilungs- oder Vorsorgebemühungen, Förderung von Menschen mit geringen Ressourcen oder auch über den Markt hinausreichende Bemühungen zum Erhalt der Umwelt, sind letztlich nur Störfaktoren im Marktgeschehen und sollten deshalb eliminiert werden. Akzeptabel sind einzig diejenigen Staatsaktivitäten, welche das Funktionieren der Märkte sicherstellen. In Anlehnung an Adam Smith (1990, S. 587 ff., 600 ff. sowie S. 612 ff.) formulierte Friedman drei Aufgaben des Staates: erstens den Schutz der Individuen vor Gewalt durch andere Menschen oder Staaten, zweitens Schutz

der Individuen vor Ungerechtigkeit und Unterdrückung und drittens den Unterhalt
gewisser öffentlicher Einrichtungen. Gleichzeitig plädierte Friedman (1980, S. 28 ff.) für
einen schlanken Staat. Entsprechend forderte Friedman für die dritte Staatsaufgabe nach
Smith – also die öffentlichen Einrichtungen und die Infrastruktur – eine äußerst „enge
Anwendung" (Friedman und Friedman 1980, S. 30).

Nicht ganz zu Unrecht hat Klawatsch-Treitl (2011, S. 150) am Neoliberalismus kritisiert, dass dieser aufgrund seines methodologischen Individualismus die Gesellschaft
nur als Summe von Einzelindividuen sehe, weshalb er letztlich nicht nur die Notwendigkeit gesellschaftlicher Regeln, sondern auch die Bedeutung staatlicher Strukturen systematisch unterschätze. Auch negiere der Neoliberalismus im Grunde die Fähigkeit
der Menschen, Gesellschaft bewusst zu gestalten (vgl. Klawatsch-Treitl 2011, S. 151).
Wenn das stimmt, wird der Neoliberalismus in letzter Konsequenz antiaufklärerisch und
deterministisch, weil er das individuelle Verhalten der Menschen einseitig von Traditionen und kulturellen Anpassungsleistungen abhängig macht und ihnen nur zugesteht, ihre
individuellen Bedürfnisse über den Markt zu befriedigen. Damit werden die Menschen
auf rein individualistische Bedürfnisaggregate reduziert und die kollektive Dimension
des Menschseins wird letztlich ausgeblendet.

Eva Klawatsch-Treitl und andere Autorinnen – z. B. Bettina Lösch – haben den neoliberalen Theorien „eingeschränkte Demokratievorstellungen" (Klawatsch-Treitl 2011,
S. 169) und „durchgängig eine starke Demokratieskepsis" (Lösch 2007, S. 221) vorgeworfen.

Wie hoch Friedman die rein ökonomisch verstandene (Aus-)Wahlfreiheit auf dem
Markt einschätzte und wie kritisch er im Vergleich dazu dem Staat und der Demokratie gegenüberstand, zeigt sich sehr schön in seinem folgenden Vergleich: So wähle
jeder Kunde täglich im Supermarkt, könne aber politisch, wenn es hoch komme, einmal
pro Jahr wählen gehen. Dabei erhalte man im Supermarkt genau das, was man wähle,
während man in der Politik meist etwas erhalte, das man gar nicht gewählt habe (vgl.
Friedman und Friedmann 1980, S. 65) – sei es, weil die Politiker ihre Versprechen nicht
einhalten oder weil man nicht zu den Gewinnern der Wahl gehöre.

Nach Ansicht der Friedmans (Friedman und Friedman1980, S. 5) liegt eine der Ursachen heutiger sozialer und ökonomischer Schwierigkeiten darin, dass sich die ursprüng-
liche Rolle der Regierung, welche darin bestand, Individuen vor Zwang und Gewalt
anderer Individuen zu schützen, dahin gehend verändert hat, dass Regierungen nun-
mehr Individuen dazu zwingen wollen, anderen zu helfen. Nach Meinung der Friedmans (Friedman und Friedman1980, S. 6) waren das verlangsamte Wachstum und die
abnehmende Wirtschaftsproduktivität in den 1970er-Jahren darauf zurückzuführen.

Allen Neoliberalen gemeinsam ist eine grundlegende Ablehnung staatlicher Distribu-
tions- und Umverteilungspolitik (vgl. Müller 2011, S. 126 f.). Die Rolle des Staates und
der Regierung sollte sich nach Ansicht von Ökonomen wie Friedman darauf beschränken,
Spielregeln in Form von Gesetzen zur Durchsetzung von Verträgen, für die Verhinderung
von irreführenden Handlungen von Verkäufern und Käufern, für den Schutz vor Betrug
und für die Etablierung eines Geld- und Finanzsystems (vgl. Selden 1976, S. 7) zu

erlassen. Regierungspolitik sollte sich – so Friedmann (2002, S. 62) – zur Schaffung wirtschaftlicher Stabilität auf die Geld- und Finanzpolitik konzentrieren. Im Gegensatz zu anderen Ökonomen war Friedman der Ansicht, dass der ausschlaggebende Faktor für die Instabilität der Märkte und für Inflation und Rezession vor allem in einer verfehlten staatlichen Politik und besonders in der Geld- und Finanzpolitik zu suchen sei (vgl. Selden 1976, S. 10).

Auch bei Friedrich August von Hayek ist die Sicht auf Wirtschaft und Gesellschaft im Grunde ähnlich.

In seinen Schriften *Der Weg zur Knechtschaft* (von Hayek 1971a) und in der *Verfassung der Freiheit* (von Hayek 1971b, S. 299 ff.) hat Friedrich August von Hayek sein Bekenntnis zu einem „harten Liberalismus" und zu einem „ultraliberalen ‚Laissez-Faire'-Staat" (von Hayek 1971a, 286) formuliert. Nach Meinung von Björn Oellers (2017, S. 106 ff.) impliziert die Sicht Friedrich von Hayeks folgende ökonomisch relevante „Dogmen":

- Der Mensch ist faul, weshalb man ihn mit äußerem Druck zu genügenden Anstrengungen bewegen muss.
- Der Mensch muss sich dem unpersönlichen Markt anpassen und sich ihm voll und ganz unterwerfen.
- Der Arme ist in marktwirtschaftlich geprägten Gesellschaften freier als ein Reicher in einem anderen Marktsystem.
- Der Liberalismus bringt die Menschen dazu, den bestmöglichen Gebrauch von den Kräften des Wettbewerbs zu machen.
- Wohlfahrt ist Zwang (vgl. Oellers 2017, S. 148). Dies, weil Umverteilung von Reichtum letztlich Zwang, Willkür – kurz Sozialismus – bedeute „und mit einer freien Gesellschaft unvereinbar ist" (von Hayek 1971b, S. 33).
- Soziale Ungleichheit bringt Fortschritt (vgl. Oellers 2017, S. 153).
- Fortschritt bedeutet Anpassung.

Von Hayeks ausufernder Freiheitsbegriff zeigt sich unter anderem in folgender Aussage: „Es ist sicher wichtiger, dass alles von irgend jemandem versucht werden kann, als dass alle dasselbe tun können" (von Hayek 1971b, S. 41).

Entlarvend ist von Hayeks (1971a, S. 145 f.) verschämtes Statement, dass „die meisten Menschen … nicht gern zugeben [wollen], dass wir keine moralischen Richtlinien besitzen, die uns erlauben würden, diese Fragen [des Gemeinnutzens, der sozialen Wohlfahrt und der gerechten Güterverteilung; Anm. CJ] zu regeln – wenn nicht in einer vollkommenen, so doch zum mindesten in einer für die Allgemeinheit befriedigenden Weise als unter dem Wettbewerbssystem". Also lautet von Hayeks Schluss: Weil es keine klaren moralischen Richtlinien gibt, sind eine gerechte Verteilung von Gütern und eine gerechte soziale Wohlfahrt nicht möglich und darum überlassen wir diese Fragen dem Wettbewerb. Das wäre etwa so, also würde man sagen: Weil es keine Kriterien für die gerechte Verteilung der Rohstoffe auf unserem Planeten gibt, überlassen wir die Regelung dieser Frage dem politischen Wettbewerb – und im Extremfall dem militärischen Kräftemessen. Das ist auch ökonomisch unsinnig, weil letztlich der Wettbewerb – genau wie kriegerische Konflikte in der Politik – mehr Kosten verursacht als einvernehmliche Regelungen.

Das Denken von Friedrich August von Hayek ist dabei auf eine höchst ideologische Art pseudoprogressistisch: „In einer fortschreitenden Gesellschaft, wie wir sie kennen, sind daher die verhältnismäßig Wohlhabenden den Übrigen in den materiellen Vorteilen, die sie genießen, bloß etwas in der Zeit voraus. Sie leben schon in einer Phase der Entwicklung, die die anderen noch nicht erreicht haben. Armut ist daher ein relativer, nicht ein absoluter Begriff" (von Hayek 1971b, S. 55 f.). Also muss man nur genügend lang warten, bis auch die Armen reich werden? Ulrich (2010, S. 39) spricht im Zusammenhang mit sozialökonomischen Rationalitätsvorstellungen und damit auch solch eindimensionaler Fortschrittskonzepte von einer „marktmetaphysischen Gemeinwohlfiktion". Diese könne nur durchbrochen werden, indem man bei Effizienzkriterien frage, *für wen* konkret eine bestimmte Handlungsweise effizient sei. Der Soziologe Ulrich Beck (2003, S. 49) hat etwas polemisch festgestellt: „Die neoliberale Agenda ist der Versuch, die historischen Augenblicksgewinne des weltpolitischen Kapitals institutionell festzuschreiben". Dabei erweise sich die ausschließliche Kapitalperspektive bis zum Ende gedacht als weltpolitisches Machthandeln mit der Vereinfachung, dass alles, was gut für das Kapital sei, auch zum Besten aller Menschen sei.

Man mag von Hayek zugutehalten, dass er die Erwartung, dass die Armut früher oder später von selbst verschwinden werde, 1960 formulierte, als ein unkritisches Fortschrittsdenken weitverbreitet war. Fakt ist jedoch, dass sich in den seither vergangenen beinahe 60 Jahren die sozialen Unterschiede weltweit nicht verringert haben, ganz im Gegenteil: Noch nie in der Geschichte gab es einzelne so reiche Menschen wie heute und spätestens seit den 1970er-Jahren haben sich die sozialen Unterschiede auf unserem Globus und auch in vielen hoch entwickelten Ländern weiter vertieft.

Hans Küng (2010, S. 44) hat Friedrich August von Hayek wie folgt charakterisiert: „Man erkennt: Hayek war in seinem ganzen Ansatz zutiefst individualistisch, an der sittlichen Autonomie und folglich an einer ‚atomistischen' Gesellschaftsauffassung orientiert. Seine *Allergie gegen das Wort ‚sozial'*, in dem er das Einfallstor antiliberaler Ideen sah, schlug in offene Ablehnung um, als seine Freunde in Deutschland den Begriff der Marktwirtschaft mit dem Attribut ‚sozial' versahen".

Auch der von Friedrich A. von Hayek (1971a, S. 85) vertretene Individualismusbegriff – der nicht auf dem Egoismus des Menschen beruhen will, sondern „nur davon aus[geht], dass unsere begrenzte Phantasie uns nicht erlaubt, in unsere Wertskala mehr als einen kleinen Sektor der Bedürfnisse der gesamten Gesellschaft aufzunehmen" – verschleiert letztlich die Tatsache, dass er die materielle Ungleichheit der Menschen als „natürliche Folge der immateriellen Ungleichheit" sieht. Von Hayek verschließt die Augen vor der Tatsache, dass individuelle Ungleichheit – etwa in Bezug auf Anlagen und Fähigkeiten – in einer kapitalistischen Gesellschaft ohne entsprechende Korrekturen zwangsläufig auch zu wachsender Einkommens- und Eigentumsungleichheit führen muss. Entsprechend war für von Hayek die soziale Gerechtigkeit ein Relikt von Stammesdenken und eine Illusion (vgl. von Hayek 1996, S. 170 sowie Naef 2014, S. 51).

Das Problem ist, dass der Neoliberalismus eingleisig oder eindimensional denkt: Entweder gibt es Freiheit und materielle Ungleichheit oder materielle Gleichheit und Unfreiheit (vgl. dazu von Hayek 1971b, S. 107). Natürlich trifft es zu, dass oft Freiheit und Gerechtigkeit gegeneinander abgewogen werden müssen. Von Hayek (1971b, S. 111) gibt selber das Beispiel des Erbrechts. Doch von Hayek (1971b, S. 111) argumentiert einmal mehr ideologisch und nicht faktenbezogen: „In der Vergangenheit war die Vererbung von Vermögen die am meisten kritisierte Quelle der Ungleichheit; das ist heute kaum mehr der Fall". Doch Fakt ist, dass heute die Vererbung von Vermögen immer einseitiger und immer später geschieht (vgl. Bauer et al. 2006, S. 10), was auf der einen Seite durch die zunehmend ungleiche Verteilung von Besitz und Einkommen und auf der anderen Seite durch die längere Lebenserwartung verursacht wird. In ihrem Buch *Wie Reiche denken und lenken* schrieben Mäder et al. (2010, S. 11), dass von den 300 reichsten Personen in der Schweiz ungefähr die Hälfte über Erbschaft zu ihrem Vermögen gelangt waren. Dabei erhielten rund 10 % der Erben 75 % der Erbschaften. 2009 verfügten 3 % der Einwohner in der Schweiz über gleichviel Vermögen wie die restlichen 97 % (Mäder et al. 2010, S. 10).

Es gibt zwei Prinzipien: Entweder ist der Erblasser völlig frei in der Verteilung seines Erbes oder er muss es „gerecht" verteilen: Bezeichnenderweise geht dabei das Erbrecht einen Mittelweg: Pflichtanteile für direkte Nachkommen stehen einem frei verfügbaren Anteil des Vermögens gegenüber.

Auch von Hayeks (1971b, S. 111 f.) zweite Gegenüberstellung ist unzutreffend und außerdem empirisch falsch: „Heute konzentriert sich die Propaganda der Egalitarier mehr auf die ungleichen Aussichten durch Unterschiede in der Schulbildung. Es wird immer häufiger gefordert, dass der beste Unterricht, den wir schon einigen bieten können, allen kostenlos zugänglich gemacht werden soll, und, wenn dies nicht möglich ist, kein Kind eine bessere Erziehung genießen soll als andere, nur weil seine Eltern sie nicht bezahlen können …". Auch hier sprechen die Fakten ein anderes Bild: Die zunehmende Ökonomisierung des Bildungssystems hat dazu geführt, dass sich entweder nur die Reichen die beste Bildung leisten können oder dass sich weniger bemittelte Personen über Jahre und Jahrzehnte verschulden müssen, um ihre Ausbildung zu finanzieren. So weiß man heute, dass sich spätestens seit den 1980er-Jahren die soziale Durchlässigkeit des Bildungswesens wieder verringert und die Chancen*un*gleichheit wieder zunimmt. Immer mehr Studierende und ihre Familien müssen sich etwa in den USA und in anderen Ländern verschulden, um überhaupt noch Zugang zu einer guten Ausbildung zu erhalten (vgl. Jäggi 2017b, S. 158 f.).

Hermann Sautter (2017, S. 255) hat darauf hingewiesen, dass in Milton Friedmans (1980) Bestseller und neoliberaler Streitschrift *Free to choose* der Begriff des „Marktversagens" überhaupt nicht vorkomme (vgl. dazu auch Friedman 1962 bzw. 2002). Wenn das auch so absolut nicht ganz stimmt – immerhin erwähnen die Friedmans (Friedman und Friedman 1980, S. 31) „market failure" in Anführungszeichen als Folge von Einflüssen von außen –, so sehen sie die Ursache für Marktversagen ausschließlich in falschen Regierungsmaßnahmen und irregulären „Drittparteieneinflüssen". Wenn aber Unzulänglichkeiten des Marktes einfach als technologische oder institutionelle Externalitäten, mangelnde Informiertheit der Teilnehmer oder als Folge außerökonomischer Rahmenbedingungen abqualifiziert werden, nimmt man dem – zweifellos an sich sehr fruchtbaren – Marktkonzept seine Selbstreflexivität. Und genau das ist beim Neoliberalismus geschehen.

Zwar behauptete Friedman (Friedman und Friedman 1980, S. 32), nicht grundsätzlich gegen jeden Regierungseingriff an sich zu sein, aber er verlangte, für jeden Regierungseingriff eine Kosten-Nutzen-Rechnung zu machen und jeden Regierungseingriff durch seine Promotoren ausführlich zu begründen. Letzteres wird wohl niemand bestreiten, aber es stellt sich die Frage, ob eine rein ökonomische Kosten-Nutzen-Rechnung in der Lage ist, alle Implikationen eines Regierungs- oder auch Investitionsentscheids zu erfassen, insbesondere bei komplexen und multifaktoriellen Sachverhalten. Ökonomische Kosten-Nutzen-Rechnungen tendieren bekanntlich dazu, quantifizierbare Faktoren über- und qualitative oder immaterielle Faktoren unterzubewerten. Dazu kommt, dass in Hochrisikobereichen – wie etwa im Falle von möglichen Atomhavarien – die Höhe der Risikoeinschätzung einen enormen Einfluss auf die Kosten-Nutzen-Analyse hat (vgl. Buchholz et al. 2014, S. 148). Deshalb tendieren solche Analysen, die oft interessengeleitet sind, dazu, die tatsächlichen Risiken und die damit verbundenen Kosten entweder systematisch zu unterschätzen oder schon gar nicht zu thematisieren.

Die Unterschätzung immaterieller Aspekte zeigt sich in der heutigen Argumentation neoliberaler Politiker: Wer die Altersvorsorge oder die Gesundheitsvorsorge auf eine reine Einnahmen-Ausgaben-Rechnung reduziert, lässt die eminente Bedeutung solcher Einrichtungen für den gesamtgesellschaftlichen Zusammenhalt und die intergenerationale Solidarität außer Acht. Volkswirtschaftlich kann es nämlich durchaus Sinn machen, eine rechnerisch defizitäre Einrichtung aufrechtzuerhalten, nämlich dann, wenn die gesamtgesellschaftlichen Vorteile die Kosten überwiegen. Defizitäre Kindertagesstätten, die vom Staat subventioniert werden müssen, können dann sinnvoll sein, wenn sie Müttern – und Vätern! – ermöglichen, weiterhin im Arbeitsprozess zu verbleiben, denn möglicherweise verhindert eine solche Einrichtung die Auszahlung teurer Sozialhilfebeiträge.

Doch ist die neoliberale Marktwirtschaft in ihrem Kernbereich der kosten-nutzen-effizienten Produktion und im internationalen Freihandel der staatlich geregelten sozialen Marktwirtschaft überlegen? Müller (2011, S. 200) hat untersucht, inwieweit neoliberale Politik und Währungskrisen zusammenhängen. Er stellte fest, dass es in der neoliberalen Periode von 1980–2009 deutlich mehr Währungskrisen gab als während der keynesianischen Periode zwischen 1940 und 1979.

Währungskrisen gab es vor allem dort, wo der Staat auf Regelmechanismen verzichtete, was vor allem unter neoliberalen Regierungen der Fall war. Allerdings kann man gegen die Schlussfolgerung, dass neoliberale Politik Währungskrisen begünstigt, einwenden, dass nach dem Zweiten Weltkrieg bis in die 1970er-Jahre eine lange Periode des wirtschaftlichen Aufschwungs und der Hochkonjunktur lag, die nur von wenigen und kleinen konjunkturellen Einbrüchen – z. B. 1974/1975 – unterbrochen war, während ab den 1980er-Jahren eine lange Phase wirtschaftlicher Rückschläge und Schwierigkeiten begann, die im Grunde bis heute andauert, wenn auch unterbrochen von zeitweisen Aufschwüngen. Diese Phase mündete schließlich in die Politik des Quantitative Easings mit der bis heute andauernden Überliquidität, der Negativzinspolitik und dem Anlagenotstand in vielen Ländern der Erde, die erst jetzt von der US-Notenbank zaghaft überwunden wird. Vorsichtig gesagt gibt es durchaus auch Zweifel daran, ob die neoliberale Wirtschaftspolitik in ihrem eigentlichen Kernbereich tatsächlich so erfolgreich ist wie ihre Vertreter behaupten.

Segbers (1999, S. 272) hat kritisiert, dass „die neoliberale Ökonomie ... zu einer Orthodoxie oder unfehlbaren Glaubensangelegenheit [wird], die sich auch nicht durch Massenarbeitslosigkeit, Spaltung der Gesellschaft in Arm und Reich oder ökologische Schäden erschüttern lässt, da diese a priori nicht durch das Marktsystem, sondern durch den Fehler der Menschen verursacht würden". Zweifellos hat Segbers (1999, S. 285) nicht ganz unrecht, wenn er der neoliberalen Sachzwanglogik etwas Totalitäres unterstellt. Diese Art von Denken übersieht, dass Märkte sehr unterschiedlich gestaltet sein können und dass es immer noch die Menschen sind, welche Märkte bilden.

Sautter (2017, S. 259) hat außerdem aus ethisch-moralischer Sicht den Marktprozessen „Blindheit ... für Fragen distributiver Gerechtigkeit" vorgeworfen: „Was also vom Markt schlechterdings nicht erwartet werden kann, ist eine ‚gerechte' Wohlstandsverteilung" (Sautter 2017, S. 259). Und das ist angesichts der Tatsache, dass Adam Smith (1990) eines seiner beiden grundlegenden Werke über das Wirtschaftssystem mit dem Titel „Der Wohlstand der Nationen" überschrieben hat, doch eher erstaunlich.

Doch statt dem (neoliberalen) Markt quasireligiöse Eigenschaften zu unterstellen (vgl. Segbers 1999, S. 297 ff.) – wenn auch gewisse Parallelen zu religiösen Systemen nicht zu bestreiten sind – wäre es sinnvoller, darüber zu reden, welche Rahmenbedingungen ein „lebensweltlich" (Ulrich) ausgerichteter Markt erfüllen müsste, um tatsächlich dem Gemeinwohl zu dienen. Dazu muss man aber zuerst zugeben, dass längst nicht alle Märkte gemeinwohldienlich sind.

Peter Ulrich (2010, S. 65 ff.) hat auf die sehr unterschiedlichen Verständnisse von Liberalismus hingewiesen. Dem reinen Marktliberalismus, den Ulrich (2010, S. 65) als „ökonomistische Verkürzung" apostrophiert, stellt er den „republikanischen Liberalismus" gegenüber, welcher die Freiheit des Einzelnen in der gleichen Freiheit der anderen begrenzt. So verstandene Wirtschaftsbürger sind frei in einer staatlich verfassten Gesellschaft kraft ihrer Bürgerrechte (vgl. Ulrich 2010, S. 66) und nicht einfach als auf dem Markt agierende Anbieter oder Nachfrager von Gütern. Zu den Persönlichkeitsrechten – also etwa der Wirtschaftsfreiheit – kommen die Staatsbürgerrechte – also die politischen

Partizipationsrechte – und die Wirtschaftsbürgerrechte – etwa das Recht auf materielle Existenzsicherung. Ulrich (2010, S. 76) schreibt dazu:

> Der republikanische Liberalismus ist somit der wahre Bürgerliberalismus. Er erkennt die Essenz einer freiheitlicher Gesellschaft in der Verbindung gleicher unantastbarer *Bürgerrechte* aller mit dem republikanisch-ethischen Tugendmoment des *Bürgersinns*. Dieser *motiviert* die wechselseitige Anerkennung der Bürger als Gleiche und Freie sowie die entsprechende Bereitschaft, die eigene Interessenverfolgung den Legitimitätsbedingungen der *allgemeinen* Freiheit zu unterstellen und ein Mindestmaß an Solidarität zu üben – ganz auf der Linie des Moralphilosophen Adam Smith.

3.5 Ordoliberalismus

Nicht zuletzt als Antwort auf die Rezession 1929–1932 entwickelte sich im deutschen Sprachraum der Ordoliberalismus. Seine Vertreter setzten ihre Vision vor allem drei Weltanschauungen und Positionen entgegen: erstens dem historischen Determinismus gesellschaftlicher Entwicklungen, zweitens sozialistischen und marxistischen Wirtschafts- und Gesellschaftsvisionen und drittens Fehlentwicklungen und Auswüchsen des Liberalismus (vgl. Lachmann 2016, S. 43). Statt eine Haltung „Individuum gegen den Staat" und des unbegrenzten Abbaus von Marktzutrittsschranken, wie sie von Altliberalen vertreten wurden, sahen die Ordoliberalen den Staat eher als Wettbewerbsregler – und als Garant individueller Freiheit (vgl. Lachmann 2016, S. 44). Die Ordoliberalen sahen keine natürliche Wirtschafts- und Gesellschaftsordnung ("ordre naturel"), vielmehr gingen sie davon aus, dass die Gestaltung einer freiheitlichen Wirtschaftsordnung eine dauernde Aufgabe von Gesellschaft und Politik sei (vgl. Lachmann 2016, S. 44).

Ob dabei der Ordoliberalismus tatsächlich als deutsche Variante des Neoliberalismus gesehen werden kann (vgl. Kolb 2015, S. 81 und Ptak 2007, S. 21 f.), ist aus mehreren Gründen fraglich. Deutlich stärker etwa als Friedman betonten die Ordoliberalen die regelnde Bedeutung des Staates, in dem Autoren wie Friedman und von Hayek einer Hindernisse für die freie Entfaltung des Marktes sahen. Die Ordoliberalen der 1950er-Jahre interessierten sich für eine Ökonomie, welche dem Wesen des Menschen und dem Wesen der Sache entsprach (vgl. Eucken 2004, S. 372). Außerdem orientierten sich die deutschen Ordoliberalen der „Freiburger Schule" unter der Führung von Walter Eucken „am mittelalterlich-scholastischen Ordo-Gedanken" (Kolb 2015, S. 81). Laut Eucken (2004, S. 372) beruhte das mittelalterliche Ordokonzept auf einer „sinnvolle[n] Zusammenfügung des Mannigfaltigen zu einem Ganzen". Damit betteten die Ordoliberalen die Ökonomie in eine übergeordnete gesellschaftliche Ordnung des Ganzen ein.

Unvergessen ist das Bekenntnis eines Wilhelm Röpkes (1958, S. 18):

> Entscheidend sind die Dinge jenseits von Angebot und Nachfrage, von denen Sinn, Würde und innere Fülle des Daseins abhängen, die Zwecke und Werte, die dem Reiche des Sittlichen im weitesten Verstande angehören. Denn dass die durch freie Preise, freie Märkte und freien Wettbewerb gesteuerte und geordnete Wirtschaft Gesundheit und Güterfülle, die sozialistische

Wirtschaft aber Siechtum, Unordnung und Minderergiebigkeit bedeutet, hat einen tiefen moralischen Grund. Das ‚liberale' Wirtschaftssystem nutzt und entbindet die in dem individuellen Selbstbehauptungsdrang liegende außerordentliche Kraft, während das sozialistische sie unterdrückt und sich selber im Kampfe gegen sie aufreibt (Röpke 1958, S. 18).

Damit positionierte sich Röpke klar für die Marktwirtschaft, aber nicht im Sinne eines ultraliberalen, über allem anderen stehenden Marktfetischismus, sondern unter Vorgabe klarer ethisch-moralischer Wertvorstellungen und Spielregeln. Die formulierte Kritik an der sozialistischen Planwirtschaft war zwar einerseits dem damaligen Zeitgeist geschuldet, andererseits aber auch weise Voraussicht, wie wir seit dem Fall der (meisten) bürokratisch-planwirtschaftlichen Regierungen während und nach der „Wende" wissen.

Ähnlich wie die katholische Soziallehre sahen die Ordoliberalen „das wirtschaftliche Geschehen als ein Teil des gesellschaftlichen Geschehens" (Nell-Breuning 1955, S. 118). Dabei bemisst sich die Qualität der Wirtschaftspolitik nach Nell-Breuning (1955, S. 118) daran, „wieviel oder wie wenig sie beiträgt zu einer befriedigenden, an ethisch-kulturellen Maßstäben gemessen positiv zu bewertenden *Gestaltung* des sozialen Lebens".

Röpke (1958, S. 149) lehnte den „Ökonomismus" ab als „eine unverbesserliche Sucht, das Mittel zum Zweck zu machen" (Röpke 1958, S. 149; vgl. auch Ulrich 2016, S. 378). Röpke wirft dem Ökonomismus „Einbuße an Freiheit, Mannigfaltigkeit und Gerechtigkeit" vor sowie „den Zuwachs konzentrierter Macht" (Röpke 1958, S. 149) zu vergessen. Auch bekämpfe der Ökonomismus die Selbstverwaltung auf Gemeindeebene und den Föderalismus, weil Zentralisierung angeblich billiger sei.

Dabei wählte Röpke durchaus auch harte Worte: „Nicht wenige scheinen zu meinen, die Hauptfunktion der Nationalökonomie bestünde darin, eine Herrschaft der Gesellschaft durch Ökonomisten, Statistiker und Spezialisten der Wirtschaftsplanung vorzubereiten, d. h. ein Zustand, für den ich – ein scheußliches Wort für eine scheußliche Sache – den Ausdruck ‚Ökonomokratie' vorschlage" (Röpke 1958, S. 197 f.; vgl. auch Ulrich 2016, S. 390). Genau dieses Phänomen wird heute unter dem Stichwort „Ökonomisierung" diskutiert; ich selber würde hier präziser – allerdings sprachlich unschön – von „Betriebswirtschaftlichisierung" sprechen.

In seiner Kritik des Materialismus, der die Menschen dazu verführe, „das ganze Gewicht unseres Sinnens, Trachtens und Tuns auf die Befriedigung der sinnlichen Bedürfnisse zu legen" (Röpke 1958, S. 150), sieht Röpke den Utilitarismus als kaum davon zu trennende Grundhaltung, welche einseitig auf einer Philosophie des Nützlichkeitsdenkens beruhe (vgl. Röpke 1958, S. 150): So hätten Ökonomismus, Materialismus und Utilitarismus „zu einem *Kult der Produktivität, der materiellen Expansion und des Lebensstandards*" (Röpke 1958, S. 151, Hervorhebung durch Röpke) geführt. Diese Kritik ist heute, obwohl vor über 60 Jahren geäußert, wohl aktueller denn je. Die Kritik Röpkes am Materialismus nahm beinahe eine religiöse Dimension an: „Der [materielle, Anm. CJ] Totalitarismus gewinnt in dem Maß an Boden, wie die Menschen … an einer inneren Unerfülltheit ihres Lebens, an einer Verkümmerung ihrer Gesamtexistenz, kurzum daran leiden, dass ihnen die echten und eben überwiegend immateriellen Bedingungen menschlichen Glücks abhanden gekommen sind" (Röpke 1958, S. 153).

Folgerichtig verlangte Röpke (1979a, S. 30 f.) bereits in den 1930er-Jahren eine Einschränkung der (materiellen) Bedürfnisbefriedigung: Gerade weil die Menschen aus Sicht der Ökonomie in einer Welt der Knappheit lebten, müsse erstens „eine Auswahl der Bedürfnisse nach dem Grade ihrer Dringlichkeit und Wichtigkeit" (Röpke 1979a, S. 30) erfolgen. Zweitens müsse die Bedürfnisbefriedigung „an irgendeinem Punkte früher oder später abbrechen" (Röpke 1979a, S. 31). Auch in diesem Punkt erweist sich heute – vor dem Hintergrund ökologischer Ressourcenbegrenzung und des Wachstumsproblems – die vor 80 Jahren erfolgte Aussage als noch aktueller als damals.

Doch in welchem Rahmen und auf welcher Ebene sollte eine solche Bedürfnisbeschränkung erfolgen?

Franziska Koller (2013, S. 92) hat in Anlehnung an Verena Toblers Kernkulturkonzept (vgl. Kernkultur 2017) vorgeschlagen, „jene kulturellen Codes [zu definieren], die in einer konkreten Gesamtgesellschaft für das Überleben und Zusammenleben als unverzichtbar erachtet werden". Dabei müssten in jeder Gesellschaft und Kernkultur folgende vier Kernaufgaben erfüllt sein: erstens die Produktion von Gütern und Dienstleistungen, zweitens Schutz und Sicherheit im Zusammenleben, drittens Solidarität und Verteilung von Gütern und Dienstleistungen und viertens symbolische Reproduktion inklusive Erziehung, Bildung und Ausbildung (vgl. Koller 2013, S. 92). Dieses Konzept einer „Kernkultur" weist jedoch zwei entscheidende Schwächen auf: Auf der einen Seite sind diese unbestrittenen Aufgaben von Gesellschaft und Wirtschaft niemals fix und ein für alle Mal fest konkretisiert. Es braucht also einen permanenten, übergreifenden und institutionalisierten Diskurs darüber, was zu diesen Kernaufgaben gehört und was nicht und wie diese Kernaufgaben erfüllt werden können. Dieser Diskurs kann nicht nur im nationalstaatlichen und innergesellschaftlichen Rahmen geschehen, sondern muss auch auf globaler Ebene stattfinden. Damit greift er aber weit über die Domäne jeder „Kernkultur" hinaus. Auf der anderen Seite gibt es heute keine kohärente, fest umrissene „Kultur" mehr, sondern nur Konglomerate von kulturellen Fragmenten, die unter sich zum Teil widersprüchlich bis antagonistisch sind und die zu einer Vielzahl von Hybridisierungen führen. Jeder (sozio-)kulturelle Code ist wandelbar und nur über eine bestimmte, tendenziell kürzer werdende Zeitperiode gültig (vgl. dazu Jäggi 2009, S. 41 ff.). Damit scheidet das eher statisch konzipierte Kernkulturkonzept als mögliches konzeptuelles Raster für eine gerechte Gesellschaft und Wirtschaft zweifellos aus.

Offenbar braucht es eine übergreifende Ordnung, die tiefer reicht als örtlich und zeitlich begrenzte soziokulturelle Codes.

„Sowohl von Müller-Armack als auch von Röpke wurde … diagnostiziert, dass der Wettbewerb nicht ohne geistige, ethische, moralische und soziale Grundlage bestehen kann" (Lorch 2014, S. 76). Dabei wurden die Tugenden „bürgerlich-christlicher Sittlichkeit" (Lorch 2014, S. 76) als Grundlagen verstanden. Ein blinder Wettbewerb ohne soziale Verbundenheit und Rückbindung wurde dabei abgelehnt: „Mit anderen Worten: Die Marktwirtschaft ist nicht alles. Sie muss in eine höhere Gesamtordnung eingebettet werden, die nicht auf Angebot und Nachfrage, freien Preisen und Wettbewerb beruhen kann" (Röpke 1979b, S. 23)

Das bedeutet aber auch, dass ein rein individualistisch gedachter, tugendethischer Ansatz nicht genügen kann. Die Marktwirtschaft – in deren Rahmen zweifellos tugendethisches Verhalten wünschenswert und förderungswürdig ist – stellt ihrerseits einen Teilrahmen für wirtschaftliches Handeln dar, der jedoch seinerseits wieder einer übergeordneten und nach ethischen Kriterien zu strukturierenden Ordnung zu unterstellen ist. Das sahen die deutschen Ordoliberalen ähnlich.

„Von den alten Ordoliberalen wird die Marktwirtschaft eindeutig instrumentell verstanden, als eine Teilordnung, die in eine umfassendere Gesamtordnung der Gesellschaft einzubinden ist und von dieser her ethisch-politische Vorgaben zu erhalten hat" (Ulrich 2016, S. 378–379). Eucken (1990, S. 180 ff.; vgl. auch Ulrich 2016, S. 379) sprach in diesem Zusammenhang auch von einer „Interdependenz der Ordnungen". Doch Interdependenz reicht nicht, weil gleichzeitig ein klares Über- und Unterordnungsverhältnis zwischen gesellschaftlicher Rahmenordnung und wirtschaftlicher Teilordnung erforderlich ist. Deshalb muss die Interdependenz zwischen Wirtschaftsordnung und politischer Rahmenordnung hierarchisch strukturiert sein. Andernfalls entwickelt sich ein überbordender Markt, der alle Rahmenbedingungen und Vorgaben ignoriert oder gar selber setzt, so wie das heute an vielen Orten geschieht.

Walter Eucken (1990, S. 14) schrieb dazu: „Die Wirtschaftsordnung [steht] als Ganzes wie in ihren Teilordnungen, die sie umfasst, in gegenseitiger Abhängigkeit mit allen übrigen menschlichen Ordnungen … *Es besteht also nicht nur eine ökonomische Interdependenz, sondern auch eine Interdependenz der Wirtschaftsordnung mit allen übrigen Lebensordnungen*" (Eucken 1990, S. 14, Hervorhebung durch Eucken). Eucken (1990, S. 52) wies darauf hin, dass sich der demokratische Rechtsstaat „nur dort vollständig durchsetzen [kann], wo zugleich mit seiner rechtlich-staatlichen Ordnung eine ‚adäquate' Wirtschaftsordnung verwirklicht ist". Weil Monopole und Teilmonopole mit dem Rechtsstaat nicht vereinbar seien, könnten diese kein Bestandteil einer solchen adäquaten Wirtschaftsordnung sein. Gerade angesichts der heute in vielen Bereichen verbreiteten globalen Produktions- und Wertschöpfungsketten transnationaler Unternehmen müsste diese Aussage deutlich ernster genommen werden – und außerdem auf der Ebene globaler Märkte geregelt werden.

Damit ist der Ordnungsbegriff bei Eucken ein zweifacher: Auf der einen Seite hat „Ordnung" als Begriff *deskriptiven* Charakter, indem die Ordnung als die „Gesamtheit der realisierten Formen, in denen in concreto jeweils der alltägliche Wirtschaftsprozess abläuft" (Eucken 2004, S. 372), verstanden wird. Auf der anderen Seite wird „Ordnung" als *präskriptiv* verstanden, wobei mit „Ordo" alle wirtschaftlichen Prozesse und Abläufe gemeint werden, „die dem Wesen des Menschen und der Sache … [entsprechen]", und diese als „*sinnvolle* Zusammenfügung des Mannigfaltigen zu einem Ganzen" (Eucken 2004, S. 372) ermöglicht. Dabei entspricht bei Eucken (2004, S. 373) die natürliche Ordnung („ordo") „der Natur der Sache und des Menschen", sie ist also „das Leitbild für die aktive Gestaltung der Wirtschaftsordnung" (Sautter 2017, S. 227). Nach Eucken (2004, S. 373) – und hier steht er ganz klar im Gegensatz etwa zu einem Milton Friedman – „verwirklicht sich … die Wettbewerbsordnung … nicht von selbst", man kann sie also nicht gleichsam sich selbst überlassen.

Diese Sicht hat mit der Finanzkrise 2008 deutlich an Glaubwürdigkeit gewonnen.

Wirtschaftliche Macht sollte – nach Meinung von Eucken (1990, S. 291) – in einer Wettbewerbsordnung so weit eingeschränkt werden, als sie notwendig ist, um den Wettbewerb zu sichern. Oder mit den Worten Ulrichs (2010, S. 157): „Die markt-wirtschaftliche Ordnung wird von den Ordoliberalen … dezidiert befürwortet, nicht aber ökonomistisch zum Inbegriff einer freiheitlichen Gesellschaftsordnung überhöht".

Interessant ist – und das haben einige den deutschen Ordoliberalen auch vorgeworfen –, dass Eucken und Röpke auf außerökonomische Kräfte, auf immaterielle Aspekte und auf übergeordnete „geistige Werte" Bezug genommen haben.

Röpke (1958, S. 169) schrieb in diesem Zusammenhang: „Die außerökonomische, geistig-moralische und gesellschaftliche Integration ist immer die Voraussetzung der wirtschaftlichen, national wie international". In den letzten Jahren hat sich bei einer gan-zen Anzahl von Ökonomen die Meinung durchgesetzt, dass die Finanzkrise von 2008 und die durch sie verursachten globalen Erschütterungen nicht einfach als Marktversagen verstanden werden können, sondern Ausdruck eines „tieferen Versagens von Werten und Urteilen, einer Missachtung von Fairness und Verantwortung" (Mir 2015, S. 64) sind. Ja, die allumfassende Marktgläubigkeit habe zu einer „Erosion der Staatsbürgerschaft" („erosion of citizenship") geführt mit gravierenden Auswirkungen auf die Institutionen des öffentlichen Sektors und noch breiter auf das öffentliche Ethos („the public spirit ethos", Mir 2015, S. 65). Dass Marktversagen oft mit einer mangelhaft reflektierten oder gar nicht vorhandenen Wertbasis einhergeht, zeigt die Tatsache, dass laut Scorse (2010, S. 8 f.) in kaum einem anderen Bereich so viele Beispiele für Marktversagen aufgrund externalisierter Kosten vorzufinden sind wie im Umweltbereich. Denn was an Kosten an die Allgemeinheit ausgelagert werden kann oder soll, ist zu einem guten Teil vom ver-tretenen Welt- und Gesellschaftsbild abhängig. Als Beispiele für solche durch den Markt externalisierte Umweltkosten nennt Scorse (2010, S. 9) durch Kraftwerke in die Umwelt abgegebene Schwermetalle, Treibhausgasemissionen gewisser Industrien, Schadstoffe von Farmen sowie anthropogen verursachte Verluste im Bereich der Biodiversität. Aller-dings ist umstritten, ob auch mangelnde Informiertheit der Marktteilnehmer als „Markt-versagen" zu betrachten ist, wie Scorse (2010, S. 10) meint. Denn immerhin geht das Marktparadigma von „vollständig informierten Marktteilnehmern" aus. Ich selbst ten-diere eher dazu, die Frage unvollständiger Informiertheit auf den Unterschied zwischen idealtypischer und effektiver Marktsituation zurückzuführen. Damit ist aber die Frage noch nicht beantwortet, wie und durch wen die Marktinformiertheit optimiert wer-den kann. Dass dies erwünscht ist, wird wohl niemand bestreiten – aber je nach ideo-logischem Standort wird man dieses Ziel entweder durch den Markt selbst oder von außermarktlichen Akteuren (Staat, Medien, Bildung) erwarten.

Wesentlich schwerer ins Gewicht fällt eine dritte Art von Marktversagen, welches laut Scorse (2010, S. 11) auf „unvollständige oder intransparente Verteilung der Eigen-tumsrechte" zurückzuführen ist. Das ist vor allem dann ein Problem, wenn der Markt-zugang mit Eigentumsrechten verbunden ist. Scorse (2010, S. 11) gibt dafür das Beispiel von Ländern, in denen die Landrechte unklar oder umstritten sind. So flossen etwa aus dem havarierten Tanker Exxon Valdez 1989 11 Mio. Gallonen Öl aus und zerstörten das ökologische Gleichgewicht des Prince Williams Sound in Alaska. Dabei bestand eine der Schlüsselfragen darin, ob Exxon für die verursachten Schäden verantwortlich sei und inwieweit private Firmen ein Recht haben, öffentlichen Grund und Boden zu nutzen und allenfalls zu verschmutzen, ohne Entschädigung zu leisten, solange sie das Land wieder „reinigten" (vgl. Scorse 2010, S. 11). Auch die Havarie der Ölplattform Deepwater Horizon 2010 zeigte die großen externen Kosten, die durch ein Unternehmen bei einem unvorhergesehenen Ereignis entstehen können. Scorse (2010, S. 12) wies darauf hin, dass die Problematik Land- und Eigentumsrechte nicht primär private Landbesitzer tangieren, sondern Eigentumsrechte der Allgemeinheit, des Staates oder der betreffenden Gemeinschaften. Die Ordoliberalen wehrten sich immer wieder dagegen, die Marktgesetze als oberste, über allem anderen stehende Spielregeln zu sehen:

> In der Tat waren sich die Anwälte der Marktwirtschaft, sofern sie geistig einigermaßen anspruchsvoll sind, immer darüber im Klaren, dass der Bereich des Marktes, des Wettbewerbs, der von Angebot und Nachfrage bewegten Preise und der durch sie gesteuerten Produktion nur als Teil einer höheren und weiteren Gesamtordnung verstanden und verteidigt werden kann, wo es sich um Moral, Recht, natürliche Bedingungen der Existenz und des Glücks, um Staat, Politik und Macht handelt. Die Gesellschaft als Ganzes kann nicht auf dem Gesetz von Angebot und Nachfrage aufgebaut werden, wie es ja auch … immer beste konservative Überzeugung gewesen ist, dass der Staat mehr ist als eine Art von Aktiengesellschaft (Röpke 1958, S. 130 f.).

Doch welche ist dann die der Marktwirtschaft übergeordnete Ordnung? Röpke (1958, S. 139) spricht in diesem Zusammenhang von der „‚bürgerliche[n]' Grundlage der Marktwirtschaft":

> In Wahrheit kann die Marktwirtschaft – und mit ihr die gesellschaftliche und politische Freiheit – nur als Stück einer bürgerlichen Gesamtordnung und in ihrem Schutze gedeihen. Das soll heißen, dass sie eine Gesellschaft voraussetzt, in der bestimmte grundlegende Dinge respektiert werden …: individuelle Anstrengung und Verantwortung, unantastbare Normen und Werte, im Eigentum verankerte Unabhängigkeit, Wägen und Wagen, Rechnen und Sparen, selbstverantwortliche Lebensplanung, rechte Einbettung in die Gemeinschaft, Familiensinn, Sinn für Überlieferung und die Verbundenheit der Generationen bei offenem Blick für Gegenwart und Zukunft, rechte Spannung zwischen Individuum und Gemeinschaft, feste moralische Bindung, Respekt vor der Unantastbar des Geldwertes, der Mut, es mit dem Leben und seinen Unsicherheiten männlich auf eigene Faust aufzunehmen, der Sinn für die natürliche Ordnung der Dinge und eine unerschütterliche Rangordnung der Werte (Röpke 1958, S. 139).

Bei dieser Aufzählung erstaunt es etwas, dass darin weder der gesamte Grundrechtskatalog noch die demokratische Regierungsform enthalten sind.

Nach Eucken (1990, S. 291 ff.) und Müller-Armack (1952, S. 459 f.) sollen folgende Bereiche nachrangig zur Wettbewerbsordnung geregelt werden: die Wettbewerbsarchitektur (Monopolproblem!), die Einkommenspolitik (Einkommensumverteilung und sozialer Ausgleich), die Wirtschaftsrechnung, mögliche anormale Verhaltensweisen des Angebots sowie der gesellschaftliche Gesamtrahmen (vgl. dazu auch Lorch 2014, S. 45–61).

Interessant ist, dass gemäß Ordoliberalen wie Walter Eucken (1990, S. 313) die Sozialpolitik „nicht als Anhängsel der übrigen Wirtschaftspolitik betrachtet werden sollte, sondern in erster Linie Wirtschaftsordnungspolitik zu sein hat. ... *Es gibt nichts, was nicht sozial wichtig wäre*" (Hervorhebung durch Eucken). Und weiter: „Richtig verstandene Sozialpolitik ist universaler Art. Sie ist identisch mit der Politik zur Ordnung der Wirtschaft oder der Wirtschaftsverfassungspolitik" (Eucken 1990, S. 313). Damit heben sich die Ordoliberalen in ihrem Verständnis der Sozialpolitik deutlich von anderen Liberalen und von Neoliberalen ab.

Nach Meinung von Eucken (1990, S. 321) sind Märkte nicht einfach Erscheinungsformen „des Kapitalismus": Vielmehr sei der Markt „eine universal menschliche Lebensform" (Eucken 1990, S. 321). So habe es Märkte zu allen Zeiten gegeben und sogar in Staaten mit Planwirtschaft und zentraler Wirtschaftslenkung hätten sich Märkte immer wieder bis zu einem gewissen Grad durchgesetzt, auch als Tauschmärkte. Allerdings stellt sich hier die Frage, ob diese Überzeugung nicht – entgegen anderen Aussagen von Eucken und Röpke – die Meinung nahelegt, dass sich Märkte eben doch selbst regulieren und durchsetzen. In diesem Punkt nähern sich die deutschen Ordoliberalen zweifellos wieder der Haltung neoliberaler Exponenten wie Friedman oder von Hayek.

Ingo Pies (2001, S. 131) hat die These aufgestellt, dass Euckens ordnungstheoretisches Denken nicht durch die Dichotomie „Freiheit oder Gerechtigkeit" geprägt war, sondern durch „Gerechtigkeit durch Freiheit". Eucken habe so die zeitgenössische Diskussion der 1930er-Jahre überwinden wollen, welche stark vom Gegensatz individuelle Freiheit versus soziale Gerechtigkeit geprägt war.

Nicht wenige Kritiker – vgl. Ulrich (2016, S. 391) – haben dem Ordoliberalismus „Etatismus" und sogar „Demokratiedefizite" vorgeworfen. Allerdings stellt sich – gerade aus heutiger Sicht des Populismushypes – die Frage, ob die Kritik an einer Demokratie als einer „Diktatur der Mehrheit" (Müller-Armack 1974a, S. 168; vgl. auch Ulrich 2016, S. 392) oder die Polemik gegen eine „von den Ankern des Naturrechts und der Tradition losgerissene Massendemokratie" (Röpke 1958, S. 95) nicht viel aktueller und zutreffender ist als viele – unpolitisch verstandene, aber im Wesen äußerst politische – ökonometrische Modelle. Röpke (1958, S. 20) spricht von einer Krise der Demokratie, die „mehr und mehr zur zentralistisch-jakobinischen Massendemokratie entartet" sei. Die Alternative sieht er in der „Hochschätzung des Naturrechts, der Tradition ... des Föderalismus" (Röpke 1958, S. 20). Allerdings weist Pies (2001, S. 6) darauf hin, dass im Gegensatz zu Röpke Eucken kein Anhänger des Naturrechtsdenkens war, im Gegenteil: Er war ein erklärter Gegner des Naturrechtsdenkens.

Einzelne Vertreter des deutschen Ordoliberalismus machten Aussagen, die weit über die Reichweite der Marktwirtschaft und damit auch über die Zuständigkeit der Ökonomik hinausgehen. So sprach etwa Röpke (1979b, S. 24) sogar von einer „geistig-moralischen Zersetzung ... im Namen des ‚Modernen'". Röpke (1958, S. 21) ortete das zentrale Problem in der verlorenen oder vergessenen religiösen Dimension des Menschen: „Wir haben, obwohl der Mensch vor allem ein Homo religiosus ist, seit einem Jahrhundert den immer verzweifelteren Versuch gemacht, ohne Gott auszukommen und den Menschen, seine Wissenschaft, seine Kunst, seine Technik und seinen Staat in ihrer Gottferne, ja Gottlosigkeit selbstherrlich an seine Stelle zu setzen" (Röpke 1958, S. 21).

Interessant an dieser Aussage ist, dass Röpke die Fragen des Marktes und der Ökonomik vor dem Hintergrund religiös-spiritueller und theologischer Überlegungen anging. Allerdings gingen andere Vertreter des deutschen Ordoliberalismus und der sozialen Marktwirtschaft deutlich weniger weit.

Laut Werner Lachmann (2016, S. 26) strebte die soziale Marktwirtschaft „eine Integration der Vorstellungen einer größeren Gerechtigkeit in die Ideen des Liberalismus" an. Zweifellos kann man die verschiedenen Vorstellungen der sozialen Marktwirtschaft als Versuch deuten, die Marktwirtschaft in einen größeren sozialen Zusammenhang und in eine entsprechende Rahmenordnung zu stellen.

Walter Eucken hat zwei staatspolitische Grundsätze für die Wirtschafts(ordnungs) politik formuliert:

„Erster Grundsatz: Die Politik des Staates sollte darauf gerichtet sein, wirtschaftliche Machtgruppen aufzulösen oder ihre Funktionen zu begrenzen. Jede Festigung der Machtgruppen verstärkt die neufeudale Autoritätsminderung des Staates" (Eucken 1990, S. 334, Hervorhebung durch Eucken).

„Zweiter Grundsatz: Die wirtschaftspolitische Tätigkeit des Staates sollte auf die Gestaltung der Ordnungsformen der Wirtschaft gerichtet sein, nicht auf die Lenkung des Wirtschaftsprozesses" (Eucken 1990, S. 336).

Dabei sollte die Interdependenz von Staatsordnung und Wirtschaftsordnung von beiden Seiten her angegangen werden: „Beide Ordnungen sind nur Teile einer Gesamtordnung, die aufzubauen ist. – Ohne eine Wettbewerbsordnung kann kein aktionsfähiger Staat entstehen und ohne einen aktionsfähigen Staat keine Wettbewerbsordnung" (Eucken 1990, S. 338). Und Eucken verwies auch auf die ethischen Implikationen einer solchen Sicht:

> Es ist aber nur die eine Seite der Wettbewerbsordnung, dass sie auf die Durchsetzung der ökonomischen Sachgesetzlichkeit dringt. Ihre andere Seite besteht darin, dass hier gleichzeitig ein soziales und ethisches Ordnungswollen verwirklicht werden soll. Und in dieser Verbindung liegt ihre besondere Stärke. Denn ein sozial-ethisches Wollen ohne Verbindung mit der ökonomischen Sachlogik ist ebenso ohnmächtig, wie andererseits die wirtschaftliche Sachlogik nicht zur Auswirkung kommt, wenn nicht ein soziales Ordnungswollen die Gestaltung der Formen beeinflusst (Eucken 1990, S. 370 f.).

Allerdings stellt sich dabei die Frage, wem im Falle eines möglichen Widerspruchs zwischen den beiden Aspekten Vorrang zu geben ist: dem Wettbewerb oder den staats- und sozialpolitischen Rahmenbedingungen. Diese Frage wird von den deutschen Ordoliberalen nicht immer eindeutig beantwortet.

Allerdings ist es fraglich, ob die Einschätzung von Lorch (2014, S. 16) tatsächlich stimmt, „dass der Ordoliberalismus und mit ihm die Soziale Marktwirtschaft nur noch bedingt geeignet sind, um dazu beizutragen, den aktuellen wirtschaftlichen und gesellschaftlichen Herausforderungen zu begegnen". Denn gerade die gesellschaftsphilo-sophische Ausrichtung, welche Lorch (2014, S. 16) als den normativen Kern des Ordo-liberalismus bezeichnet, ist seine Stärke, weshalb nicht diese Ausrichtung – wie Lorch meint – „neu gestaltet und begründet werden muss", sondern ihre ökonomische und gesellschaftspolitische Konkretisierung in einer globalisierten und hegemonialstaatlichen Umgebung. Das gilt übrigens genauso für den „politischen Liberalismus", den Lorch als Alternative zum Ordoliberalismus sieht. Dabei liegt die Schwierigkeit des Ordoliberalis-mus nicht darin, dass er es versäumt hat, „ein tragfähiges Verständnis von Freiheit" (Lorch 2014, S. 19) zu entwickeln, sondern vielmehr im nicht mehr nationalstaat-lich definierten, sondern transnationalen und globalisierten Umfeld, für das eine über-greifende und legitime globale Staats- und Regierungsstruktur fehlt. Vor dem gleichen Problem steht auch der politische Liberalismus, nur dass dieser aufgrund seines rein individuell verstandenen Freiheitskonzepts dieser Frage noch besser ausweichen kann.

Als Erweiterung und Weiterentwicklung des Ordoliberalismus hat sich die ökosoziale Marktwirtschaft verstanden (vgl. Radermacher et al 2011, S. 27 ff.). Dabei ging und geht das Konzept einer ökosozialen Marktwirtschaft von einem „homo oeconomicus cooperati-vus" (Radermacher et al. 2011, S. 59) von einer sozialen Balance als Voraussetzung für eine funktionierende Gesellschaft aus. Zentral sind außerdem ein „gemeinwohlverpflichtender" Eigentumsbegriff, Skepsis gegen Privatisierungen, Ablehnung einer neutralen und auto-intelligenten Sicht des Finanzsektors sowie Kritik am zwischenstaatlichen Wettbewerb (vgl. Radermacher et al. 2011, S. 61 ff.). Kurz gesagt: Aus ökosozialer Sicht „besteht der Markt aus Regulierung plus Wettbewerb" (Radermacher et al 2011, S. 65). Oder als For-mel: „Markt (beziehungsweise Wohlstand)+Nachhaltigkeit=Ökosoziale Marktwirtschaft" (Radermacher et al. 2011, S. 81). Im Sinne von Radermacher et al. umfasst eine ökosoziale Marktwirtschaft alle „Regulierungen, Incentives und ethischen Verhaltensweisen", welche eine nachhaltige ökonomische, soziale und ökologische Wirtschaft ermöglichen, und zwar unter Einhaltung weltweiter intra- und intergenerationaler Gerechtigkeit. Entsprechend soll die Wirtschaft als *Kreislaufwirtschaft* verstanden und das Wachstum in materiell weitgehend gesättigten Wirtschaften durch *Informationswachstum* ersetzt werden, wobei das *Prinzip der Kooperation und Symbiose* das Konkurrenzprinzip ersetzen soll (vgl. Radermacher et al. 2011, S. 107). Um nicht „falsches" Wachstum – etwa beim Wiederaufbau nach Naturka-tastrophen oder Kriegen – zu messen wie das BIP, soll dabei anstelle dessen als Maß das *Nettoinlandprodukt* (NIP) zur Anwendung kommen, welches soziale, menschliche und umweltrelevante Werteverluste mit einrechnet (vgl. Radermacher et al. 2011, S. 119).

3.6 Ludwig Erhards soziale Marktwirtschaft

Laut Müller-Armack (1974c, S. 119) liegen die geistigen Wurzeln der sozialen Marktwirt-schaft bei der neoliberalen Nationalökonomie, die vor allem auf die wichtige Funktion des Wettbewerbs hingewiesen hat. Doch , während sich die neoliberale Theorie vor allem auf die Technik der Wettbewerbspolitik stützt, ist das Prinzip der Sozialen Marktwirtschaft ein *umfassender Stilgedanke,* der nicht nur im Bereiche des Wettbewerbs, sondern im gesamten Raum des gesellschaftlichen Lebens, in der Wirtschaftspolitik wie im Staate Anwendung findet. Es wird also ein neuer Wirtschaftsstil angestrebt, wobei unter Stil die gemeinsame Prägung zu verstehen ist, die alle Gebiete der Wirtschaftspolitik und des sozialen Lebens bestimmt" (Müller-Armack 1974c, S. 119 f.). Also alles nur eine Frage des Stils, nicht der Inhalte? Wohl kaum. Müller-Armack zählt zum „Stil" das gesamte gesellschaftliche, politische und ökonomische Kommunikationsverhalten, also den umfassenden politischen Diskurs über die grundlegenden Regeln.

Kurz nach dem Zweiten Weltkrieg hat Müller-Armack (1974c, S. 100) folgende Prinzipien für die Gestaltung einer sozialen Marktwirtschaft genannt:

- Schaffung einer sozialen Betriebsordnung, welche den Arbeitnehmer „als Mensch und Mitarbeiter wertet, ihm ein soziales Mitgestaltungsrecht einräumt, ohne dabei die betriebliche Initiative und Verantwortung des Unternehmers einzuengen",
- Errichtung einer Wettbewerbsordnung, um das Gewinnstreben der einzelnen auf das Gesamtwohl auszurichten,
- Betreibung einer Antimonopolpolitik zur Bekämpfung von Missbräuchen,
- Verfolgung einer konjunkturpolitischen Beschäftigungspolitik, um die Arbeitnehmer gegen Krisenrückschläge abzusichern mittels entsprechender Haushaltsmaßnahmen,
- „Marktwirtschaftlicher Einkommensausgleich zur Beseitigung ungesunder Einkommens- und Besitzverschiedenheiten" (Müller-Armack 1981d, S. 100) durch Besteuerung, Familienzuschüsse, Kinder- und Mietbeihilfen für sozial Bedürftige,
- Siedlungspolitik und sozialer Wohnungsbau,
- Förderung kleiner und mittlerer Unternehmen und Erleichterung sozialer Aufstiegschancen,
- Einbau genossenschaftlicher Selbsthilfe in die Wirtschaftsordnung,
- Ausbau der Sozialversicherungen,
- Städte- und Siedlungsplanung,
- Sicherung von Minimallöhnen durch Tarifvereinbarungen „auf freier Grundlage" (Müller-Armack 1981d, S. 101).

1972 – also fast 25 Jahre später – hielt Müller-Armack (1981c, S. 150) unter dem Stichwort: „die Soziale Marktwirtschaft und ihre Widersacher" als Grundprinzipien der sozialen Marktwirtschaft fest:

1. „Die soziale Marktwirtschaft basiert auf der Funktion eines beweglichen und sich dynamisch entwickelnden Marktes ...
2. Die Soziale Marktwirtschaft ist angetreten mit dem Anspruch, durch den marktwirtschaftlichen Prozess nicht nur die Güterproduktion anzuheben, den Bereich persönlicher freier Gestaltungsmöglichkeiten für die einzelnen zu erweitern, sondern auch soziale Fortschritte zu bringen ...
3. Die Soziale Marktwirtschaft fordert keinen schwachen Staat, sondern sieht in einem starken demokratischen Staat die Voraussetzung für das Funktionieren dieser Ordnung ..."

In der gleichen Schrift kritisierte Müller-Armack (1981c, S. 157) den vordringenden „antimarktwirtschaftlichen Dirigismus". Auch betonte Müller-Armack (z. B. 1981b, S. 162) immer wieder die Bedeutung einer konsequenten Wettbewerbsordnung.

Doch was ist eigentlich soziale Marktwirtschaft? Nicht wenige meinen, dass „keineswegs eindeutig … [sei], was unter sozialer Marktwirtschaft zu verstehen ist" (Segbers 1999, S. 249).

Alfred Müller-Armack, der als Staatssekretär unter Wirtschaftsminister Ludwig Erhard das damals in Deutschland verbreitete Konzept der sozialen Marktwirtschaft entscheidend mitgeprägt hat, umschrieb soziale Marktwirtschaft wie folgt: „Soziale Marktwirtschaft ist überall dort, wo man sich den Kräften des Marktes anvertraut, und versucht, alle vom Staate von den sozialen Gruppen anzustrebenden Ziele in dem Doppelaspekt einer freien Ordnung und einer sozial gerechten und gesellschaftlich humanen Lebensordnung zu verwirklichen" (Müller-Armack 1981e, S. 12; vgl. auch Oermann 2015, S. 40).

Müller-Armack (1976, S. 109; vgl. auch Segbers 2015, S. 83) definierte soziale Marktwirtschaft als „keine sich selbst überlassene, liberale Marktwirtschaft, sondern eine bewusst gesteuerte, und zwar sozial gesteuerte Marktwirtschaft". Damit sagte im Grunde Müller-Armack nichts anderes, als dass es sozial verträgliche – und heute könnte man ergänzen: umweltverträgliche – Regelungen braucht, denen der Markt unterworfen sein muss.

Laut Viktor J. Vanberg (2010, 113) kann das Ziel der sozialen Marktwirtschaft als solidarische Absicherung aller auf zwei grundsätzlich verschiedene Arten erfolgen: entweder als „Ordnung des staatlichen Gemeinwesens" oder als „Privatrechtsordnung" über Marktmechanismen. Vanberg (2010, S. 113 f.) formuliert das so:

> Unter Sozialer Marktwirtschaft kann man nämlich einerseits eine Rahmenordnung verstehen, die der Marktwirtschaft ein sozialstaatliches Absicherungssystem an die Seite stellt, die also, mit anderen Worten, dem Solidaranliegen durch Regelungen Rechnung zu tragen sucht, die sich die Bürger im Rahmen des staatlichen Verbandes gemeinsam auferlegen, als Ergänzung der Privatrechtsordnung, in der die Menschen sich als autonome Vertragspartner begegnen. Andererseits kann man unter Sozialer Marktwirtschaft eine Ordnung verstehen, die die Privatrechtsgesellschaft und die aus ihr hervorgehende marktwider Imitation über kreative Umformungrtscha'tliche Ordnung selbst ‚sozial' gestalten will, die also den Menschen als Privatrechtssubjekten Regeln auferlegen will, die ‚soziale Sicherheit' und ‚soziale Gerechtigkeit' gewährleisten sollen. – Am Unterschied zwischen Mindesteinkommen und Mindestlohn als Konzepten sozialer Sicherung sei der Gegensatz zwischen den beiden Varianten Sozialer Marktwirtschaft illustriert. Die Sicherung eines Mindesteinkommens aus einem durch Steuerbeiträge der Bürger finanzierten Solidarfonds entspricht der ersten Variante. Die gesetzliche Verordnung eines Mindestlohnes entspricht der zweiten, handelt es sich dabei doch um einen Eingriff in die Privatrechtsordnung zum Zwecke der Verfolgung eines Solidaranliegens der Bürgergenossenschaft.

Diese rechtlich zweifellos wichtige Unterscheidung ist jedoch konzeptionell und in der Praxis nicht so trennscharf: Wenn alle Menschen Zugang zum Arbeitsmarkt haben, machen Mindestlöhne sicherlich Sinn. Doch was geschieht in einer Situation, die heute in vielen Ländern vorzufinden ist, in welcher bedeutende und wachsende Teile der Bevölkerung – aus welchen Gründen auch immer – gar keinen Zugang zum Arbeitsmarkt haben? Als Prinzip könnte man formulieren, dass Eingriffe über die Privatrechtsordnung immer dann sinnvoll sind, wenn sie flächendeckend und nachhaltig sind, unter dem Motto: Was immer der Markt regeln kann, soll er regeln. Das Problem ist jedoch, dass viele keinen Marktzugang haben, mangelhaft informiert sind oder nicht über die entsprechenden Ressourcen – hier z. B. die erforderlichen Bildungsvoraussetzungen – verfügen. In diesem Fall bleibt nur der Weg über eine außermarktliche Solidarregelung über den Staat.

Nach Alexander Lorch (2014, S. 14 f.) kann man drei Rezeptionen des Konzepts der sozialen Marktwirtschaft unterscheiden: Ein erster Rezeptionsstrang besteht in den vorwiegend ordoökonomischen Debatten des Ordoliberalismus im Sinne einer „Ethik durch wirtschaftliche Effizienz" (vgl. Bertelsmann Stiftung et al. 1996; aber auch Lorch 2014, S. 14), etwa durch die Freiburger Schule. Ein zweiter Diskussionsstrang interessiert sich primär für die Genese und die Rekonstruktion der Konzepte der sozialen Marktwirtschaft. Und ein dritter Literaturstrang hält die soziale Marktwirtschaft und ihre Theorie „im Grunde für inhaltlich entleert und verbraucht" (vgl. Lorch 2014, S. 15). Die soziale Marktwirtschaft wird hier eher zum Mythos eines längst vergangenen Wirtschaftswunders. Doch Lorch hat zweifellos recht, dass auf der einen Seite die soziale Marktwirtschaft bis heute „immer noch stark performativ" wirkt und auf der anderen Seite die soziale Marktwirtschaft ein wichtiger „Ankerpunkt vieler ordnungspolitischer Debatten in Deutschland" (Lorch 2014, S. 17) ist.

„Soziale Marktwirtschaft" bezeichnet nach Graf von der Schulenburg (1992, S. 119) ein Wirtschaftssystem, „das durch eine spezielle Verbindung von Freiheit und Ordnung gekennzeichnet ist. Einerseits gehorcht die Allokation der Ressourcen und der produzierten Güter den Gesetzen des Marktes, d. h. es besteht Privateigentum, Konsumentensouveränität und ein dezentraler Entscheidungsmechanismus und andererseits kommt dem Staat die Rolle einer aktiven Sozial- und Umverteilungspolitik zu". Allerdings relativiert Graf von der Schulenburg (1992, S. 121) seine Definition von sozialer Marktwirtschaft als „Markt plus Umverteilungspolitik" gleich wieder, weil einige die staatlichen Umverteilungsmaßnahmen als „gerecht", andere sie jedoch als „ungerecht" werten würden. Graf von der Schulenburg (1992, S. 123) weist darauf hin, dass das Deutsche Grundgesetz von 1949 die Bundesrepublik zwar als „demokratischen und sozialen Bundesstaat" bezeichne, aber – im Gegensatz etwa zur Weimarer Reichsverfassung von 1919 – sehr wenig darüber aussage, was unter „sozial" zu verstehen sei und wie eine entsprechende Gestaltungsordnung aussehen könne.

Gestützt auf Ludwig Erhard formulierte Goldschmidt (2010, S. 16) drei Ziele der sozialen Marktwirtschaft:

1. eine strukturelle Umgestaltung der Gesellschaft in Richtung einer Ordnung, in welcher prinzipiell grundsätzlich alle die gleichen Chancen über alle sozialen Grenzen hinweg besitzen,

2. eine Sozialisierung von Fortschritt und Gewinn als Einkommensmobilität und Teilhabe an wirtschaftlicher und technologischer Entwicklung, nicht nur als Teilhabe am materiellen „Wohlstand für alle", sondern auch verteilungspolitisches Projekt,
3. die Förderung des persönlichen Leistungsstrebens, um dem Einzelnen Entfaltungsspielräume entsprechend seiner Fähigkeiten und Ziele zu gewähren, damit er sich in die wirtschaftlichen und politischen Prozesse einbringen kann.

Dabei ist der Markt Mittel und nicht Ziel oder Selbstzweck der sozialen Marktwirtschaft (Goldschmidt 2010, S. 16). Laut Müller-Armack (1981b, S. 162) ist „die Soziale Marktwirtschaft … der geschichtliche Versuch, alle Gruppen auf das engste an Ergebnisse und Erfolge des expandierenden Marktes anzuschließen. Darin liegt eine innere Entspannung der Gruppenbeziehungen, ein Zurücktreten vordergründig erlebter Konflikte im Hinblick auf die Vorteile, die jede Gruppe aus dem Funktionieren des Ganzen zieht". Dabei forderte Müller-Armack eine Versöhnung von wirtschaftlicher Effizienz und gesellschaftlichem Wollen. Im Sinne des griechischen Begriffs „εἰρήνη" („eirene", also Frieden) sollte eine „soziale Irenik" Wirtschaft und Sozialleben verbinden (vgl. Goldschmidt 2010, S. 18 f.). Müller-Armack (1981a, S. 173) nannte die soziale Marktwirtschaft sogar eine „irenische Formel".

Walter Eucken, dem es als „Haupt der Freiburger Schule des Ordoliberalismus" (Goldschmidt 2010, S. 24) um die Suche nach einer menschenwürdigen Wirtschaftsordnung ging, hatte das Ziel, eine „Ordnung der Wirtschaft" zu finden, die auch auf christlichen Werten beruhte. Im Zentrum stand dabei der Mensch als „sittliche Persönlichkeit" (Goldschmidt 2010, S. 24 f.): „Die Wirtschaft hat den lebenden und künftigen Menschen zu dienen, ihnen zur Erfüllung ihrer höchsten Bestimmungen zu helfen. Mit materiellen Kräften allein lässt sich das menschliche Leben nicht erträglich gestalten, ist auch keine Volkswirtschaft lebensfähig aufzubauen. Sie bedarf der gesicherten Rechtsordnung und der festen sittlichen Grundlage" (v. Dietze et al. 2008, S. 102).

Wilhelm Röpke sah die Grenzen der Markwirtschaft in den „einzufordernden Rahmenbedingungen, die der Wirtschaft ihre Ordnung geben" (Goldschmidt 2010, S. 27). Diese Rahmenbedingungen sind mehr als politische und rechtliche Bedingungen, vielmehr müssen sie die normativen Voraussetzungen für eine menschenwürdige Wirtschaft garantieren:

> Die Gesellschaft als Ganzes kann nicht auf dem Gesetz von Angebot und Nachfrage aufgebaut werden … Menschen, die auf dem Markte sich miteinander im Wettbewerb messen und dort auf ihren Vorteil ausgehen, müssen um so stärker durch die sozialen und moralischen Bande der Gemeinschaft verbunden sein, andernfalls auch der Wettbewerb aufs Schwerste entartet. So wiederhole ich: die Marktwirtschaft ist nicht alles. Sie muss in einen höheren Gesamtzusammenhang eingebettet sein. Sie muss in einen höheren Gesamtzusammenhang eingebettet sein, der nicht auf Angebot und Nachfrage, freien Preisen und Wettbewerb beruhen kann. Sie muss vom festen Rahmen einer Gesamtordnung gehalten sein, die nicht nur die Unvollkommenheiten und Härten der Wirtschaftsfreiheit durch Gesetze korrigiert, sondern auch dem Menschen in seiner Natur gemäße Existenz nicht verweigert (Röpke 1979b, S. 145 f.; vgl. auch Goldschmidt 2010, S. 27 f.).

Charles B. Blankart hat zur sozialen Marktwirtschaft folgende acht Thesen aufgestellt:

1. Märkte fördern den allgemeinen Wohlstand.
2. Märkte tragen auch dazu bei, das Los der Ärmsten zu lindern.
3. Märkte bleiben nicht von selbst erhalten, sondern dadurch, dass Politiker ihre Regeln stets befolgen, wodurch das Vertrauen in die soziale Marktwirtschaft weiter wächst.
4. Im Rahmen der sozialen Markwirtschaft sollte es eine Armutsgrenze geben, die nicht unterschritten werden sollte, hingegen sollte es keine obere Reichtumsgrenze geben.
5. In Demokratien gibt es einen Anreiz für Politiker, zugunsten kurzfristiger Wahlerfolge die Regeln der sozialen Marktwirtschaft zu unterlaufen.
6. In zentralisierten Staaten ist die soziale Marktwirtschaft eher gefährdet als in föderalistischen Staaten.
7. Die soziale Marktwirtschaft kann dadurch geschützt werden, wenn einige ausgewählte Institutionen dem demokratischen Wettbewerb entzogen werden.
8. Soziale Marktwirtschaft muss institutionell gestärkt werden (nach Blankart 2010, S. 63–75, teilweise redigiert durch CJ).

Was war also neu an der sozialen Marktwirtschaft? Sie dachte weit über Wettbewerbs- und Marktmechanismen hinaus und versuchte, soziale Gerechtigkeit und die Spielregeln des Marktes zu verbinden, und zwar im Rahmen einer entsprechenden ökonomisch-sozialen Grundordnung.

„Im Grunde schwebte dem studierten Ökonomen Ludwig Erhard im Jahre 1957 die Bildung einer ‚großen Freihandelszone‘ mit frei konvertiblen Währungen und uneingeschränkter Freizügigkeit für Personen und Dienstleistungen, Waren und Kapital vor. Erhards Plan richtete sich auf ein übereuropäisches Freihandelssystem, welches den gesamten freien Westen einschließlich Großbritannien und Nordamerika einschließen sollte" (Zapka 2012, S. 186).

Peter Ulrich sah in Ludwig Erhards pragmatischer Formel für die soziale Marktwirtschaft „Wohlstand für alle" sowohl eine Übernahme der utilitaristischen Gemeinwohlfiktion als auch die Übernahme einer sozialdemokratischen Position der Marktkorrektur: „Aber grundsätzlich hat Erhard – ganz in der Tradition Adam Smiths – die soziale Gerechtigkeit und insbesondere die Vollbeschäftigung als Voraussetzung legitimer Wirtschaftsfreiheit verstanden" (Ulrich 2016, S. 388).

Unter Ludwig Erhard galten im Grunde drei Prämissen, die von Hans Küng (2010, S. 75) wie folgt auf den Punkt gebracht wurden: die Annahme unaufhörlicher Prosperität, Vorstellung der unerschöpflichen Möglichkeiten der Sozialpolitik und Erwartung unbegrenzter Ressourcen des Sozialstaates. Dabei darf man nicht vergessen, dass die westeuropäischen Staaten damals in einem permanenten Konkurrenzverhältnis gegenüber den sozialistischen Staaten des Ostblocks standen. Das zeigte sich etwa in folgender Äußerung von Ludwig Erhard (1972, S. 19): „Während die sozialistisch-kommunistischen Systeme gegenüber auftretenden Unzulänglichkeiten immer nur die eine Patentantwort der Verstaatlichung der Produktionsmittel vorzubringen haben, verwirklicht sich die soziale

Marktwirtschaft in einem systematischen Prozeß des Weiterdenkens, indem sich feste und erprobte Prinzipien mit den elementaren Forderungen der Zeit auseinandersetzen".

Oskar Negt (2010, S. 512) hat die Meinung vertreten, dass das, was heute mit dem Sozialstaat geschehe, Ludwig Erhard zutiefst zuwider gewesen wäre. Während man heute euphemistisch von einem „Umbau des Sozialstaates" spreche, gehe es in Wirklichkeit darum, die sozialstaatlichen Errungenschaften abzubauen – also genau um das Gegenteil dessen, was die soziale Marktwirtschaft wollte. So gesehen kann die aktuelle politische Vorstellung von gerechtem Staat und gerechter Wirtschaftsordnung wohl kaum weiter vom Konzept der sozialen Marktwirtschaft der 1950er- und 1960er-Jahre entfernt sein. Allerdings begann die Abkehr von der sozialen Marktwirtschaft schon früh. Nach einer Phase der sozialen Marktwirtschaft unter Ludwig Erhard ging die Bundesrepublik Deutschland in den 1960er-Jahren zu einer „gelenkten Marktwirtschaft" über im Sinne einer Globalsteuerung marktwirtschaftlicher Prozesse (vgl. Lachmann 2016, S. 45). Diese mündete später unter Schröder in vielen Punkten – etwa in Hartz IV – in einer neoliberalen Politik.

Noch 1972 sah Müller-Armack (1974b, S. 241) die soziale Marktwirtschaft als „Instrument gesellschaftlicher Entspannung und Befreiung". Diese Sicht war natürlich vor dem Hintergrund sozialistischer Planwirtschaft und der steten Bedrohung im Kalten Krieg durchaus verständlich. Allerdings ist seine weitere Schlussfolgerung aus heutiger Sicht doch etwas allzu positiv: „Die Marktwirtschaft begünstigt nicht nur den Frieden im Innern. Dort, wo eine offene und freie Wirtschaftsordnung praktiziert wird, wandelt sich auch der Charakter der Außenbeziehungen der Staaten untereinander" (Müller-Armack 1974b, S. 241). Das mag ja für den damals entstehenden freien Markt der europäischen Wirtschaftsgemeinschaft mit damals noch sechs Mitgliedsländern und drei neu Beitretenden zugetroffen haben, doch angesichts der Konflikte innerhalb der heutigen EU und noch mehr auf globaler Ebene war diese Sicht doch wohl etwas allzu harmonistisch.

Außerdem stellt sich aus heutiger Sicht die Frage, ob es (noch?) zutrifft, dass niemand bestreite, dass eine Sozial- und Umverteilungspolitik notwendig sei, wie Graf von der Schulenburg (1992, S. 124) meinte. Gerade aus radikaler neoliberaler Sicht, welche dem Staat nur eine sehr reduzierte Funktion und auf jeden Fall keine Umverteilungsaufgabe zugestehen will, muss man diese Frage ebenso stellen, wie aufgrund der letzten 30 Jahre wirtschaftlicher Globalisierung.

Die Frage einer gerechten sozialen Verteilung kann je nachdem enger oder weiter bejaht werden. Graf von der Schulenburg (1992, S. 128) nennt als mögliche Kriterien für soziale Gerechtigkeit:

a) das Paretokriterium, wonach keiner schlechter gestellt werden darf als in der Ausgangssituation und dass jede Situation eine Verbesserung darstelle, welche die Position von mindestens einem Mitglied der Gesellschaft verbessere;
b) das Kriterium von John Rawls, der in seiner Theorie der Gerechtigkeit soziale und wirtschaftliche Ungleichheit nur dann als gerecht ansah, wenn sich daraus Vorteile für die am schlechtesten gestellten Mitglieder der Gesellschaft ergaben;

c) das Streuungsminimierungskriterium, das nicht nur auf die am schlechtesten gestellte Gruppe abzielt, sondern insgesamt eine Verringerung der Einkommens- und Verteilungsungleichheit verlangt;

d) das Nozick-Kriterium, wonach eine Verteilung nur dann gerecht sei, wenn sie bei gegebenen Präferenzen aus einer gerechten Verteilung durch gerechte Aneignung oder Übertragung gewonnen werden könne. Dabei entspreche dieses Kriterium in einer freiheitlichen Gesellschaftsordnung weitgehend dem Paretokriterium.

Angesichts dieser teilweise sehr unterschiedlichen Kriterien für soziale Gerechtigkeit stellte Graf von der Schulenburg (1992, S. 135) zwei Forderungen auf: erstens eine permanente Diskussion über die Notwendigkeit von staatlichen Regulierungen und zweitens eine staatliche Umverteilung nicht erst nach dem Wirken des Marktes, sondern „ex ante", also im Voraus. Während die erste Forderung aus heutiger Sicht – mit Sicht auf den Neoliberalismus, der gar keine Regulierungen will – nicht unproblematisch ist, erscheint der zweite Vorschlag zweifellos sinnvoll. Bekanntlich läuft seit den 1980er-Jahren eine permanente Diskussion über die Deregulierung der Märkte, die von neoliberaler Seite in vielen Bereichen erfolgreich vorangetrieben wurde und sowohl auf globaler Ebene als auch in vielen Ländern die soziale Ungleichheit massiv vergrößert hat.

Die Begründung für eine soziale Umverteilung *vor* Wirken des Marktes ist darum interessant, weil sie – so Graf von der Schulenburg (1992, S. 135) – eine konkrete Marktkorrektur bedeutet: „Eine ex post-Umverteilung führt häufig zu einer Minderung der Anreizwirkung von Marktsignalen, da die Marktteilnehmer wissen, dass sie wegen der Umverteilungspolitik des Staates nicht in vollem Umfang in den Genuss dessen kommen, was sie auf den Märkten erwirtschaftet haben". Denn eine Ex-post-Umverteilung senkt auch die Motivation, persönliche Leistungen für den Markt zu erbringen. Umgekehrt ist die Gestaltung der Märkte durch eine entsprechende Rahmenordnung deshalb sinnvoller, weil sie auch benachteiligten Menschen ermöglicht, am Markt teilzunehmen, während Ex-post-Umverteilungen die Betreffenden oft von der Marktteilnahme ausschließen und im Einzelfall auch diskriminierend wirken kann. Zu einer solchen prospektiven Gestaltung der Märkte und ihrer Steuerung gehört laut Graf von der Schulenburg (1992, S. 136), „sich um Chancengleichheit zu bemühen, indem den Menschen die Lasten der Wechselfälle des Lebens durch Sozialversicherung abgenommen werden und die Möglichkeit für breite Bevölkerungsschichten geschaffen wird, Humankapital und Sachkapital zu bilden". Streng genommen müsste das aber auch heißen, dass die heutige Ausrichtung der Sozialversicherungen auf einzelne Defizite – z. B. Abwendung der Folgen von Arbeitslosigkeit, Krankheit, Invalidität, zu geringes Einkommen – zu einem einheitlichen, umfassenden und alle Risiken abdeckenden System der Existenzsicherung und sozialen Sicherheit umgebaut werden müsste (vgl. dazu Jäggi 1995, S. 214 ff.), das nicht nur intragenerationale, sondern auch intergenerationale Gerechtigkeit und Chancengleichheit sowie die langfristige Sicherung der Umwelt garantiert (vgl. Graf von der Schulenburg 1992, S. 137). Nicht zuletzt gibt es auch gewichtige ökonomische Argumente für eine Ex-ante-Umverteilungspolitik, wie Graf von der Schulenburg (1992, S. 139) betont: Dazu gehören eine Umverteilung der Risiken, eine Umverteilung von Chancen, eine Umverteilung von Rechten und eine Umverteilung von Information.

Doch ist das System der sozialen Marktwirtschaft noch zeit- und zukunftsgemäß?

In seiner Analyse des wirtschaftsliberalen Modells der USA, dem staatskapitalistischen Modell Chinas und des europäischen Modells sozialer Marktwirtschaft kommt Müller (2011, S. 306) zum erstaunlichen Schluss, dass

> nur das europäische Sozialstaat-Modell … das Potenzial [besitzt], die vielfältigen Anforderungen an ein marktwirtschaftliches System im 21. Jahrhundert hinreichend zu erfüllen. Finnland, Schweden und Dänemark sind nach leidvollen Erfahrungen der Vergangenheit schon seit über zwei Jahrzehnten erfolgreich dabei, eine moderne wissensbasierte Gesellschaft aufzubauen, die die vier Basispfeiler des europäischen Sozialstaat-Modells, nämlich Bildung, individuelle ökonomische Freiheit, soziale Sicherheit sowie Wohlstand für alle Bevölkerungsschichten möglichst optimal miteinander kombiniert.

Erstaunlich positiv ist auch Müllers Einschätzung des chinesischen staatskapitalistischen Entwicklungsmodells, dem er jedoch Demokratiedefizite vorwirft.

Allerdings müsste man dieser optimistischen Sicht des europäischen Marktmodells entgegenhalten, dass offensichtlich immer weniger Europäer das marktwirtschaftliche Demokratiekonzept so positiv sehen, wie sich etwa in den jüngsten Wahlergebnissen und im Erfolg nationalistisch-populistischer Parteien in den letzten 20 Jahren zeigte. Weder haben es die Europäer geschafft, ein einheitliches europäisches Modell der sozialen Marktwirtschaft zu entwickeln und zu implementieren, noch waren und sind sie bisher in der Lage, der aggressiven Investitionspolitik chinesischer Unternehmen in vielen Bereichen der europäischen Wirtschaft und den Versuchungen amerikanischer, neoliberaler Finanzinvestoren wirksam entgegenzutreten. Wirtschaftspolitisch ist in der Europäischen Union nicht nur zwischen Westen nach Osten (soziale Marktwirtschaft versus wirtschaftsliberale Ordnungssysteme), sondern auch zwischen Norden nach Süden (hohe Wirtschaftsleistung versus verschuldete Wirtschaften) gespalten. Selbst Deutschland hat es – im Unterschied zur Ära Blair in Großbritannien – nicht geschafft, der neoliberalen Umverteilung von unten nach oben wirksam entgegenzutreten (vgl. Müller 2011, S. 188). Während es zwischen 1996 und 2006 der Regierung Blair durch eine dosierte, fein abgestimmte Mindestlohnpolitik gelang, den untersten Einkommensgruppen ein überproportionales Einkommenswachstum zu verschaffen, legten in Deutschland unter Gerhard Schröder zwischen 1998 und 2005 die oberen und obersten Einkommen massiv zu, während die untersten 20 % der Einkommen massiv und die nächsten 20 % der Einkommen ebenfalls noch deutlich verloren (vgl. Abb. 3.3).

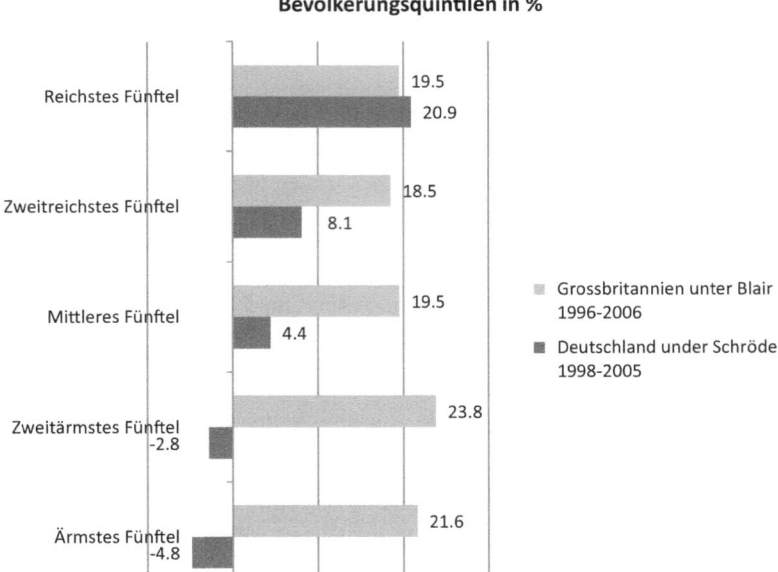

Abb. 3.3 Reale Nettoeinkommensentwicklung in Deutschland und in Großbritannien nach Einkommensklassen. (Quelle: Müller 2011, S. 189; eigene Darstellung)

3.7   Ein aufgeklärter Liberalismus

Dem kritischen Beobachter wird nicht entgangen sein, dass zwischen der ökonomischen Klassik, dem Neoliberalismus und dem Ordoliberalismus und seiner Konkretisierung in der sozialen Marktwirtschaft teils inhaltliche, teils ideologische und teils zeitliche Lücken klaffen.

Historisch – so die These von Müller (2011, S. 149) – beendeten die Weltwirtschaftskrise von 1929 und die darauffolgende große Depression die Vorherrschaft des klassischen (Laissez-Faire-)Liberalismus und die globale Finanz- und Wirtschaftskrise von 2008 markierte das Ende des Neoliberalismus. Allerdings ist dabei einzuwenden, dass beide ultraliberalen Phasen bis heute in vielen Bereichen nachwirken – und umgekehrt eine Reihe von Regelungsversuchen in jüngerer und jüngster Zeit wieder aufgehoben oder rückgängig gemacht wurden. So zogen die USA 1933 im sogenannten Glass-Steagall-Act einige wichtige ordnungspolitische Konsequenzen aus der Weltwirtschaftskrise und schufen unter anderem ein Trennbankensystem, einen Einlagensicherungsfonds FDIC für Vermögen bis 100.000 US$, die Beschränkung der Refinanzierungsmöglichkeit bei der

US-Notenbank auf Geschäftsbanken (unter Ausschluss der Investementbanken) und eine starke Regulierung der Geschäftsbanken (vgl. Müller 2011, S. 156 f.). Diese dringend notwendigen Regelungen wurden 1999 unter Präsident Bill Clinton mit dem Gramm-Leach-Bliley-Act auf Druck des US-Finanzsektors wieder aufgehoben. Es ist nicht ohne Ironie, dass Politiker, Investoren – so etwa Christoph Blocher in der Schweiz – und Banker im Anschluss an die Finanz- und Wirtschaftskrise 2008 genau wieder nach diesen Regelungen verlangten. Und heute – 10 Jahre nach der Finanzkrise – setzt die Administration Trump alles daran, sämtliche Regelungen des Finanzsektors wieder aufzuheben – es scheint, dass viele Politiker und Ökonomen unbelehrbar sind oder über ein außerordentlich kurzes Gedächtnis verfügen!

Otfried Höffe (2015, S. 112) hat für eine neue Art von Liberalismus plädiert, den er „aufgeklärten Liberalismus" nennt. Damit steht Höffe auch Konzepten wie denen eines politischen Liberalismus von John Rawls (1998) nahe[2]: „Keineswegs auf die Wirtschaft beschränkt, versteht sich der Liberalismus als eine soziale und politische Theorie und Bewegung, die man in erster Annäherung als thematisch dreidimensional charakterisieren kann: Es ist eine Wirtschafts-, eine Gesellschafts- und eine Politiktheorie" (Höffe 2015, S. 112 f.). In den Glanzzeiten des politischen Liberalismus – also im 19. Jahrhundert – gestaltete die liberale Bewegung ganze Staaten und Gesellschaften, so war etwa die 1848er-Verfassung der Schweiz in weiten Teilen eine Errungenschaft des Liberalismus – übrigens eine Errungenschaft, von der die Schweiz bis zum heutigen Datum Nutzen zieht. Leider wissen viele der heutigen Liberalen nicht mehr, dass Liberalismus immer auch soziale Verantwortung übernommen hat – wenn auch teilweise erst unter dem Druck äußerer Anstöße und Bewegungen, wie etwa in der Schweiz unter dem Einfluss der Sozialdemokratischen Partei und des Generalstreiks von 1917.

Es zeugt von großer Unkenntnis der Geschichte, wenn sich rechtspopulistische Parteien – wie etwa die SVP in der Schweiz – als die „wahren Liberalen" bezeichnen, obwohl sich ihr Liberalismus seit Jahren darin erschöpft hat, die Sozialwerke – die teilweise eben von diesem sozialen Liberalismus geschaffen wurden – frontal anzugreifen. Ähnliche Entwicklungen gab und gibt es in vielen anderen Staaten, so etwa in Großbritannien unter Margaret Thatcher, in den USA unter Donald Trump oder auch in Australien und Neuseeland.

Ein besonderes Problem gerade auch für einen aufgeklärten Liberalismus stellt der gesamte informelle Bereich der Wirtschaft dar, der in gewissen Ländern mehr als 50 % der gesamten wirtschaftlichen Aktivitäten ausmachen kann. So leisteten etwa in Peru in den 1980er-Jahren „48 % aller Beschäftigten 61,2 % der geleisteten Mann-Stunden in der Informalität" (de Soto 1992, S. 44), diese erarbeiteten 38,9 % des offiziellen Bruttoinlandprodukts. Kennzeichnend für die informelle Wirtschaft, die in vielen Ländern

---

[2]Ich habe John Rawls' politischen Liberalismus an anderer Stelle (vgl. Jäggi 2016b, S. 65 ff.) ausführlich diskutiert, weshalb sich hier eine Darlegung seiner Theorie der Gerechtigkeit (vgl. Rawls 1975) erübrigt.

einen großen Anteil der Gesamtwirtschaft ausmacht, ist, dass sie keinerlei staatlicher Ordnung untersteht bzw. sich nicht an sie hält. Selbst in hoch entwickelten Ländern wie in der Schweiz gibt es einen erheblichen Anteil an Schwarzarbeit. Nicht nur in Entwicklungsländern, sondern auch in hoch industrialisierten Ländern wird ein nicht unerheblicher Teil des Bruttoinlandprodukts in Form von Schwarzarbeit in der Schattenwirtschaft produziert. So schätzte man sogar in der Schweiz – in einem der Länder mit der kleinsten Schattenwirtschaft –, dass 2015 mehr als 6 % des Bruttoinlandprodukts, also rund 30 Mrd. Franken, in Form von Schwarzarbeit generiert wurden. In den Ländern Südeuropas liegt der Anteil der Schwarzarbeit zwischen 17 % und 22 % des Bruttoinlandprodukts (vgl. Gratwohl 2015, S. 30 sowie Jäggi 2016d, S. 60).

Hernando de Soto (1992, S. 35) hat die These vertreten, dass in Ländern wie Peru der Staat und das, was er als „traditionelle Gesellschaft" bezeichnet, also die im Laufe der Zeit entstandenen Institutionen und Strukturen, sich zunehmend auflösen. Während neue, informelle Organisationen und Lebensformen ständig an Bedeutung gewinnen, verlieren offizielle Gremien wie die Gewerkschaften und staatliche Einrichtungen an Einfluss, an Macht – de Soto sprach in diesem Zusammenhang von einem Rückzug des Staates – und Vertreter des Staates, wie zum Beispiel Polizisten, wurden und werden in einer Reihe von lateinamerikanischen Staaten selber zu Kriminellen. Bewaffnete Gruppen in Fantasieuniformen, Milizen, kriminelle Banden werden zu Akteuren der Gewalt, während Polizisten und Soldaten – wie zum Beispiel in Mexiko – Bürger ermorden: „Das gesellschaftliche Leben ist völlig auf den Kopf gestellt. Was nach dem Gesetz als Straftat gilt, wird in der Öffentlichkeit als normal empfunden. Der Schmuggel ist ein solches Beispiel: Von der Aristokratin bis um ärmsten Peruaner – alle kaufen Schmuggelware. Von Skrupeln keine Rede; im Gegenteil scheint der Verstoß gegen die Gesetze sogar die Sinne zu beleben oder mindestens einen legitimen Racheakt gegen den Staat darzustellen" (de Soto 1992, S. 36). Gleichzeitig hat die Verwaltung nicht die geringste Glaubwürdigkeit mehr, die Bestechung von Beamten gilt als normal und jeder macht mit. Bereits Ende der 1980er-Jahre stellten informelle Chauffeure 93 % des Wagenparks, 74 % der Gesamtkapazität und 80 % der Sitzplätze im Großraum Lima. „Im Jahr 1982 lag in Lima 42,6 % des gesamten städtischen Wohnraums in informellen Siedlungen, 49,2 % in formellen Quartieren und die verbleibenden 8,2 % bestanden in ärmlichen Behausungen irgendwo im Niemandsland dazwischen" (de Soto 1992, S. 49). Laut de Soto (1992, S. 45) waren damals über 42 % aller Wohnungen in Lima illegale Behausungen und in solchen lebten 47 % der Bevölkerung Limas. Bereits 1968 waren von 100 neu errichteten Wohnungen in Lima 57 informell gebaut worden und nur 43 formell (vgl. de Soto 1992, S. 74) und 1975 – als Velasco vom Militär gestützt wurde – wurden in Lima 62 % der neu gebauten Wohnungen illegal errichtet. Ab 1975 betrieben Verbände und Genossenschaften einen blühenden illegalen Grundstückshandel – allein in den ersten Monaten des Jahres 1985 verkauften 45 Assoziationen und Genossenschaften rund 600.000 m^2 Agrarland an ihre Mitglieder, trotz teilweise harten Regierungsmaßnahmen und -strafen wie Pressekampagnen, Strafen, Bußen, Zerstörung von Verkaufskiosken für Grundstücke, Strafanzeigen gegen die informellen Makler usw. (vgl. de Soto 1992, S. 79). Trotzdem bekam die Regierung die Entwicklung nicht in Griff.

All das zeigt, dass eine wichtige Funktion des liberalen Staates, nämlich die Garantie des privaten Eigentums in vielen Ländern nicht (mehr) gegeben ist, was zwar – so de Soto – nicht zu einem Zusammenbrechen der Marktwirtschaft führt, jedoch zu einer neuen Form der „Marktwirtschaft von unten". Dabei muss offenbleiben, ob man die Besetzung von Land, die Errichtung von informellen Wohnungen, informelle und illegale Produktionsformen, den illegalen Straßenhandel, aber auch die Schwarzarbeit und die ganze informelle Wirtschaft als „Ausdehnung" der Marktwirtschaft oder aber als ihr Versagen bezeichnen will. Das ist nicht zuletzt eine Frage des Blickwinkels. Interessant ist am Beispiel Perus auf jeden Fall, dass immer bei „linken Regierungen" (z. B. unter der Regierung von Juan Velazco Alvarado 1968–1975) die Zahl der informellen bzw. illegalen Landbesetzungen zunahm, ebenso bei entsprechenden Protestbewegungen, während „rechte" Regierungen immer wieder versuchten, mit allen Mitteln – auch mit Repression – dagegen vorzugehen (vgl. de Soto 1992, S. 70 ff.).

All diese Beispiele zeigen eines klar: Es braucht nicht nur eine staatliche Ordnung, um die Märkte zu regeln, sondern auch um eine stabile und formelle Eigentums- und Arbeitsordnung zu garantieren.

Interessant an den Studien von de Soto (1992, S. 88 ff.) ist die Tatsache, dass von der Zunahme informeller bis illegaler Märkte selbst eine Art „Gewohnheitsrecht" ausgeht und damit der Aufbau einer gewissen Ordnung, die schließlich auch zu einer „Verrechtlichung" der bisher illegalen Situation führen kann. Das zeigte de Soto am Beispiel der fliegenden Händler: Zuerst beginnt der Händler ohne festen örtlichen Bezug, mit der Zeit lernt er den Markt kennen, folgt festen Routen und begibt sich an die interessantesten Orte. Doch

immer befindet er sich in der Gesellschaft anderer. Handelt es sich um einen neuen Platz, so zieht er unweigerlich neue Verkäufer an, wenn er Erfolg hat und nicht vertrieben wird. Meistens belegt aber ein Anfänger am liebsten selber einen Platz in der Nachbarschaft möglichst erfolgreicher Verkäufer. Damit verstärkt er nicht nur seine eigene Position, sondern auch jene der anderen. In beiden Fällen bildet sich sehr schnell eine kritische Masse, die notwendig ist, um solche Verkaufsplätze zu behaupten. Gemeinsam werden Fragen der Sicherheit, Sauberkeit, Qualität und Vielseitigkeit es Angebots geregelt. So gelingt es auch, den ‚Kundenfluss' zu maximieren – und dies wiederum spricht sich herum und zieht neue Kunden an (de Soto 1992, S. 88 f.).

Mit der Zeit versuchen die informellen Händler von den Behörden Garantien für ihre Besitzansprüche zu erhalten, die oft gegen eine Art Steuer („sisa") oder Gebühr gegeben wird (vgl. de Soto 1992, S. 91). Damit setzt eine Art Institutionalisierungsprozess ein. Wahrscheinlich sind auch die eingesessenen Märkte in europäischen und anderen Marktwirtschaften ursprünglich so entstanden, bis die spontan entstandenen oder erkämpften Marktrechte von der Obrigkeit abgesegnet und anerkannt wurden.

Natürlich geht all das nicht konfliktfrei – es gibt vielerlei Ebenen von Auseinandersetzungen: Ansprüche der Händler unter- und gegeneinander, Konflikte mit der Polizei, Spannungen mit den Behörden, Kriminalität usw. Deshalb wünschen sich die Straßenhändler nichts sehnlicher, als ihre unsichere Situation zu verändern, einen sicheren Standort, Wachstumsperspektiven, Ausbaumöglichkeiten der Angebotspalette. Doch bleiben laut de Soto (1992, S. 93) langfristige Investitionen problematisch, weil die Einzelhandelsperspektive keine langfristige Perspektive besitzt und weil ein wirklicher Eigentumsanspruch verwehrt bleibt. Das bedeutet, dass auf lange Sicht eine stabile und garantierte Eigentumsordnung für die Entwicklung stabiler Märkte unerlässlich ist, nicht nur örtlich-kommunal, sondern gesamtgesellschaftlich.

3.8   Globalisierungsfolgen

In den vergangenen 30 Jahren ist die Weltwirtschaft nicht nur massiv gewachsen – so wuchs das Weltsozialprodukt zwischen 2007 und 2017 von 58,06 Mrd. auf 79,28 Mrd. US$ mit jährlichen Wachstumsraten zwischen 2010 und 2017 von 3,2 % bis 5,4 % (vgl. statista 2018). Die nationalen Wirtschaften haben sich auch immer stärker miteinander verflochten und in ihrer Zusammensetzung stark verändert. Die chinesische Wirtschaft hat mit Europa und den USA 2015 anteilmäßig praktisch gleichgezogen, wobei alle drei ungefähr 17 % des Weltsozialprodukts generierten (vgl. Müller 2011, S. 28).

Müller (2011, S. 28) hat die Meinung vertreten, dass damit eigentlich nur der frühere Zustand wiederhergestellt wurde: „Bis zu Beginn des 19. Jahrhunderts waren China und Indien über viele Jahrhunderte hinweg die technologisch fortschrittlichsten und wirtschaftlich größten Mächte der Erde. Noch bis 1820 entfiel fast die Hälfte der globalen Wirtschaftsleistung auf China und Indien".

Tab. 3.2 zeigt die Anteile Chinas, Indiens, Japans, Westeuropas und der USA am Weltsozialprodukt zwischen 1820 bis 2003 in Prozent.

Schon vor 20 Jahren hat Sarkar (2001, S. 31) auf zwei gegenläufige Trends hingewiesen: Auf der einen Seite die wirtschaftliche Globalisierung mit entsprechendem Wachstum des Welthandels und der Internationalisierung der Finanzwirtschaft und auf der anderen Seite das Zerbrechen multiethnischer Staaten wie der Sowjetunion oder des ehemaligen Jugoslawiens und ethnisch-regionale Polarisierung wie in Italien. Zu dieser zweiten Entwicklungstendenz kann man aus heutiger Sicht auch den Zerfall nahöstlicher Staaten wie Libyen, Irak und Syrien zählen, ebenso die faktische Aufteilung während des Kolonialismus entstandener Staatsgebiete unter Interessengruppen oder Warlords wie etwa in Zaire, Mali oder in der Zentralafrikanischen Republik.

Tab. 3.2 Anteile Chinas, Indiens, Japans, Westeuropas und der USA am Weltsozialprodukt und die Veränderungen zwischen 1820 und 2003. (Maddison 2007, S. 103 sowie Müller 2011, S. 29)

	1820 (%)	1952 (%)	1978 (%)	2003 (%)
China	32,9	5,2	4,9	15,1
Indien	16,0	4,0	3,3	5,5
Japan	3,0	3,4	7,6	6,6
Westeuropa	23,0	25,9	24,2	19,2
USA	5,4	27,5	21,6	20,6

Kiepas (2011, S. 24) hat darauf hingewiesen, dass Globalisierung aus einem Zusammenwirken einer Reihe von Faktoren besteht, die auf komplexe und teilweise entgegengesetzte Art zusammenwirken. Insbesondere besteht eine Tendenz zur Ökonomisierung verschiedener Gesellschaftsbereiche, was sich unter anderem in der Kommerzialisierung kultureller Erscheinungen zeigt. Umgekehrt gibt es oft auch eine „Kulturalisierung der Ökonomie" (Kiepas 2011, S. 24): „Keiner dieser Faktoren hat – und eben das ist eines der die Globalisierung kennzeichnenden Merkmale – eine selbstständige Bedeutung, und ihre Wirkung entwickelt sich erst durch Verflechtung mit anderen Faktoren" (Kiepas 2011, S. 24).

Nach Ansicht von Ulrich Beck (1997, S. 24) sieht eine „pechschwarze Sicht" den Kapitalismus in der Zeit der Globalisierung als großen Verursacher von Arbeitslosigkeit. Dabei wird Globalisierung vor allem als *Zerbrechen des historischen Bündnisses zwischen Marktwirtschaft, Sozialstaat und Demokratie* gesehen – und auch als Ende des westlichen Modells, das im Rahmen der Nationalstaaten bislang die Moderne integriert und legitimiert hat. Doch ist es tatsächlich so einfach?

Bereits 1947 hat Müller-Armack (1974d, S. 84) mit Blick auf den wirtschaftlichen Wiederaufbau Europas nach dem Zweiten Weltkrieg darauf hingewiesen, dass der Markt „ein Mittel [ist], die Produktion in Gang zu setzen und auf Touren zu bringen". Die Frage ist allerdings, ob der Markt auch in einer reifen Wirtschaft und im Zeitalter der Globalisierung das primäre Mittel sein kann, um die Wirtschaft zu ordnen. Insbesondere dann, wenn einzelne Produktionsfaktoren – wie Umwelt, Rohstoffe – knapp und andere – z. B. die Arbeitskraft in einer globalisierten Wirtschaft – im Überfluss vorhanden sind.

Generell gilt, dass die Wertschöpfungsketten der transnationalen Unternehmen lokal weniger gebunden sind als noch vor 20 oder 30 Jahren. Gleichzeitig haben sich die eigentliche Wertschöpfung und damit die Generierung von Gewinn von der eigentlichen Produktion weg hin zur Forschung, zur technischen und sozialen Innovation und zum Marketing verlagert. So sagte Phil Knight, der Gründer von Nike, einmal: „There is no value in making things any more. The value is added by careful research, by innovation und by marketing" (zitiert nach Müller 2011, S. 38). Wenn das auch erst für einen Teil der Unternehmen gelten dürfte – der Trend ist eindeutig. Durch die wachsende Multilokalität vieler großer Unternehmen erhalten diese auch viel mehr ökonomischen Spielraum. Dabei sind für Standortkosten vor allem die örtliche Lohnhöhe, die lokalen Unternehmenssteuern und die sozialen und ökologischen Standards am Ort ausschlaggebend (vgl. Müller 2011, S. 39).

Nach Meinung von Dani Rodrik (2011, S. 301) liegt der enorme Erfolg des Kapitalismus und seine Langlebigkeit vor allem in seiner großen Flexibilität. Dazu kommt, dass Kapitalismus und Globalisierung heute kaum mehr zu trennen sind, weil sie so stark miteinander verwoben sind.

Jedoch hat Höffe (2015, S. 131) zu Recht darauf hingewiesen, dass die Globalisierung nicht auf ihre ökonomische Seite verkürzt werden sollte. Aspekte von Globalisierung sind neben dem internationalen Handel und transnationalen Investitionen auch Phänomene wie der Terrorismus (vgl. dazu Jäggi 2017a, S. 27 ff.), Waffenhandel und Umweltschäden.

Carnau (2011, S. 46) liegt nicht falsch, wenn er neben den Errungenschaften auch die Defizite der Globalisierung in Erinnerung ruft:

> Denn obwohl die Globalisierung eine dynamische Entwicklung mit kurzfristigen wirtschaftlichen Auswirkungen ermöglicht, die neben einem Zusammenwachsen der Weltbevölkerung in den letzten 20 Jahren zu einem erhöhten Lebensstandard in einigen Entwicklungsländern geführt hat, bestehen nach wie vor erhebliche *Defizite* im Umweltschutz und in der Armutsbekämpfung, die im Zusammenhang mit der intra- und intergenerationalen Gerechtigkeit stehen. Die Grenzen einer weitgehend unregulierten Globalisierung der Wirtschaft werden schon daran deutlich, dass bisher nur wenige wohlhabende Akteure von der Globalisierung profitiert haben und der Wohlstandsabstand sowohl zwischen den Industrie- und Entwicklungsländern (Stichwort ‚Nord-Süd-Gefälle‘) als auch innerhalb dieser Länder weiterhin besteht.

Deshalb hat Rodrik (2011, S. 323) eine „Globalisierung mit Augenmaß" verlangt, mit klaren Regeln für den Welthandel, die globale Finanzwirtschaft und die Migration. Dabei gehe es in Bezug auf den Handel nicht mehr darum, den regulierten Handel zu liberalisieren, sondern „die erreichte Offenheit der Märkte nachhaltig zu machen und sie mit allgemeineren gesellschaftlichen Zielen in Einklang zu bringen" (Rodrik 2011, S. 325). Ebenso müsse die unzulängliche Regulierungsphilosophie der Finanzmärkte korrigiert und „eine neue globale Finanzordnung konzipiert werden, errichtet auf der Basis eines möglichst kleinen Arsenals an internationalen Richtlinien und nur in begrenztem Ausmaß international koordiniert" (Rodrik 2011, S. 339 f.). Doch – wie Rodrik (2011, S. 335 ff.) selbst sagt – sind die divergierenden nationalen Interessen enorm. Wie das ohne weltstaatliche Institutionen gehen soll, bleibt schleierhaft.

Der katholische Theologe Hans Küng (2010, S. 32) hat zu Recht darauf hingewiesen, dass auf der einen Seite der Markt als Steuerungsinstrument versagen kann und auf der anderen Seite die Globalisierung durchaus steuerbar ist. Dazu hat Küng (2010, S. 36) drei Thesen aufgestellt:

1. Die Globalisierung verlangt nach globaler Steuerung durch eine globale Politik.
2. Globale Wirtschaft, Technologie und Politik müssen durch ein globales Ethos fundiert sein.
3. Weltpolitik und Weltwirtschaft verlangen ein Weltethos.

Damit besteht ein erstes Problem im aktuellen Globalisierungsdiskurs darin, dass die heute ablaufende Globalisierung oft als einzige mögliche Form der Globalisierung gesehen wird. Diese Globalisierung verlief und verläuft einseitig, vereinnahmend und immer zugunsten der potentesten Akteure, gerade auch im Zusammenhang mit dem Einsatz neuester Netzwerktechnologien (vgl. dazu Jäggi 2016a, S. 244 ff.). Das wirkt sich auch auf die Entwicklung der internationalen Armut aus.

Thomas Pogge hat zu Recht darauf hingewiesen, dass ein entscheidender Grund für die ungleiche Entwicklung und letztlich auch für Korruption und Armut in vielen Ländern des Südens im sogenannten internationalen Kreditprivileg liegt: Dieses erlaubt es den nationalstaatlichen Eliten, die oft auf undemokratische Weise an die Macht gekommen sind, diese auf beliebige Weise auszuüben und „im Namen der gesamten Bevölkerung Kredite aufzunehmen und damit dem ganzen Land international rechtsgültige Zahlungsverpflichtungen aufzubürden. Jede Nachfolgeregierung, die sich weigert, die Schulden eines noch so korrupten, brutalen, undemokratischen, repressiven und verfassungswidrigen Vorgängers zu übernehmen, wird von den Banken und Regierungen anderer Länder hart bestraft; durch Ausschluss von den internationalen Finanzmärkten verliert sie zumindest ihr eigenes Kreditprivileg" (Pogge 2011, S. 145).

Das gilt besonders auch für angebliche Verletzungen des Schutzes ausländischer Investitionen in armen Ländern:

> Ein … Beispiel für die Problematik eines absoluten Investitionsschutzes ist Peru. So hat der Konzern Doe Run Perú, ein Tochterunternehmen des US-amerikanischen Bergbaukonzerns gleichen Namens, die peruanische Regierung auf Schadenersatz verklagt, nachdem Doe Run Perú jahrelang vertraglich festgelegte Umweltmaßnahmen hinausgezögert hatte und die Regierung in Lima Druck gemacht hatte. Dabei beriefen sich die Anwälte von Doe Run Perú auf einen Artikel im Freihandelsabkommen Perus mit den USA, der eine indirekte Enteignung ausländischer Investitionen verbietet. Dabei verlangte der Konzern 800 Millionen US-Dollar … Doch das war bei weitem nicht die einzige Klage. So reichten zwischen 2001 und 2013 Konzerne insgesamt 23 Klagen im Streitwert von 5,829 Milliarden US-Dollar beim Internationalen Zentrum zur Beilegung von Investitionsstreitigkeiten (ICSID) gegen den peruanischen Staat ein, 13 davon allein zwischen 2011 und 2013. Ähnliche Klagen wurden gegen Ecuador, Bolivien und Mexiko eingereicht, meistens von Bergbaukonzernen. Von insgesamt 169 Klagen beim ICSID bis März 2013 stammten 58 % aus Lateinamerika … Dabei ist auffällig, dass vor allem gegen schwache Staaten bzw. Regierungen geklagt wurde. Dass dabei die Nationalstaaten gezielt ausgehebelt werden sollen, scheint offensichtlich (Jäggi 2016d, S. 61 ff.).

Laut Pogge (2011, S. 145) wirkt sich das internationale Kreditprivileg in dreierlei Hinsicht gravierend auf Korruption und Armut aus: 1) Es bringt die finanziellen Reserven und Ressourcen eines Landes unter die Kontrolle selbst brutalster Herrscher und ermöglicht es diesen, dank dieser Sicherheit – also weil sozusagen das ganze Land und seine Rohstoffe als Pfandsicherung eingesetzt werden – höhere und günstigere Kredite aufzunehmen, als dies eigentlich angemessen wäre. 2) Dieser Mechanismus erhöht die Gefahr und den Anreiz für Militärputsche und Bürgerkriege durch einzelne Gruppen, weil das Kreditprivileg sich finanziell für sie zusätzlich lohnt. 3) Schließlich bürdet das internationale Kreditprivileg der Landesbevölkerung oft riesige Schulden früherer Unterdrücker auf und zwingt sie, diese früher oder später zu begleichen. Damit wird oft die Grundlage für spätere soziale Unruhen oder gar Revolutionen gelegt. Und wie die Geschichte vieler lateinamerikanischer, asiatischer und afrikanischer Staaten zeigt, werden spätere und verantwortungsvollere Regierungen bei Zahlungsverweigerung oft durch militärische Interventionen von außen entweder zur Zahlung gezwungen oder gar abgesetzt.

Altvater und Mahnkopf (2007, S. 29) haben zu Recht darauf hingewiesen, dass es gegen Tendenzen der Globalisierung immer wieder und bis heute Widerstände und Gegenbewegungen gegeben hat: „Gegenbewegungen gegen die Auflösung jener Grenzen, die bislang die Arbeitskraft schützten und zugleich Gegenbewegungen, die im Verlauf der ‚great transformation' für neue Institutionen der sozialen Sicherheit gekämpft haben". Was beim aufkommenden internationalen Kapitalismus im 19. und 20. Jahrhundert als Widerstand gegen die Verarmung und auch gegen die Industrialisierung begann, führte später zu den sozialistischen und kommunistischen Bewegungen. Mit dem Zusammenbruch des Staatssozialismus in Osteuropa und in der Sowjetunion verschwand die Arbeiterbewegung weitgehend von der politischen Bildfläche und auch die Sozialdemokratien näherten sich immer stärker den dominierenden marktliberalen Strömungen an. Ein Beispiel dafür war in Deutschland die unter der Regierung Gerhard Schröder durchgeführte Hartz-IV-Reform im Jahr 2002 (vgl. Hartz IV 2018). Vorläufige Höhepunkte erlebte der Neoliberalismus unter Margaret Thatcher in Großbritannien und unter Ronald Reagan in den USA. Nach einem Zwischenspiel linker globalisierungskritischer Protestbewegungen in den 1990er-Jahren besetzten im 20. und im 21. Jahrhundert vielerorts rechtspopulistische Bewegungen den Raum gegen die Globalisierungswirkungen, welche vor allem unter den Vorzeichen „Migration", „Flüchtlinge" und „islamischer Terrorismus" rezipiert und thematisiert wurden und werden. Allgemein gerieten der Freihandel und transnationale Institutionen unter Druck alt-neuer Nationalismen, etwa in den USA unter der Administration Trump, in der Europäischen Union unter dem Eindruck des Brexits und unter neonationalistischen Regierungen in Polen und Ungarn, aber auch durch neue Parteien wie die AfD in Deutschland oder durch alte Parteien wie der Front National in Frankreich oder die Lega Nord in Italien. Trotz all dieser kontroversen Bewegungen im Bereich der Politik für und gegen die Globalisierung ist laut Altvater und Mahnkopf (2007, S. 29) der „enorme Output an Globalisierungsliteratur" durch „Langweiligkeit" gekennzeichnet, oder vielleicht müsste man eher sagen: Durch Fantasielosigkeit auf der gesellschaftskritischen, linken und grünen Seite.

Altvater und Mahnkopf (2007, S. 31 ff.) haben – in Anlehnung an Held et al. (1999) – vorgeschlagen, die Globalisierung als „Prozess der Transformation einer Gesellschaftsformation" zu verstehen, in deren Folge die Souveränität der Nationalstaaten infolge Deregulierung und territorialer Entgrenzung abnimmt. Zweifellos ist es sinnvoll, ökonomische, politische und kulturelle Globalisierung als weltweite Transformationsprozesse zu verstehen. Doch die Frage ist dabei, ob 1) diese Transformationsprozesse tatsächlich ein neues Phänomen darstellen, 2) ob diese Transformationsprozesse umkehrbar sind und 3) ob diese Transformationsprozesse zu einer neuen globalen Wirtschaftsordnung führen werden. Es ist nämlich durchaus möglich, dass die Globalisierungsprozesse der letzten 50 Jahre langfristig gesehen eher eine Episode als eine grundlegende Veränderung der menschlichen Geschichte darstellen. Möglicherweise sind andere Transformationsaspekte viel einschneidender als die Globalisierung, so etwa der Aufbau industrieller Wirtschaftsordnungen auf der Grundlage fossiler Brennstoffe oder ausschließlich quantitativ verstandene wirtschaftliche Wachstumskonzepte unter Externalisierung möglichst vieler Kosten.

Tatsächlich ist die alte Definition von Giddens (1990, S. 64) immer noch unübertroffen. Er verstand unter Globalisierung die Zunahme von Interaktionen über wachsende Entfernungen hinweg, im Sinne einer „intensification of worldwide social relations which link distant localities in such a way that local happenings are shaped by events occuring many miles away and vice versa". Überzeugend an dieser Definition ist die Vermeidung einer rein ökonomischen oder einer ausschließlich politischen Sicht von Globalisierung.

Dabei stellt sich die Frage, ob die marxistische Imperialismusanalyse im Falle der Globalisierung weiterhilft. So schrieben Altvater und Mahnkopf (2007, S. 67) selbst: „Das imperialistische Verhältnis von Ökonomie und Politik hat sich im Verlauf dieses Jahrhunderts fast ins Gegenteil verkehrt. Besonders die Entwicklung des globalen Finanzsystems seit Mitte der 70er Jahre hat zusammen mit der Deregulierung nationalstaatliche Grenzen weniger wichtig werden lassen. Die nun entstandene Geoökonomie ist weniger Austragung politischer Gegensätze zwischen Nationalstaaten als Arena der Konkurrenz großer international operierender Unternehmen." Doch wenn das so ist, dann führt sich der Imperialismusansatz – verstanden als Gleichzeitigkeit eines höchstentwickelten Kapitalismus und Kulmination nationalstaatlicher Interessenkonflikte und Konkurrenz – selbst ad absurdum: Heute sind die Bilanzsummen vieler transnationaler Konzerne, die mehr und mehr auch eine transnationale Besitzer- und Managementstruktur aufweisen, größer als die Wirtschaftskraft mittelgroßer Staaten.

Abb. 3.4 zeigt die Rangordnung transnationaler Unternehmen (nach Umsatz) und einiger mittlerer und kleinerer Nationalstaaten (Bruttoinlandprodukt) im Jahr 2009.

Heute steht längst nicht mehr der nationale oder gar militärisch ausgetragene Wettbewerb im Zentrum. Dieser zeigt sich höchstens noch in Form unterschiedlicher Absatz- und Arbeitsmärkte – die übrigens immer internationaler werden – und in lokalen Standortvor- und -nachteilen, wie Infrastruktur, Steueransätzen und Produktionsfaktoren.

Auch ist es nicht so – wie Altvater und Mahnkopf (2007, S. 80) meinen –, dass sich durch die Globalisierung traditionale lokale Gesellschaften auflösen oder gar verschwinden: Vielmehr verändern sich die lokalen Gesellschaften in Richtung mehr Virtualität und verschaffen sich damit Zugriff auf weltweite Informationsressourcen, größere Mobilität und andernorts produzierte Güter und Dienstleistungen, aber es entstehen damit auch neue Abhängigkeiten und die lokalen Gesellschaften importieren dabei möglicherweise auch Gewalt und Terrorismus.

Trotzdem ist der Imperialismusansatz nicht einfach durch die historische Entwicklung überholt. Wie O'Connor (1980, S. 125) bereits vor fast 40 Jahren bemerkte, ist der Imperialismusbegriff stark weltanschaulich und damit politisch geprägt:

> Schumpeter und andere bürgerliche Autoren trennen Kapitalismus und Imperialismus unkritisch aus drei Gründen: erstens weil ihre Kriterien zur Unterscheidung oder Gleichsetzung imperialistischer und kolonialer Beziehungen gewöhnlich politische sind und nicht ökonomische …; zweitens weil sie den Kapitalismus als solchen nicht als Ausbeutungssystem betrachten; drittens. weil der Imperialismus historisch bestimmte, mit Expansionismus identische Merkmale aufgewiesen hat, die nicht ausschließlich mit dem jeweiligen wirtschaftlichen und gesellschaftlichen System in Verbindung gebracht wurden.

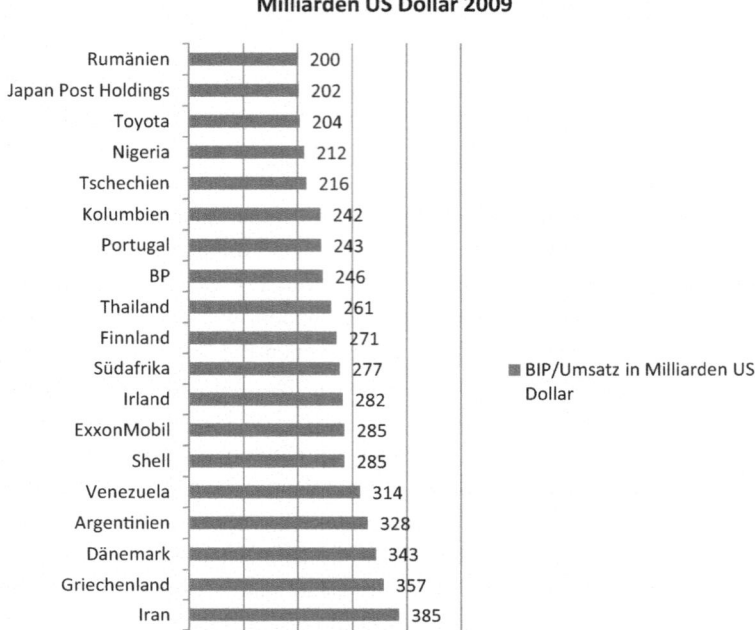

BIP (Staaten)/Umsatz (transnationale Unternehmen) in Milliarden US Dollar 2009

Abb. 3.4 Vergleich BIP einiger Länder und Umsatz einiger Konzerne. (Quelle: Koch 2014, S. 50; eigene Darstellung)

Umgekehrt hat etwa Johan Galtung (1980, S. 29 ff.) im Rahmen seiner „strukturellen Theorie des Imperialismus" stark von der Dependencia-Theorie her argumentiert und den Imperialismus als vertikalen Interessenkonflikt verstanden (vgl. Galtung 1980, S. 31), der von „asymmetrischer Interaktion" (vgl. Galtung 1980, S. 42) geprägt ist. Und Lenin (1970) hat den Imperialismus gar als „höchstes Stadium des Kapitalismus" verstanden. Und spätere Marxisten haben in den 1970er- und 1980er-Jahren den Imperialismus als „Erscheinungsform des Monopolkapitalismus" (O'Connor 1980, S. 132) interpretiert. Seit den 1960er-Jahren wurde der Imperialismus vor allem im Zusammenhang mit kolonialistischen Herrschaftsstrukturen verstanden, die in den kolonisierten Ländern zu einer relativen Verarmung und weltweit zu einer neuen internationalen Arbeitsteilung geführt haben (vgl. Müller und Wallacher 2005, S. 98). Zentrales Paradigma war die Theorie des ungleichen Tauschs, wonach die Ungleichheit zwischen Nord und Süd darauf zurückzuführen sei, dass die zwischen Norden und Süden getauschten Güter nicht gleichwertig seien, was sich in der Verschlechterung der Terms of Trade zeige. So drifteten zwischen 1950 und 1970 die Preise für Produkte der Industrieländer und die Preise für Rohstoffe, die vorwiegend in Entwicklungsländern gefördert wurden, massiv auseinander (vgl. Strahm 1972, S. 70). Dabei erhielt zum Beispiel ein Kaffee-bauer in Brasilien 1954 noch einen Jeep für 14 Sack Kaffee, 1962 musste er für den gleichen Jeep bereits den Wert von 39 Sack Kaffee hinblättern (vgl. Strahm 1972, S. 72).

Spätere Marxisten – so etwa Poulantzas (2001, S. 25) – haben von einer Periodisierung und von sich ablösenden Phasen des Imperialismus gesprochen, der sich analog zu den Produktionsverhältnissen weiterentwickelt habe. Andere haben den Imperialismusbegriff völlig fallen gelassen.

Vor diesem Hintergrund des ideologischen Schlagabtauschs ist es zu begrüßen, dass die Globalisierungsdiskussion in den letzten 25 Jahren vor allem die empirischen Aspekte der Globalisierung ins Zentrum der Diskussion gerückt hat, ohne dass dabei die politische oder weltanschauliche Brisanz verloren gegangen ist.

Laut Claus Leggewie (2003, S. 16) zeichnet sich die jüngste Phase der Globalisierung durch drei Charakteristika aus:

1. eine zunehmende **De-Territorialisierung** von Institutionen, Unternehmen und Gemeinschaften („Entgrenzung"):
2. Globalisierung im Sinne einer **Aneignung lokaler globalisierter wirtschaftlicher und kultureller Phänomene** („Glokalisierung"), die von der Imitation über kreative Umformung bis zu Abschottungstendenzen und radikale Ablehnung reichen können, sowie
3. wachsende **Hybridisierung von Kulturen** durch zunehmende gegenseitige Inter-aktion und Beeinflussung in den verschiedensten Varianten und Auflösung von „Wir-und-sie-Identitäten" („Hybridisierung").

Globalisierungsprozesse sind immer mit Formen des Kulturtransfers, des Kulturaus-tauschs und der Kulturverschmelzung verbunden. Entscheidend ist dabei allerdings, ob Nutzen und Kosten dieser Prozesse einigermaßen gleichmäßig verteilt sind, also ob die einen vor allem davon profitieren, während die anderen vor allem den Nachteilen dieser Entwicklung unterworfen sind.

Jan Nederveen Pieterse (1998, S. 96) hat betont, dass die Hybridisierungstendenzen im Zusammenhang mit der Globalisierung nicht nur kultureller Art sind, sondern auch in der Ökonomie festzustellen sind. Wirtschaftlich interagierende Bereiche führten zu Melangeeffekten, wie etwa zu „Semi-Proletariern", zu kombinierten Arbeitern-Bauern, zu Personen, die gleichzeitig Angestellte und Selbstständige sind usw. Daraus entstehe eine „asymmetrische Integration", die sich als „wechselseitige Durchdringung verschiedener Logiken" (Nederveen Pieterse 1998, S. 97) äußere, an verschiedenen Orten und Räumen – wie etwa in der transnationalen Bilokalität von Migrierenden (vgl. dazu Jäggi 2016c, S. 65 ff.). Es kann auch eine Hybridbildung in Form von „gemischten Zeiten" entstehen, wie etwa dem Nebeneinander von Prämoderne, Moderne und Postmoderne.

Damit dürfte klar sein, dass a) Globalisierung multidimensional ist, also aus Trans-formationsprozessen ökonomischer, politischer und soziokultureller Art besteht, und

b) sowohl aus Prozessen der Vereinheitlichung und Verschmelzung (Hybridisierungs-
und Integrationsprozesse) als auch der Abschottung und Trennung (Desintegrations-
tendenzen) besteht. Entsprechend müsste eine globale Wirtschaftsordnung als eine Art
Steuerungsmechanismus solcher Tendenzen fungieren, ohne zu stark in die eine oder
andere Richtung zu zielen. Dabei ist auch zu bedenken, dass Globalisierungsprozesse
bis heute ungleichzeitig und ungleichmäßig verlaufen – Altvater und Mahnkopf (2007,
S. 124 ff.) sprechen in diesem Zusammenhang von einer „Fragmentierung" der Welt.

Literatur

Altvater, Elmar/Mahnkopf, Birgit (2007): Grenzen der Globalisierung. Ökonomie, Ökologie und
    Politik in der Weltgesellschaft. 7. Auflage. Münster: Westfälisches Dampfboot.
Bauer, Tobias/Stutz, Heidi/Schmugge, Susanne (2006): Erben in der Schweiz. Eine sozioöko-
    nomische Analyse unter besonderer Berücksichtigung der Generationenbeziehungen. NFP
    52-Tagung „Welcher Kitt hält die Generationen zusammen?" Bern. Büro für arbeits- und
    sozialpolitische Studien BASS. 19. Januar 2006.
Beck, Ulrich (1997): Was ist Globalisierung? Irrtümer des Globalismus – Antworten auf Globali-
    sierung. Frankfurt/Main: Suhrkamp.
Beck, Ulrich (2003): Das Meta-Machtspiel der Weltpolitik. Kritik des methodologischen
    Nationalismus. In: Nassehi, Armin/Schroer, Markus (Hrsg.): Der Begriff des Politischen.
    Baden-Baden: Nomos. 45 ff.
Beckmann, Markus (2014): Keynes und der Liberalismus – Aktualisierung individueller Freiheit
    durch kollektive Betätigung. In: Pies, Ingo/Leschke, Martin (Hrsg.): John Maynard Keynes'
    Gesellschaftstheorie. Tübingen: Mohr Siebeck. 93 ff.
Bertelsmann Stiftung/Heinz Nixdorf Stiftung/Ludwig-Erhard-Stiftung (Hrsg.) (1996): Ordnung,
    Anreize und Moral: Ethik und wirtschaftliches Handeln in der modernen Gesellschaft. Güters-
    loh.
Blankart, Charles, B. (2010): Das Dilemma zwischen Sozialer Marktwirtschaft und Demokratie.
    Erfahrungen und Konsequenzen aus 60 Jahren Sozialer Marktwirtschaft. In: Wirz, Stephan/
    Hildmann, Philipp W. (Hrsg.): Soziale Marktwirtschaft: Zukunfts- oder Auslaufmodell? Ein öko-
    nomischer, soziologischer, politischer und ethischer Diskurs. Zürich: Theologischer Verlag. 63 ff.
Buchholz, Wolfgang/Pfeiffer, Johannes/Frank, Jonas (2014): Ökonomie und Moral der Energiewende –
    Ein Gegensatz? In: Ostheimer, Jochen/Vogt, Markus (Hrsg.): Die Moral der Energiewende. Risiko-
    wahrnehmung im Wandel am Beispiel der Atomenergie. Stuttgart: Kohlhammer. 134 ff.
Buchter, Heike (2016): Alles für die Aktionäre. In: Die Zeit vom 23.3.2016. 24.
Butterwegge, Christoph/Lösch, Bettina/Ptak, Ralf (2007): Einleitung. In: Butterwegge, Christoph/
    Lösch, Bettina/Ptak, Ralf: Kritik des Neoliberalismus. Unter Mitarbeit von Tim Engartner.
    Wiesbaden: VS Verlag für Sozialwissenschaften. 11 f.
Carabelli, Anna (2012): A New Methodological Approach to Economic Theory: What I Have
    Learnt from 30 Years of Research on Keynes. In: Jespersen, Jesper/Madsen, Mogens Ove
    (Hrsg.): Keyne's General Theory for Today. Contemporary Perspectives. Cheltenham/UK:
    Edward Elgar. 79 ff.
Carnau, Peter (2011): Nachhaltigkeitsethik. Normativer Gestaltungsansatz für eine global
    zukunftsfähige Entwicklung in Theorie und Praxis. München/Mering: Rainer Hampp Verlag.
Cortekar, Jörg/Jasper, Jörg/Sundmacher, Torsten (2006): Die Umwelt in der Geschichte des öko-
    nomischen Denkens. Marburg: Metropolis.

Crouch, Colin (2017): Postdemokratie. 3. Auflage. Frankfurt/Main: Suhrkamp.

Dahrendorf, Ralf (1992): Der moderne soziale Konflikt. Essay zur Politik der Freiheit. Stuttgart: Deutsche Verlags-Anstalt.

Derpmann, Simon (2014): Mill. Einführung und Texte. Paderborn: Wilhelm Fink/UTB.

Dietze, von, Constantin/Eucken, Walter/Lampe, Adolf (2008): Wirtschafts- und Sozialordnung. 1943. In: Goldschmidt, Nils Wohlgemuth, Michael (Hrsg.): Grundtexte zur Freiburger Tradition der Ordnungsökonomik. Tübingen: Mohr-Siebeck. 99 ff.

Duchrow, Ulrich (2013): Gieriges Geld. Auswege aus der Kapitalismusfalle. Befreiungstheologische Perspektiven. München: Kösel.

Dunning, John H. (2000): Whither Global Capitalism? In: Global Focus. Vol. 12 (2000) No. 1.

Erhard, Ludwig (1972): Soziale Marktwirtschaft als Antwort auf die Herausforderungen unserer Zeit. In: Erhard, Ludwig/Müller-Armack, Alfred (Hrsg.): Soziale Marktwirtschaft Ordnung der Zukunft. Manifest 72. Frankfurt/Main: Ullstein. 9 ff.

Ekardt, Felix (2016): Theorie der Nachhaltigkeit. Ethische, rechtliche, politische und transformative Zugänge – am Beispiel von Klimawandel, Ressourcenknappheit und Welthandel. 2., vollständig überarbeitete und aktualisierte Auflage. Baden-Baden: Nomos.

Engels, Friedrich (1971): Briefe über materialistische Geschichtsinterpretation. In: Marx, Karl/Engels, Friedrich. Studienausgabe in 4 Bänden. Herausgegeben von Iring Fetscher. Band 1: Philosophie. Frankfurt/Main: Fischer Taschenbuch. 223 ff.

Eucken, Walter (1990): Grundsätze der Wirtschaftspolitik. 6. Auflage. Hrsg. von Eucken, E./Hensel, K. P. Tübingen: Mohr Siebeck. Uni-Taschenbücher 1572. (1. Auflage 1952).

Eucken, Walter (2004): Grundsätze der Wirtschaftspolitik. 7. Auflage. Hrsg. von Eucken, E./Hensel, K. P. Bern/Tübingen: A. Francke/Mohr Siebeck.

Falk, Johanna (2012): Freiheit als politisches Ziel. Grundmodelle liberalen Denkens bei Kant, Hayek und Böckenförde. Frankfurt/New York: Campus.

Frank, André Gunder (1980): Abhängige Akkumulation und Unterentwicklung. Frankfurt/Main: Edition Suhrkamp.

Friedman, Milton (1962): Capitalism and Freedom. Chicago/London: University of Chicaco Press.

Friedman, Milton (1970): The Social Responsibility of Business is to Increase its Profits. In: The New York Times Magazine vom 13.9.1970. 32 f.

Friedman, Milton (2002): Kapitalismus und Freiheit. Frankfurt/Main: Eichborn.

Friedman, Milton/Friedman, Rose (1980): Free to Choose. Personal Statement. London: Secker & Warburg.

Galtung, Johan (1980): Eine strukturelle Theorie des Imperialismus. In: Senghaas, Dieter (Hrsg.): Imperialismus und strukturelle Gewalt. Analysen über abhängige Reproduktion. Frankfurt/Main: Edition Suhrkamp. 29 ff.

Giddens, A. (1990): The Consequences of Modernity. Cambridge: Polity Press.

Goldschmidt, Nils (2010): Ideengeschichtliche Trouvaillen: Protestantische Wurzeln und katholische Zweige der Sozialen Marktwirtschaft. In: Wirz, Stephan/Hidmann, Philipp W. (Hrsg.): Soziale Marktwirtschaft: Zukunfts- oder Auslaufmodell? Ein ökonomischer, soziologischer, politischer und ethischer Diskurs. Zürich: Theologischer Verlag. 15 ff.

Graf von Bernstorff, Tobias (2016): Werte und Geld – was macht Geld wertvoll? In: Valeva, Milena/Ashfaq, Muhammad Hegemann, Klaus (Hrsg.): In welcher Gesellschaft wollen wir leben? Befunde zu Wirtschaftsethik in der globalisierten Gesellschaft. München: Rainer Hampp Verlag. 75 ff.

Graf von der Schulenburg, J.-Matthias (1992): Das „Soziale" an der Sozialen Marktwirtschaft – eine Operationalisierung des Begriffs „Sozial" aus ökonomischer Sicht. In: Koslowski, Peter (Hrsg.): Neue Entwicklungen in der Wirtschaftsethik und Wirtschaftsphilosophie. Berlin/Heidelberg/New York: Springer. 119 ff.

Gratwohl, Natalie (2015): Arbeiten im Verborgenen. In: Neue Zürcher Zeitung. 10.6.2015. 30.

Hagemann, Harald/Krämer, Hagen (2011): Einleitung der Herausgeber. In: Hagemann, Harald Krämer, Hagen (Hrsg.): Ökonomie und Gesellschaft. Jahrbuch 23: Keynes 2.0 – Perspektiven einer modernen keynesianischen Wirtschaftstheorie und Wirtschaftspolitik. Marburg: Metropolis. 7 ff.

Hahn, Susanne/Kliemt, Hartmut (2017): Wirtschaft ohne Ethik? Eine ökonomisch-philosophische Analyse. Stuttgart: Reclam.

Hartmann, Evi (2016): Wie viele Sklaven halten Sie? Über Globalisierung und Moral. Frankfurt/ Main: Campus.

Hartz IV (2018): Entstehungsgeschichte und Auswirkungen bis heute. https://gerecht2010.wordpress. com/2011/08/18/hartz-iv-entstehungsgeschichte-und-auswirkungen-bis-heute/ (Zugriff 9.5.2018).

Held, David/McGrew, Anthony/Glodblatt, David/Perraton, Jonathan (1999): Global Transformations. Politics, Economics and Culture. Cambridge: Polity Press.

Hirsch, Joachim (2001): Die Internationalisierung des Staates. Anmerkungen zu einigen aktuellen Fragen der Staatstheorie. In: Hirsch, Joachim/Jessop, Bob/Poulantzas, Nicos: Die Zukunft des Staates. Hamburg: VSA-Verlag. 101 ff.

Hirsch, Joachim (2005): Materialistische Staatstheorie. Transformationsprozesse des kapitalistischen Staatensystems. Hamburg: VSA-Verlag.

Hirsch, Joachim/Jessop, Bob/Poulantzas, Nicos (2001): Vorwort. In: Hirsch, Joachim/Jessop, Bob/ Poulantzas, Nicos: Die Zukunft des Staates. Hamburg: VSA-Verlag. 7 ff.

Höffe, Otfried (2009): Ist Demokratie zukunftsfähig? Über moderne Politik. München: C.H. Beck.

Höffe, Otfried (2015): Kritik der Freiheit. Das Grundproblem der Moderne. München: C.H. Beck.

Homann, Karl (2003): Anreize und Moral. Münster: Lit.

Homann, Karl/Blome-Drees, Franz (1992): Wirtschafts- und Unternehmensethik. Göttingen: Vandenhoeck & Ruprecht.

Jäggi, Christian J. (1995): Wege, Irrwege und Sackgassen der Existenzsicherung. Zur Praxis in der Schweiz, in Deutschland und in anderen Industrieländern. Meggen/Schweiz: Institut für Kommunikationsforschung – inter-edition. Bezugsadresse: www.verein-inter-active.ch.

Jäggi, Christian J. (2009): Sozio-kultureller Code, Rituale und Management. Neue Perspektiven in interkulturellen Feldern. Wiesbaden: VS Verlag für Sozialwissenschaften.

Jäggi, Christian J. (2016a): Auf dem Weg zu einer inter-kontextuellen Ethik. Übergreifende Elemente aus religiösen und säkularen Ethiken. Münster: Lit Verlag.

Jäggi, Christian J. (2016b): Doppelte Normativitäten zwischen staatlichen und religiösen Geltungsansprüchen. Am Beispiel der katholischen Kirche, der muslimischen Gemeinschaften und der Bahá'í-Gemeinde in der Schweiz. Dissertation. Reihe Interreligiöse Begegnungen – Studien und Projekte. Band 12. Münster: Lit Verlag.

Jäggi, Christian J. (2016c): Migration und Flucht. Wirtschaftliche Aspekte – regionale Hot Spots – Dynamiken – Lösungsansätze. Wiesbaden: Springer Gabler.

Jäggi, Christian J. (2016d): Volkswirtschaftliche Baustellen. Analyse- Szenarien – Lösungen. Wiesbaden: Springer Gabler.

Jäggi, Christian J. (2017a): Hidden Agendas: Geopolitik, Terrorismus und Populismus. Zusammenhänge Erklärungsmodelle Lösungsansätze. Nordhausen: Verlag Traugott Bautz.

Jäggi, Christian J. (2017b): Ökologische Baustellen aus Sicht der Ökonomie. Verlierer – Gewinner – Alternativen. Wiesbaden: Springer Gabler.

Jäggi, Christian J. (2018): Ernährung, Nahrungsmittelmärkte und Landwirtschaft. Ökonomische Fragestellungen vor dem Hintergrund der Globalisierung. Wiesbaden: Springer Gabler.

Jütten, Elisabeth (2007): Diskurse über Gerechtigkeit im Werk Jakob Wassermanns. Tübingen: Max Niemeyer Verlag.

Kernkultur (2017): Kernkultur: Interkulturelle Integration – Transkulturelle Kommunikation. http://www.kernkultur.ch/styled-2/index.html (Zugriff 19.1.2018).

Keynes, John Maynard (1924): Ein Traktat über Währungsreform. München/Leipzig: Duncker & Humblot.

Keynes, John Maynard (1933): National Self-Sufficiency. In: The Yale Review. Band 22. 755ff. abgedrckt in: Moggridge, D. (Hrsg.): Collected Writings of John Maynard Keynes. 1971. Band 9. London/Basingstoke. 207 ff.

Keynes, John Maynard (2006): Allgemeine Theorie der Beschäftigung, des Zinses und des Geldes. 10. Auflage. Berlin: Duncker & Humblot.

Kiepas, Andrzej (2011): Nachhaltige Entwicklung in der Perspektive der Informationsgesellschaft. In: Banse, Gerhard/Janikowski, Ryszard/Kiepas, Andrzej (Hrsg.): Nachhaltige Entwicklung – transnational. Berlin: Edition Sigma. 21 ff.

Klawatsch-Treitl, Eva (2011): Entwicklungspolitische NGOs zwischen Markt und Staat. Wien: Mandelbaum.

Koch, Eckart (2014): Globalisierung: Wirtschaft und Politik. Chancen – Risiken – Antworten. Wiesbaden: Springer Gabler.

Köhn, Julia/Priddat, Birger P. (2014): Keynes war ein Liberaler! In: Pies, Ingo/Leschke, Martin (Hrsg.): John Maynard Keynes' Gesellschaftstheorie. Tübingen: Mohr Siebeck. 69 ff.

Kolb, Gerhard (2015): Ökonomische Ideengeschichte. Volks- und betriebswirtschaftliche Entwicklungslinien von der Antike bis zum Neoliberalismus. 2. Auflage. Berlin/Oldenbourg: De Gruyter.

Koller, Franziska (2013): Ungleichverteilung lebensnotwendiger Ressourcen – Schicksal oder Ungerechtigkeit? In: Heimbach-Steins, Marianne (Hrsg.): Ressourcen Lebensqualität Sinn. Gerechtigkeit für die Zukunft denken. Paderborn: Ferdinand Schöningh. 83 ff.

Krämer, Hagen (2011): Keynes, Globalisierung und Strukturwandel. In: Hagemann, Harald/Krämer, Hagen (Hrsg.): Ökonomie und Gesellschaft. Jahrbuch 23: Keynes 2.0 – Perspektiven einer modernen keynesianischen Wirtschaftstheorie und Wirtschaftspolitik. Marburg: Metropolis.183 ff.

Kromphardt, Jürgen (2013): Die größten Ökonomen: John Maynard Keynes. Konstanz: UVK Verlagsgesellschaft.

Küng, Hans (2010): Anständig wirtschaften. Warum Ökonomie Moral braucht. München/Zürich: Piper.

Lachmann, Werner (2016): Wirtschaft und Ethik. Maßstäbe wirtschaftlichen Handelns aus biblischer und ökonomischer Sicht. 3. Auflage. Münster: Lit Verlag.

Lainé, Michael (2012): Keynes on Method: Is Economics a Moral Science? In: Jespersen, Jesper/Madsen, Mogens Ove (Hrsg.): Keynes General Theory for Today. Contemporary Perspectives. Cheltenham/UK: Edward Elgar. 60 ff.

Landmann, Oliver (2011): Makroökonomische Kontroversen in Deutschland und die Krise von 2009. In: Hagemann, Harald/Krämer, Hagen (Hrsg.): Ökonomie und Gesellschaft. Jahrbuch 23: Keynes 2.0 – Perspektiven einer modernen keynesianischen Wirtschaftstheorie und Wirtschaftspolitik. Marburg: Metropolis. 85 ff.

Leech, Garry (2012): Capitalism: A Structural Genocide. London: Zed Books.

Leggewie, Claus (2003): Die Globalisierung und ihre Gegner. München: C.H. Beck.

Lenin, W. I. (1970): Der Imperialismus als höchstes Stadium des Kapitalismus. Gemeinverständlicher Abriss. Berlin: Dietz Verlag.

Lorch, Alexander (2014): Freiheit für alle. Grundlagen einer neuen Sozialen Marktwirtschaft. Frankfurt/Main: Campus.

Lösch, Bettina (2007): Die neoliberale Hegemonie als Gefahr für die Demokratie. In: Butterwegge, Christoph/Lösch, Bettina/Ptak, Ralf: Kritik des Neoliberalismus. Wiesbaden: VS Verlag für Sozialwissenschaften. 221 ff.

Maddison, Angus (2007): Chinese Economic Performance in the Long Run. 2nd edition. Paris: OECD. Development Centre Studies. http://piketty.pse.ens.fr/files/Maddison07.pdf (Zugriff 9.5.2018).

Mäder, Ueli/Jey Aratnan, Ganga/Schilliger, Sarah (2010): Wie Reiche denken und lenken. Reichtum in der Schweiz: Geschichte, Fakten, Gespräche. Zürich: Rotpunktverlag.

Mankiw, N. Gregory/Taylor, Mark P. (2016): Grundzüge der Volkswirtschaftslehre. 6. Auflage. Stuttgart: Schäffer-Poeschel.

Marshall, Alfred (1994): Principles of Economics. An Introductory Volume. 8th Edition (Erstpublikation 1890). Basingstoke: MacMillan.

Marx, Karl (1972): Das Kapital. Kritik der politischen Ökonomie. Erster Band. Berlin: Dietz Verlag.

Marx, Karl/Engels, Friedrich (1971): Feuerbach, Gegensatz von materialistischer und idealistischer Anschauung (Einleitung). In: Marx, Karl/Engels, Friedrich. Studienausgabe in 4 Bänden. Herausgegeben von Iring Fetscher. Band 1: Philosophie. Frankfurt/Main: Fischer Taschenbuch. 82 ff.

Mir, Khalid (2015): Civil Economy. Re-Imagining an Ethical Economy and the Implications for Citizenship. In: Bashir, Hassan/Gray, Phillip W. (Hrsg.): Deconstructing Global Citizenship. Political, Cultural, and Ethnic Perspectives. Lanham/Boulder/New York/London: Lexington Books. 57 ff.

Müller-Armack, Alfred (1952): Stil und Ordnung der Sozialen Marktwirtschaft. In: Goldschmidt, Nils/Wohlgemuth, Michael (Hrsg.): Grundtexte zur Freiburger Tradition der Ordnungsökonomik. Tübingen: Mohr Siebeck.

Müller-Armack, Alfred (1974a): Die künftige Verfassung der Sozialen Marktwirtschaft. In: Müller-Armack, Alfred: Genealogie der sozialen Marktwirtschaft. Frühschriften und weiterführende Konzepte. Bern/Stuttgart: Paul Haupt. 163 ff.

Müller-Armack, Alfred (1974b): Die Soziale Marktwirtschaft als Friedensordnung. In: Müller-Armack, Alfred: Genealogie der sozialen Marktwirtschaft. Frühschriften und weiterführende Konzepte. Bern/Stuttgart: Paul Haupt. 239 ff.

Müller-Armack, Alfred (1974c): Die soziale Marktwirtschaft nach einem Jahrzehnt ihrer Erprobung. In: Müller-Armack, Alfred: Genealogie der sozialen Marktwirtschaft. Frühschriften und weiterführende Konzepte. Bern/Stuttgart: Paul Haupt. 119 ff.

Müller-Armack, Alfred (1974d): Wirtschaftsordnung, sozial gesehen. Müller-Armack, Alfred: Genealogie der sozialen Marktwirtschaft. Frühschriften und weiterführende Konzepte. Bern/Stuttgart: Paul Haupt. 73 ff.

Müller-Armack, Alfred (1976): Wirtschaftslenkung und Wirtschaftspolitik. In: Müller-Armack, Alfred: Wirtschaftsordnung und Wirtschaftspolitik. Studien und Konzepte zur Sozialen Marktwirtschaft und zur Europäischen Integration. Bern/Stuttgart: Paul Haupt. 19 ff.

Müller-Armack, Alfred (1981a): Die humane Gestalt der Sozialen Marktwirtschaft. In: Müller-Armack, Alfred: Genealogie der Sozialen Marktwirtschaft. Frühschriften und weiterführende Konzepte. Zweite Auflage. Bern/Stuttgart: Paul Haupt. 167 ff.

Müller-Armack, Alfred (1981b): Die Soziale Marktwirtschaft als Friedensordnung. In: Müller-Armack, Alfred: Genealogie der Sozialen Marktwirtschaft. Frühschriften und weiterführende Konzepte. Zweite Auflage. Bern/Stuttgart: Paul Haupt. 161 ff.

Müller-Armack, Alfred (1981c): Die Soziale Marktwirtschaft und ihre Widersacher. In: Müller-Armack, Alfred: Genealogie der Sozialen Marktwirtschaft. Frühschriften und weiterführende Konzepte. Zweite Auflage. Bern/Stuttgart: Paul Haupt. 147 ff.

Müller-Armack, Alfred (1981d): Vorschläge zur Verwirklichung der Sozialen Marktwirtschaft. In: Müller-Armack, Alfred: Genealogie der Sozialen Marktwirtschaft. Frühschriften und weiterführende Konzepte. Zweite Auflage. Bern/Stuttgart: Paul Haupt. 90 ff.

Müller-Armack, Alfred (1981e): Zur Einführung: Zeitgeschichtliche Notizen. In: Müller-Armack, Alfred: Genealogie der Sozialen Marktwirtschaft. Frühschriften und weiterführende Konzepte. Zweite Auflage. Bern/Stuttgart: Paul Haupt. 11 ff.

Müller, Johannes (2011): Ökonomische Zeitenwende. Globaler Systemwettkampf im 21. Jahrhundert. Was kommt nach dem Ende des Neoliberalismus? Marburg: Metropolis.

Müller, Johannes/Wallacher, Johannes (2005): Entwicklungsgerechte Weltwirtschaft. Perspektiven für eine sozial- und umweltverträgliche Globalisierung. Stuttgart: W. Kohlhammer.

Naef, Josef (2014): Wirtschaftsliberalismus. Wird Freiheit zur Fata Morgana? München: Herbert Utz.

Neck, Reinhard/Schneider, Friedrich (2013): Wirtschaftspolitik. München: Oldenbourg.

Nederveen Pieterse, Jan (1998): Der Melange-Effekt. Globalisierung im Plural. In: Beck, Ulrich (Hrsg.): Perspektiven der Weltgesellschaft. Frankfurt/Main: Suhrkamp. 87 ff.

Negt, Oskar (2010): Der politische Mensch. Demokratie als Lebensform. Göttingen: Steidl Verlag.

Nell-Breuning, von, Oswald (1955): Neoliberalismus und katholische Soziallehre. In: Boarman, P. M. (Hrsg.): Der Christ und die soziale Marktwirtschaft. Stuttgart/Köln: W. Kohlhammer. 101 ff.

Neumark, Fritz (1972): Einführung des Herausgebers. In: Ricardo, David: Grundsätze der politischen Ökonomie und der Besteuerung. Der hohe Preis der Edelmetalle, ein Beweis für die Entwertung der Banknoten. Frankfurt/Main: Athenäum Fischer Taschenbuch Verlag. 9 ff.

O'Connor, James (1980): Die Bedeutung des ökonomischen Imperialismus. In: Senghaas, Dieter (Hrsg.): Imperialismus und strukturelle Gewalt. Analysen über abhängige Reproduktion. Frankfurt/Main: Edition Suhrkamp. 123 ff.

Oellers, Björn (2017): Zwang statt Freiheit – Zum autoritären Gehalt der Lehre Hayeks. Hamburg: Verlag Dr. Kovač.

Oermann, Nils Ole (2015): Wirtschaftsethik. Vom freien Markt bis zu Share Economy. München: C.H. Beck.

Ostrom, Elnor (2005): Governing the Commons. The Evolution of Institutions for Collective Action. London: Cambridge University Press.

Pies, Ingo (2001): Eucken und von Hayek im Vergleich. Zur Aktualisierung der ordnungspolitischen Konzeption. Untersuchungen zur Ordnungstheorie und Ordnungspolitik Band 43. Tübingen: Mohr Siebeck.

Pies, Ingo (2014): Theoretische Grundlagen demokratischer Wirtschafts- und Gesellschaftspolitik – der Beitrag von John Maynard Keynes. In: Pies, Ingo/Leschke, Martin (Hrsg.): John Maynard Keynes' Gesellschaftstheorie. Tübingen: Mohr Siebeck. 1 ff.

Pies, Ingo/Hielscher, Stefan (2012): Gründe versus Anreize? Ein ordonomischer Werkstattbericht in sechs Thesen. Diskussionspapier Nr. 2012-8 des Lehrstuhls für Wirtschaftsethik an der Martin-Luther-Universität Halle-Wittenberg. http://wcms.itz.uni-halle.de/download. php?down=24565&elem=2577484 (Zugriff 15.11.2017).

Pogge, Thomas (2011): Weltarmut und Menschenrechte. Berlin/New York: Walter de Gruyter.

Polany, Karl (1978): The Great Transformation. Politische und ökonomische Ursprünge von Gesellschaften und Wirtschaftssystemen. Frankfurt/Main: Suhrkamp Taschenbuch Wissenschaft.

Poulantzas, Nicos (2001): Die Internationalisierung der kapitalistischen Verhältnisse und der Nationalstaat. In: Hirsch, Joachim/Jessop, Bob/Poulantzas, Nicos Die Zukunft des Staates. Hamburg: VSA-Verlag. 19 ff.

Priddat, Birger P. (2010): Wozu Wirtschaftsethik? Marburg: Metropolis-Verlag.

Ptak, Ralf (2007): Grundlagen des Neoliberalismus. In: Butterwegge, Christoph/Lösch, Bettina/ Ptak, Ralf: Kritik des Neoliberalismus. Unter Mitarbeit von Tim Engartner. Wiesbaden: VS Verlag für Sozialwissenschaften. 13 ff.

Radermacher, Franz Josef/Riegler, Josef/Weiger, Hubert (2011): Ökosoziale Marktwirtschaft. Historie, Programm und Perspektive eines zukunftsfähigen globalen Wirtschaftssystems. München: Oekom.

Rawls, John (1975): Eine Theorie der Gerechtigkeit. Frankfurt/Main: Suhrkamp.

Rawls, John (1998): Politischer Liberalismus. Frankfurt/Main: Suhrkamp.

Recktenwald, Horst Claus (1990a): Vorwort zur Taschenbuch-Ausgabe 1978. In: Smith, Adam: Der Wohlstand der Nationen. Für die Taschenbuch-Ausgabe revidierte Fassung vom Mai 1978. 5. Auflage. München: Deutscher Taschenbuch Verlag. XII ff.

Recktenwald, Horst Claus (1990b): Würdigung des Werkes. In: Smith, Adam: Der Wohlstand der Nationen. Für die Taschenbuch-Ausgabe revidierte Fassung vom Mai 1978. 5. Auflage. München: Deutscher Taschenbuch Verlag. XV ff.

Rehbein, Boike/Souza, Jessé (2014): Ungleichheit in kapitalistischen Gesellschaften. Weinheim und Basel: Beltz Juventa.

Rest, Jonas (2011): Grüner Kapitalismus? Klimawandel, globale Staatenkonkurrenz und die Verhinderung der Energiewende. Wiesbaden: VS Research.

Ricardo, David (1972): Grundsätze der politischen Ökonomie und der Besteuerung. Der hohe Preis der Edelmetalle, ein Beweis für die Entwertung der Banknoten. Frankfurt/Main: Athenäum Fischer Taschenbuch Verlag.

Rodrik, Dani (2011): Das Globalisierungs-Paradox. München: C.H. Beck.

Röpke, Wilhelm (1958): Jenseits von Angebot und Nachfrage. 2. Auflage. Erlenbach-Zürich/Stuttgart: Eugen Rentsch Verlag.

Röpke, Wilhelm (1979a): Die Lehre von der Wirtschaft. 12. Auflage. Bern/Stuttgart: Paul Haupt (1. Auflage 1937).

Röpke, Wilhelm (1979b): Jenseits von Angebot und Nachfrage. Bern/Stuttgart: Paul Haupt.

Rousseau, Jean-Jacques (2000): Von der Ungleichheit unter den Menschen. Übersetzt von Moses Mendelssohn. Weimar: Verlag Hermann Böhlaus Nachfolger.

Sarkar, Saral (2001): Die nachhaltige Gesellschaft. Eine kritische Analyse der Systemalternativen. Zürich: Rotpunktverlag.

Sautter, Hermann (2017): Verantwortlich wirtschaften. Die Ethik gesamtwirtschaftlicher Regelwerke und des unternehmerischen Handelns. Ethik und Ökonomie. Band 20. Marburg: Metropolis.

Scorse, Jason (2010): What Environmentalists Need to Know about Economics. New York: Palgrave MacMillan.

Schumpeter, Joseph (1936): The General Theory of Employment, Interest and Money. In: Journal of the American Statistical Association. 21 (1936) 791 ff.

Segbers, Fanz (1999): Die Hausordnung der Tora. Biblische Impulse für eine theologische Wirtschaftsethik. Luzern: Edition Exodus.

Segbers, Fanz (2015): Ökonomie, die dem Menschen dient. die Menschenrechte als Grundlage einer christlichen Wirtschaftsethik. Kevelaer/Neukirchen-Vluyn: Butzon & Bercker/Neukirchener Verlagsgesellschaft.

Selden, Richard T. (1976): Introduction. In: Selden, Richard T. (Hrsg.): Capitalism and Freedom. Problems and Prospects. Proceedings of a Conference in Honour of Milton Friedman. Second Printing. Charlottesville: University Press of Virginia. 1 ff.

Skidelsky, Robert (2010): Die Rückkehr des Meisters. Keynes für das 21. Jahrhundert. München: Antje Kunstmann.

Smith, Adam (1990): Der Wohlstand der Nationen. Eine Untersuchung seiner Natur und seiner Ursachen. Für die Taschenbuch-Ausgabe revidierte Fassung vom Mai 1978. 5. Auflage. München: Deutscher Taschenbuch Verlag.

Soto, de, Hernando (1992): Marktwirtschaft von unten. Die unsichtbare Revolution in Entwicklungsländern. Zürich: Orell Füssli.

Statista (2018): Weltweites Bruttoinlandsprodukt (BIP) in jeweiligen Preisen von 2007 bis 2017 (in Billionen US-Dollar). https://de.statista.com/statistik/daten/studie/159798/umfrage/entwicklung-des-bip-bruttoinlandsprodunkt-weltweit/ (Zugriff 9.5.2018).

Strahm, Rudolf (1972): Industrieländer – Entwicklungsländer. Graphische Tabellen und Kommentare zur wirtschaftlichen Abhängigkeit der Armen Welt. Ein Werkbuch zur Eigeninformation und für den politischen Unterricht. Stein/Nürnberg: Laetare/Imba.

Tuchfeldt, Egon (1994): Varianten des Liberalismus – Hilfe oder Hemmnis für Transformationsprozesse? Vortrag auf dem 2. Alfred Müller-Armack-Symposium in Frankfurt/Oder. 26.10.1994.

Ulrich, Peter (2010): Zivilisierte Marktwirtschaft. Eine wirtschaftsethische Orientierung. Bern: Haupt.

Ulrich, Peter (2016): Integrative Wirtschaftsethik. Grundlagen einer lebensdienlichen Ökonomie. 5. Auflage. Bern: Paul Haupt.

Vanberg, Viktor J. (2010): Marktgerechtigkeit und Soziale Marktwirtschaft. In: Kluth, Winfried (Hrsg.): Facetten der Gerechtigkeit. Baden-Baden: Nomos. 94 ff.

Von Hayek, Friedrich August (1971a): Der Weg zur Knechtschaft. 2., unveränderte Auflage. München: Verlag Moderne Industrie.

Von Hayek, Friedrich August (1971b): Die Verfassung der Freiheit. Tübingen: Mohr Siebeck.

Von Hayek, Friedrich August (1996): Die Anmassung von Wissen. Neue Freiburger Studien. Tübingen: Mohr Siebeck.

Weber, Max (1993): Die protestantische Ethik und der „Geist" des Kapitalismus. Bodenheim: Athenäum Hain Hanstein.

Wolfes, Matthias (2016): Wirtschaftsethik als Kapitalismuskritik – Georg Wünschs Modell einer nicht-formalistischen Wertethik und die „autonome Teleologie der Wirtschaft". In: Casper, Mathias/Gabriel, Karl/Reuter, Hans-Richard (Hrsg.): Kapitalismuskritik im Christentum. Positionen und Diskurse in der Weimarer Republik und der frühen Bundesrepublik. Frankfurt/New York: Campus. 37 ff.

Zapka, Paul (2012): Binnenmarkt ohne Wohlfahrt? Zu den institutionellen Perspektiven eines europäischen Gemeinwohls. Wiesbaden: Springer VS.

Wirtschaftsordnung und Demokratie 4

Boike Rehbein und Jessé Souza (2014, S. 9 f.) haben auf drei Axiome – die Autoren nannten sie „Missverständnisse" – hingewiesen, von denen große Teile der wissenschaftlichen Literatur und auch viele Vertreter des Liberalismus ausgehen: **Erstens** gehen sie von einer **prinzipiellen Gleichheit aller Menschen** aus, aus welcher sich im Laufe des Lebens sehr unterschiedlich gesellschaftlich vermittelte Lebensläufe ergeben. **Zweitens** sehen sie den **Kapitalismus als zentrales Merkmal** und auch als Problem **westlicher Gesellschaften.** Und **drittens** verstehen sie die westlichen, demokratisch-kapitalistischen Gesellschaften als **Modell für alle anderen Länder und Regionen.** Demgegenüber vertreten die beiden Autoren die Position, dass die soziale Ungleichheit „weniger darin [besteht], dass die sozialen Umgebungen unterschiedlich … und mit den unterschiedlichen Möglichkeiten verknüpft sind, als vor allem darin, dass der Zugang zu den gesellschaftlich am meisten geschätzten Möglichkeiten den ungleichen Ausgangsbedingungen und Bewertungen entsprechend beschränkt ist" (Rehbein und Souza 2014, S. 10). Umverteilungsbemühungen, Quotenregelungen und Maßnahmen zur Erhöhung der Chancengleichheit seien deshalb unwirksam, weil sie das eigentliche Machtproblem nicht berührten. Entsprechend seien alle marktkonformen Bemühungen und ökonomischen Transformationen, die Ungleichheit abzuschaffen oder zu verringern, „ökonomistisch" und letztlich unwirksam. Und schließlich seien die westliche Modernisierungstheorie und der Versuch, die anderen Länder an das westliche Demokratiemodell heranzuführen, ein Erbe des Kolonialismus und letztlich Ausdruck einer Art „symbolischen Rassismus" (Rehbein und Souza 2014, S. 10).

Die These von Rehbein und Souza zielt darauf ab, dass diese drei Axiome nicht zur Abschaffung oder Reduktion von sozialer Ungleichheit führen, sondern diese fortwährend reproduzieren, weil „der Fokus auf westliche Demokratie, Individualismus und Kapitalismus faktisch den Interessen der Mächtigen entspricht" (Rehbein und Souza 2014, S. 11).

© Springer Fachmedien Wiesbaden GmbH, ein Teil von Springer Nature 2018
C. J. Jäggi, *Wirtschaftsordnung und Ethik*, https://doi.org/10.1007/978-3-658-23034-0_4

Heute stellt sich – noch stärker als in den 1940er- und 1950er-Jahren gegenüber den von Röpke (1958, S. 139 f.) kritisierten sozialistischen Gesellschaften – die Frage, inwieweit Marktwirtschaft tatsächlich an die Demokratie gebunden ist. In vielen Bereichen marktwirtschaftlich funktionierende, aber undemokratische Staaten wie das moderne China lassen da berechtigte Zweifel aufkommen.

Dabei stellt sich die Frage nach dem Zusammenhang von Kapitalismus und Demokratie von zwei Seiten her: Auf der einen Seite hat sich in den letzten 40 Jahren ein globales – wenn auch (noch) segmentiert – kapitalistisches System entwickelt, das den nationalstaatlichen Rahmen in vielen Bereichen verlassen hat. Dabei entziehen sich die internationalen wirtschaftlichen Abläufe nationalstaatlichen Regelungen zunehmend und die Nationalstaaten wurden zunehmend zu – wenn auch immer noch wichtigen – Akteuren unter vielen anderen. Laut Rogall (2015, S. 598) lässt sich seit rund 30 Jahren „eine tendenzielle Abnahme der Steuerungsfähigkeit der Nationalstaaten zugunsten der Verhandlungsmacht von multinationalen Konzernen" feststellen. So waren 2015 „von den 100 größten Wirtschaftseinheiten … nur noch 49 Staaten und 51 globale agierende Unternehmen" (Rogall 2015, S. 598), was laut Rogall dazu führt, dass „die demokratisch legitimierten Entscheidungsträger immer schwerer demokratische Entscheidungs-prozesse vollziehen [können] und … sich zu *sozial-ökologischen Standardabsenkungen* genötigt [fühlen], um im internationalen Wettbewerb erfolgreich sein zu können" (Rogall 2015, S. 598).

Auf der anderen Seite hat sich die Marktwirtschaft in vielen *Emerging States* weit-gehend unabhängig von einem – häufig schwachen – demokratischen Staatsapparat (z. B. Indien, Thailand, Philippinen) oder gar unter undemokratischen bis autoritären Bedingungen (China, Pakistan, Vietnam) entwickelt.

Am deutlichsten zeigt das wohl das Beispiel Chinas. Der chinesischen Führung gelang es – vor dem Hintergrund der Erfahrungen in Japan und vor allem in Singa-pur (vgl. Golub 2017, S. 12) und in Russland –, erfolgreich die zentrale Frage zu beantworten, wie das Land eine ökonomische Liberalisierung durchführen konnte, ohne die politische Kontrolle zu verlieren bzw. die Regierungsmacht an einen demokratischen Staat abzugeben. China zwang die ins Land drängenden Unternehmen – zum Beispiel im Rahmen von Joint Ventures – systematisch, technisches Know-how an die chinesischen Partner abzugeben. Gleichzeitig setzte China alles daran, die Mehrheit und damit die Kontrolle in den eigenen Betrieben zu behalten. Spätestens seit der Jahrtausendwende sind chinesische Unternehmen und Investoren – nicht selten mit massiver staatlicher Hilfe – äußerst erfolgreich daran, selbst multinationale Konzerne und Großunterneh-men zu übernehmen, wie etwa das Beispiel der Syngenta zeigte (vgl. Jäggi 2018 sowie Aiolfi 2017, S. 27 und Zulauf 2017, S. 9). Golub (2017, S. 13) zog folgendes Fazit zum Vorgehen Chinas: „Der chinesische Staat … hat es verstanden, sich in die Weltwirt-schaft zu integrieren und dennoch seine Autonomie einigermaßen zu bewahren – wenn auch um den Preis großer sozialer Spannungen und Umweltbelastungen. Das Beispiel China sollte uns … dazu bringen, die Rolle des Staats in der globalisierten Welt zu über-denken."

Vor diesem Hintergrund erscheint die alte liberale These, dass die Marktwirtschaft sich am besten in einer liberalen Demokratie entwickelt und umgekehrt die Marktwirtschaft zwangsläufig zu einer demokratisch-liberalen Gesellschaftsordnung führt, zumindest für die heutige Zeit mehr als fraglich. Während sich der Kapitalismus heute fast auf der ganzen Welt durchgesetzt hat, stellen die demokratischen Staaten heute nur noch eine Minderheit auf unserem Globus dar.

Doch auch in Demokratien gibt es Verzerrungen und Diskriminierungen.

Felix Wilfred (2009, S. 98) hat mit Blick auf Indien die These aufgestellt, dass „affirmative action" oder gar eine „positive Diskriminierung" zugunsten von Minderheiten den Marktzugang benachteiligter Gruppen und damit die Chancengleichheit auf dem Arbeitsmarkt verbessern könne. Natürlich trifft es zu, dass eine erhöhte Chancengleichheit immer begrüßenswert ist, nur besteht das Problem darin, dass eine bessere (politische) Förderung nicht automatisch zu einem besseren Marktzugang führt, das kann nachhaltig nur über einen Abbau ökonomischer Ungleichheiten geschehen.

Während also die Konvergenz von Kapitalismus und Marktwirtschaft auf der einen Seite und Demokratie auf der anderen Seite, aber auch im weiteren Sinn von Ökonomie und Politik, eher fraglich sind, erscheint da der Zusammenhang von Armutsreduktion und Demokratie schon plausibler.

In einer eindrücklichen kleinen, autobiografischen Geschichte hat Amartya Sen einmal eine Kindheitserinnerung beschrieben, die seine Sicht des Zusammenhangs von Armut und Demokratie sehr plastisch schilderte:

> Eines Nachmittags – ich muss etwa zehn Jahre alt gewesen sein – spielte ich im Garten unseres Hauses in Dhaka, der heutigen Hauptstadt von Bangladesch, als ein Mann, herzzerreißende Schreie ausstoßend und heftig blutend, durch unser Tor gelaufen kam. In seinem Rücken steckte ein Messer. Es waren die Tage der Volksunruhen, in denen Hindus und Moslems sich gegenseitig umbrachten, was schließlich zur Teilung Indiens und der Unabhängigkeit Pakistans führte. Der niedergestochene Mann, er hieß Kader Mira, war ein moslemischer Taglöhner, der für ein paar Pfennige im Nachbarhaus arbeitete und auf der Straße vom Mob in unserem überwiegend von Hindus bewohnten Viertel angefallen worden war. Während ich ihm zu trinken gab, die Erwachsenen im Haus laut um Hilfe herbeirief und mein Vater ihn eilends ins Krankenhaus schaffte, erklärte Kader Mira, seine Frau habe ihn angefleht, in diesen unruhigen Zeiten ein so gefährliches Viertel zu meiden. Kader Mia blieb jedoch keine Wahl, er musste Arbeit suchen, weil seine Familie nichts zu essen hatte. Die Strafe für seine wirtschaftliche Unfreiheit war der Tod Er starb im Krankenhaus (Sen 2005, S. 18 f.).

Für Sen (2005, S. 19) war dieses Erlebnis – wie er selber schreibt – „niederschmetternd". Aber es brachte ihn auch dazu, „über die schreckliche Bürde einer engstirnig definierten Identität nachzudenken". Dabei kam er unter anderem zur Überzeugung, dass wirtschaftliche Unfreiheit die Ursache für soziale Unfreiheit werden kann – und ebenso soziale oder politische Unfreiheit ihrerseits wirtschaftliche Unfreiheit fördern können.

Thomas Pogge (2011, S 36) hat darauf hingewiesen, „dass die nationalen sozialen Faktoren, die wir besonders gern für die fortdauernde Armut verantwortlich machen – schlechte Regierungen und Korruption in den Entwicklungsländern – nicht einfach intrinsische Bestandteile einer unterlegenen Kultur sind, sondern durch zentrale Merkmale unserer gegenwärtigen Weltordnung begünstigt werden". So seien die wohlhabenden Konsumgesellschaften auf eine verlässliche Versorgung mit Rohstoffen angewiesen und profitierten von der Übertragung von rechtsgültigen, aber oft nicht legitim erworbenen Eigentums- und Nutzungsrechten.

Als Beispiel dafür kann etwa Kosovo gelten. 2018 lag das Land in Bezug auf Korruption auf Rang 95 von 176 Staaten – und in Europa gehörte es zu den korruptesten Ländern. Neben Armut und Arbeitslosigkeit ist Korruption eines der Hauptprobleme des jungen Staates. Von den rund 500 Mio. EUR an staatlich vergebenen Aufträgen im Rahmen des Beschaffungswesens fließen laut Schätzungen rund 100 Mio. in korrupte Geschäfte (vgl. Demi 2018, S. 44). In staatlichen Spitälern werden immer wieder mutwillig medizinische Geräte zerstört, um die Patienten in Privatkliniken zu treiben. Das einst hochprofitable staatliche Unternehmen PTK, das früher 200 Mio. EUR in die Staatskasse abführte, steht heute infolge von Misswirtschaft und Korruption kurz vor dem ökonomischen Niedergang. Sogar Angestellte der Antikorruptionstaskforce wurden wegen Korruption verurteilt und selbst Vertreter von Eurolex wurden der Korruption bezichtigt und der Missionschef Howard Simmons geriet unter Korruptionsverdacht. In dieser Situation erstaunt es kaum, dass die kosovarischen Auswanderer – also rund 700.000 Personen – im Ausland, die 2016 fast 700 Mio. EUR an ihre Angehörigen in Kosovo überwiesen, dieses Geld nicht investieren. All dieses Geld ging und geht in den Konsum der Angehörigen in der Heimat, weshalb jeglicher Entwicklungseffekt davon ausbleibt (vgl. Demi 2018, S. 45). Das zeigt, wie schädlich Korruption für die wirtschaftliche Entwicklung sein kann.

Reese-Schäfer und Mönter (2013, S. 79) haben darauf hingewiesen, dass Korruption ein Sonderfall des allgemeinen Prinzipal-Agent-Problems ist, wonach in Situationen der Arbeitsteilung jemand, der gegen Gehalt im Auftrag und zum Nutzen eines Dritten handelt, dazu neigt, sein Gehalt zum Schaden des Auftraggebers aufzubessern. Auf der einen Seite umgeht Korruption die Marktspielregeln – eine Leistung gegen eine Bezahlung –, aber auf der anderen Seite ist Korruption auch marktkonform, als sie eine Zusatzleistung (z. B. schnellere Abwicklung eines Verfahrens bei Behörden) mit einer Zusatzentschädigung kombiniert. Wenn es stimmt, dass sich Ökonomen und Politologen nicht einig sind, ob harte Strafen oder lockere Regelungen eher Korruption verhindern (vgl. Reese-Schäfer und Mönter 2013, S. 73), dann liegt das wohl daran, dass die Auswirkungen von Korruption ökonomisch ambivalent sind: „Speed money" kann das wirtschaftliche Wachstum beschleunigen – zumindest im Schwarzmarktbereich – und gleichzeitig auch die Produktionskosten erhöhen. Offensichtlich sind gerade auch bei der Korruption Maßnahmen auf ethisch-normativer Ebene erforderlich, um etwas zu bewirken.

Amartya Sen vertrat mit Vehemenz die Meinung, dass sich die Wirtschaft in Demokratien erfolgreicher entwickle als in Diktaturen. So behauptet Sen (2005, S. 68), „dass

Hungersnöte in Demokratien nicht vorkommen. In einem demokratischen Land, wie arm es auch sein mag, hat es noch nie eine Hungerskatastrophe gegeben". Er begründet das damit, dass – sofern der politische Wille dazu vorhanden ist – „Hungersnöte leicht abzuwenden sind und die Regierungen in einer Mehrparteien-Demokratie mit freien Wahlen und unzensierten Medien starken politischen Anreizen folgen, um eine Hungersnot zu verhindern. Das demonstriert, dass politische Freiheit in Gestalt demokratischer Einrichtungen die wirtschaftliche Freiheit (besonders die Freiheit, nicht zu hungern) und die Freiheit zu überleben (kein Opfer der Hungersnot zu werden) absichert" (Sen 2005, S. 69).

Das zeigt sich auch im Zusammenhang zwischen Wirtschaftswachstum und der Lebenserwartung von Neugeborenen. Sen (2005, S. 67) stellte folgenden Zusammenhang zwischen der Entwicklung der Lebenserwartung von Neugeborenen und Wirtschaftswachstum am Beispiel von England und Wales zwischen 1900 und 1960 fest: In England und Wales „fielen die Jahrzehnte eines sprunghaften Anstiegs der Lebenserwartung mit Perioden des langsamen Anwachsens des Bruttosozialprodukts zusammen. Man könnte natürlich die Hypothese aufstellen, dass sich das Wachstum des Bruttosozialprodukts mit einer zeitlichen Verzögerung von zehn Jahren auf die Lebenserwartung auswirkte. Diese Annahme widerspricht zwar nicht den Daten ..., würde aber einer anderen kritischen Überprüfung, beispielsweise der Analyse möglicher kausaler Prozesse, nicht standhalten. Eine sehr viel überzeugendere Erklärung für den rapiden Anstieg der Lebenserwartung in Großbritannien liefert die veränderte Einstellung zum solidarischen Teilen während der Kriegsdekaden und die damit verbundene stärkere öffentliche Zustimmung zu sozialen Leistungen (darunter Ernährungsprogramme und Gesundheitsförderung). Studien zur Gesundheit und zu anderen Lebensbedingungen der Bevölkerung in den Kriegszeiten wie auch deren Zusammenhang mit sozialen Einstellungen und öffentlichen Einrichtungen werfen ein klares Licht auf diese Unterschiede" (Sen 2005, S. 67).

Sen (2005, S. 182) vertrat die Meinung, „dass die Intensität ökonomischer Bedürfnisse die Dringlichkeit politischer Freiheit *erhöht*, statt sie zu mindern". Dabei gebe es drei Überlegungen, die für einen Vorrang grundlegender Freiheitsrechte sprechen:

1. „ihre *unmittelbare* Wichtigkeit für das menschliche Leben, da sie mit den grundlegenden Verwirklichungschancen verbunden sind, politische und soziale Partizipation eingeschlossen;
2. ihre *instrumentelle* Rolle, da sie die Möglichkeiten der Menschen vergrößern, sich Gehör zu verschaffen und ihren Anspruch auf politische Beachtung, die Ansprüche auf ökonomische Bedürfnisse eingeschlossen, zu unterstützen;
3. ihre *konstruktive* Rolle in der begrifflichen Erfassung der ‚Bedürfnisse' (das Verständnis ‚wirtschaftlicher Bedürfnisse' in ihrem jeweiligen sozialen Kontext eingeschlossen)" (Sen 2005, S. 182)

Der Widerstand gegen die Verknüpfung von demokratischen Rechten und wirtschaftlicher Entwicklung kommt aus drei Richtungen:

- Einige vertreten die Ansicht, dass politische Freiheiten ein Hemmschuh für das Wirtschaftswachstum sei. Diese Meinung – auch als Lee-These bekannt – wurde nach Meinung von Sen nie empirisch belegt.
- Als weiteres Argument wird vorgebracht, dass die Armen vor dem Wunsch nach demokratischen Rechten zuerst ihre wirtschaftlichen Bedürfnisse befriedigen wollten („der Bauch kommt vor der Demokratie"). Sen (2005, S. 183) meint dazu, dass es weniger um die Frage gehe, was die Leute wählen – also politische Rechte oder Befriedigung wirtschaftlicher Bedürfnisse –, sondern warum. Denn würde die Priorisierung wirtschaftlicher Bedürfnisbefriedigung vor politischen Rechten stimmen, dann würde – meint Sen – die Mehrheit die Demokratie ablehnen, was offensichtlich nicht der Fall ist.
- Eine dritte Argumentation verweist darauf, dass die Wertschätzung individueller persönlicher Freiheit eine typisch „westliche" Sichtweise darstelle, welche etwa „asiatischen" Werten wie Konformitätsdenken oder kollektiver Solidarität widersprechen würde. Dieser Argumentationsweise steht die Tatsache entgegen, dass es sehr wohl eine globale Bewegung für (individuelle) Menschenrechte und politische Freiheiten gibt, auch in Ländern mit „asiatischen" Werten. Außerdem wird oft unterschätzt, wie stark sich offener und öffentlicher Dialog auf soziale und politische Probleme auswirkt: „Wenn sich etwa in Kerala oder Tamil Nadu die Auffassung durchgesetzt hat, dass eine glückliche Familie im modernen Zeitalter eine kleine Familie ist, dann geht dies auf das Konto zahlreicher Diskussionen und Debatten" (Sen 2005, S. 188). So lag die Geburtenrate in Kerala Anfang des 21. Jahrhunderts bei 1,7, also etwa so hoch wie in England oder Frankreich und niedriger als in China, das trotz seiner äußerst restriktiven und rigiden Familienplanungspolitik immer noch bei 1,9 lag (vgl. Sen 2005, S. 188).

Dazu kommt noch ein weiteres Problem: der Entwicklungsbegriff selbst. Der Moralphilosoph Otfried Höffe (2004, S. 223 f.) hat dazu Folgendes geschrieben:

> Der Begriff ist strittig. Die neutrale, objektive und ökonomische Bedeutung der Entwicklung als Wachstum ist untauglich, da sie unterschiedslos auf alle, reiche ebenso wie arme Länder zutrifft. Ebenso wenig eignet sich der negative Teilbegriff, die Unterentwicklung. Versteht man sie als nichtoptimalen Einsatz der Wirtschaftsfaktoren, so umfasst sie viele Staaten der ersten Welt. Weiterhin versagt eine subjektive Definition, die Unzufriedenheit eines Landes mit seiner gegenwärtigen wirtschaftlichen Lage. Denn sie gilt auch für Länder mit bleibend hoher Arbeitslosigkeit und geringem Wirtschaftswachstum wie Deutschland.

Außerdem impliziere der Entwicklungsbegriff eine westliche Sicht von technologischer Innovation, Massenproduktion und -konsum, hohem Lebensstandard und sozialen Reformen, während auch ganz andere Verfassungsmodelle und Wirtschaftsordnungen denkbar seien.

Doch wie hat sich die Demokratie weltweit entwickelt? 1974 gab es nur gerade 39 Demokratien auf der Welt. Diese umfassten gerade mal 27 % der damals unabhängigen Staaten oder 22 % aller Staaten mit über 1 Mio. Menschen (Linz 2009, S. XXXIX). Bis 1998 nahm die Zahl der Demokratien auf 117 zu, womit die demokratischen Staaten immerhin 61 % aller Länder umfassten (Linz 2009, S. XXXIX). Allerdings wurden 1997 von 117 formellen Demokratien nur 82 oder 62 % als „frei" angesehen. Dagegen war es in 93 Ländern zu einem Rückgang der Freiheitsrechte gekommen (Linz 2009, S. XXXIX). Während also der wirtschaftliche Take-off zwar zu einer Zunahme der formellen Demokratien geführt hatte, verringerte sich in vielen Ländern das Ausmaß der Demokratie.

In den letzten Jahren prägten vor allem *zwei Faktoren* die Entwicklung der Demokratie: auf der einen Seite die zunehmende *Globalisierung* und die *Mediatisierung* der Entscheidfindungsprozesse. Auf der einen Seite werden immer mehr relevante und verbindliche Entscheidungen in internationalen Organisationen wie Internationaler Währungsfonds, Welthandelsorganisation und EU getroffen, ohne dass diese einer demokratischen Kontrolle unterliegen – seien es Parlamentsentscheidungen oder Volksabstimmungen. Kriesi und Rosteck (2011, S. 57) vermerken dazu: „Diese [supranationalen Institutionen] sind jedoch demokratisch kaum legitimiert, da ihre Entscheidungsträger nicht direkt gewählt oder indirekt von den gewählten nationalen Repräsentanten abhängig sind. Somit ist eine der wichtigsten Grundvoraussetzungen der Demokratie nicht mehr gegeben: die Legitimation der Entscheidungsträger durch die von der Entscheidung Betroffenen."

Auf der anderen Seite sind Demokratien immer stärker mit Medien konfrontiert, die nicht mehr weltanschaulich oder parteipolitisch ausgerichtet sind, sondern durch die zunehmende Kommerzialisierung immer stärker den Gesetzmäßigkeiten ihres (Nachfrage-)Marktes folgen. Die Medien setzen zunehmend ihre eigene Agenda und werden damit selbst zu politischen Akteuren. Umgekehrt müssen sich die Politiker viel stärker den Regeln der Medien unterwerfen, also auf aktuelle News reagieren, von Medien gesetzte Themen aufnehmen und stärker persönlich polarisieren. All das ist für den demokratischen Prozess nicht förderlich, ja kann sogar Medienmogulen an die Macht verhelfen, wie etwa Berlusconi in Italien. Diese unterliegen der Versuchung, sich immer stärker den demokratischen Spielregeln zu entziehen.

Während vor 20 Jahren die weitaus größte Mehrheit der Ökonomen davon ausging, dass wirtschaftliche Entwicklung und Demokratie einander optimal begünstigten, sind viele Wissenschaftler heute nicht mehr so sicher. Insbesondere wird die entwicklungsfördernde Wirkung von Demokratie heute in der Wissenschaft kontrovers beurteilt (vgl. Fuster 2013). Besonders im osteuropäischen Raum hat sich gezeigt, dass der Konvergenzprozess von wirtschaftlicher Entwicklung und Demokratisierung ins Stocken geraten ist (vgl. Fuster 2013). Die Europäische Bank für Wiederaufbau und Entwicklung (EBRD), die 1991 eben gerade für die Förderung dieser Konvergenzprozesse gegründet worden war, führt das Auseinanderklaffen von wirtschaftlicher Entwicklung und Demokratie unter anderem darauf zurück, dass zwar die wirtschaftliche Entwicklung zu einer Zunahme an Demokratie führe, aber als „abnehmender Grenzertrag". Zwar sei die Gefahr demokratischer Rückschläge in Schwellenländern geringer als anderswo (vgl. Fuster 2013). Doch seien die demokratischen Fortschritte in Ländern mit großen natürlichen Ressourcen – z. B. Erdöl – deutlich geringer, als der große Reichtum erwarten lasse, unter anderem weil die Rohstoffe oft monopolisiert würden und nur einer kleinen Bevölkerungsgruppe zugute kämen. Das gelte etwa für Russland oder auch für zentralasiatische Länder. Entscheidend für die Konvergenz von Wirtschaft und Demokratie seien – so die EBRD – die Entstehung und Förderung einer breiten Mittelschicht und eine bessere Bildung für alle.

Im sogenannten Economic-Freedom-Index des kanadischen Frazer-Instituts wird berechnet, inwieweit reichere Länder freier und freiere Länder reicher sind: anhand von 42 Variablen, unter anderem der Rechtssicherheit, des Schutzes von Eigentumsrechten, dem Ausmaß von Regulierungen, der Größe des Staates bzw. des Staatsanteils an der Wirtschaft (Annahme: je größer der Staatsanteil und je größer die Umverteilung, desto wirtschaftlich unfreier ist der Einzelne – eine allerdings zweifelhafte Annahme!), der Geldwertstabilität und der Handelsfreiheit (vgl. Neue Zürcher Zeitung vom 19.09.2013). Man könnte auch sagen, dass dieser Index die (Wirtschafts-)Liberalität eines Landes misst. Zuoberst auf der Rangordnung standen Hongkong, Singapur, Neuseeland und die Schweiz.

Allerdings kann man bezweifeln, ob Hongkong und Singapur ideale Beispiele für Freiheit sind – selbst für wirtschaftliche! Massiv verschlechtert haben sich gemäß diesem Index zwischen 2000 und 2011 Portugal, Spanien, Griechenland und Italien, Letzteres von Rang 34 auf Rang 83. Auch die USA sind von Rang 2 im Jahr 2000 auf Rang 17 im Jahr 2011 zurückgefallen, unter anderem infolge zusätzlicher Regulierungen und aufgrund der Terrorismusbekämpfung (vgl. Neue Zürcher Zeitung vom 19.09.2013).

Entscheidend für das Funktionieren einer Marktwirtschaft ist die Vertragsfreiheit und die Freiwilligkeit von Vereinbarungen. Dabei geht es nicht nur um die direkte Entscheidungsfreiheit im Rahmen von konkreten Handlungsalternativen, sondern auch um indirekten Zwang im Rahmen einseitiger Abhängigkeitsverhältnisse oder einschränkender Rahmenbedingungen. Wenn Hahn und Kliemt (2017, S. 28) die Meinung vertreten, dass man in Niedriglohnsituationen nicht von Zwang sprechen könne, ist das insofern problematisch, weil Tiefstlohnsituationen sehr wohl Ausdruck von Armut, sozialer Ungleichheit und damit von struktureller Gewalt im Sinne von Galtung (1998, S. 69) sein können. Historisch gehen Tiefstlohnsettings unter anderem auf eine verspätet erfolgte Industrialisierung oder auf koloniale Abhängigkeitsstrukturen zurück, die – gezielt oder unbeabsichtigt – die freie Entfaltung der Wirtschaft verhinderten. Tiefstlohnsituationen sind häufig die Folge ungleicher Entwicklung. So könnte etwa die globale Festlegung von Mindestlöhnen der Auslagerung von Arbeitsplätzen in Drittländer einen wirksamen Riegel schieben, weil sich ab einer bestimmten Lohnhöhe die Auslagerung schlicht nicht mehr lohnt. Wenn globale Konzerne oder KMU nicht mehr einfach die Produktion in Niedriglohnländer auslagern können, entstehen auch fairere Wettbewerbsbedingungen, was wiederum den Abbau von Handelshemmnissen wie Zöllen ermöglicht.

Das Gleiche gilt auch für Sozial- und Umweltstandards: Wenn alle Unternehmen überall auf dem Globus die gleichen sozialen und ökologischen Mindeststandards einhalten müssen, können Schäden an Menschen und Natur zu einem erheblichen Teil verhindert werden – und die betriebswirtschaftlich vorteilhafte Auslagerung und Umwandlung von unternehmerischen Kosten zu externen Kosten kann nicht mehr als Wettbewerbsvorteil eingesetzt werden.

Entscheidend ist aber, dass die Durchsetzung solcher Standards demokratisch legitimiert und international rechtlich abgesichert wird. Wichtig ist auch, die normativen Regelungen auf ein – allerdings effizientes und transparentes – Minimum zu begrenzen und die notwendigen Instrumente zu ihrer Durchsetzung zu schaffen und anzuwenden.

Vor diesem Hintergrund ist deshalb die Aussage von Hahn und Kliemt (2017, S. 14) zu bezweifeln, dass „man große Bereiche privater Lebensführung und wirtschaftlicher Tätigkeit weitgehend von staatlichen Regulierungen freihalten" könne. Rechtliche Vorgaben werden nicht nur für das Compliancemanagement von Wirtschaftsunternehmen immer entscheidender, sondern staatliche Regelungen beeinflussen mehr und mehr auch das Privatleben der Bürger.

Literatur

Aiolfi, Sergio (2017): Syngenta hat noch Altlasten ausstehend. In: Neue Zürcher Zeitung vom 12.8.2017. 27.

Demi, Agron (2018): Die Käuflichen. In: NZZ Folio 2 (2018). 44 f.

Fuster, Thomas (2013): Demokratie und Entwicklung. Die Osteuropabank tastet sich an eine ökonomisch umstrittene Kausalität heran. In: Neue Zürcher Zeitung vom 21.11.2013.

Galtung, Johan (1998): Frieden mit friedlichen Mitteln. Friede und Konflikt, Entwicklung und Kultur. Opladen: Leske + Budrich.

Golub, Philip S. (2017): China und der Rest der Welt. In: Le Monde Diplomatique (Ausgabe Schweiz) vom Dezember 2017. 12 f.

Hahn, Susanne/Kliemt, Hartmut (2017): Wirtschaft ohne Ethik? Eine ökonomisch-philosophische Analyse. Stuttgart: Reclam.

Höffe, Otfried (2004): Wirtschaftsbürger Staatsbürger Weltbürger. Politische Ethik im Zeitalter der Globalisierung. München: C.H. Beck.

Jäggi, Christian J. (2018): Ernährung, Nahrungsmittelmärkte und Landwirtschaft. Ökonomische Fragestellungen vor dem Hintergrund der Globalisierung. Wiesbaden: Springer Gabler.

Kriesi, Hanspeter/Rosteck, Yvonne (2011): Herausforderungen für die Demokratie im 21. Jahrhundert. In: Die Volkswirtschaft. 1–2/2011.

Linz, Juan J. (2009): Totalitäre und autoritäre Regimes. Potsdam: WeltTrends.

Neue Zürcher Zeitung (19.9.2013): Bedeutet freier auch reicher?

Pogge, Thomas (2011): Weltarmut und Menschenrechte. Berlin/New York: Walter de Gruyter.

Reese-Schäfer, Walter/Mönter, Christian (2013): Politische Ethik. Philosophie, Theorie, Regeln. Wiesbaden: Springer VS.

Rehbein, Boike/Souza, Jessé (2014): Ungleichheit in kapitalistischen Gesellschaften. Weinheim und Basel: Beltz Juventa.

Rogall, Holger (2015): Grundlagen einer nachhaltigen Wirtschaftslehre. Volkswirtschaftslehre für Studierende des 21. Jahrhunderts. 2., grundlegend überarbeitete Auflage. Marburg : Metropolis.

Röpke, Wilhelm (1958): Jenseits von Angebot und Nachfrage. 2. Auflage. Erlenbach-Zürich/Stuttgart: Eugen Rentsch Verlag.

Sen, Amartya (2005): Ökonomie für den Menschen. Wege zur Gerechtigkeit und Solidarität in der Marktwirtschaft. 3. Auflage. München: Deutscher Taschenbuch Verlag.

Wilfred, Felix (2009): Market, Competition and Affirmative Action. The Indian Case of Reservation and Private Sector. Hoffmann, Johannes/Scherhorn, Gerhard (Hrsg.): Eine Politik für Nachhaltigkeit, Neuordnung der Kapital- und Gütermärkte. Erkelenz: Altius Verlag. 77 ff.

Zulauf, Daniel (2017): Syngenta muss über die Bücher. In: Neue Luzerner Zeitung vom 5.10.2017. 9.

Voraussetzungen für eine funktionierende Wirtschaftsordnungspolitik

5

Luise Gubitzer (2006, S. 17 ff.) und in Anlehnung an sie Eva Klawatsch-Treitl (2011, S. 24) haben eine erweiterte Sicht von Ökonomie vorgeschlagen, und zwar unterteilt in fünf Sektoren: 1) For-Profit-Sektor, 2) öffentlicher Sektor/Staat, 3) Non-Profit-Sektor, 4) Haushaltssektor im Bereich Care/Fürsorge/Vorsorge und 5) illegaler/krimineller Sektor/Schwarzmarkt. Das Problem einer solchen Einteilung besteht darin, dass da kategorial unterschiedliche Aspekte vermischt werden: Einigermaßen trennscharf sind die For-Profit- und Non-Profit-Sektoren – wobei sich diese Unterscheidung in der Praxis auch immer mehr vermischt –, der staatliche/öffentliche Sektor beinhaltet sowohl profitorientierte als auch nichtprofitorientierte Unternehmen und Einrichtungen, im Carebereich wird eine Tätigkeitsart als Kriterium genommen – wobei ein Großteil dieser Arbeit unbezahlt geleistet wird, aber auch von Einrichtungen der Sektoren 1), 2) und 3), und der illegale/kriminelle Sektor ist im Grunde ein Fortsatz des For-Profit-Bereichs – nur einfach ohne die Einhaltung rechtlicher Standards oder sogar gegen diese. Entgegen der Behauptung von Gubitzer (2006, S. 27) ermöglichen diese fünf Sektoren keine eindeutige bzw. trennscharfe Zuordnung der wirtschaftlichen Aktivitäten, weil diese teilweise unter verschiedenen Kategorien erfasst werden. Sinnvoller wäre es, zwischen monetarisierter und nichtmonetarisierter Arbeit zu unterscheiden und auch Letztere ökonomisch hochzurechnen und den so insgesamt erzeugten gesellschaftlichen Mehrwert zu berechnen. Außerdem müsste in der volkswirtschaftlichen Gesamtrechnung unterschieden werden zwischen tatsächlich erzeugtem Mehrwert und der Rekonstruktion zerstörter Werte, wie z. B. nach einer Naturkatastrophe, nach einem Krieg. Bekanntlich treibt jede Katastrophe und jeder Krieg das Bruttoinlandprodukt an, weil der Wiederaufbaueffekt sich als Teil des BIP niederschlägt, was eine doch eher unsinnige Berechnungsweise ist. Umgekehrt erscheinen zerstörte Menschenleben nicht im Bruttoinlandprodukt, höchstens indirekt als Verlust an Arbeitskräften und als Verringerung der Käufernachfrage.

Doch es wäre zu einfach und einseitig, die bestehenden gravierenden sozialen Mängel und Probleme einfach einigen bösen Kapitalisten oder „Ackermännern" (Drewermann 2016, S. 47) zuzuschreiben, welche den Hals nie voll kriegen können. Natürlich gibt es diejenigen, welche die aktuelle Situation bis zum Letzten ausreizen, aber das Grundproblem liegt in den bestehenden (oder eben nicht vorhandenen oder mangelhaften) Spielregeln und Rahmenbedingungen des aktuellen marktwirtschaftlichen Systems, das die nationalen Grenzen und auch die Grenzen zur Natur längst gesprengt hat. Die globale Marktwirtschaft hat längst eine Eigendynamik angenommen, welche weit über die individuellen Handlungsmöglichkeiten einzelner Personen hinausgeht. Es braucht dazu natürlich – individuelle oder institutionelle – Akteure, aber das Hauptproblem ist nicht deren Gier oder Maßlosigkeit, sondern die inhärenten Mechanismen der globalisierten Wirtschaft. Wie Drewermann (2016, S. 47) richtig sagte: „Systemkonflikte lassen sich nicht personalisieren." Drewermann (2016, S. 63) ist sicher zuzustimmen, wenn er schreibt: „Es ist nicht die maßlose Gier der Einzelnen, welche die kapitalistische Wirtschaftsform erschafft, es ist umgekehrt diese Wirtschaftsform, die sich in der Gier der Einzelnen niederschlägt und ihrer zum Selbsterhalt bedarf."

Doch trifft Drewermanns (2016, S. 63) Analyse zu, wonach der inhärente Wachstumszwang der Marktwirtschaft auf die doppelte Ökonomie des monetären Systems zurückzuführen ist, nämlich auf der einen Seite des Geldes, das eingenommen und investiert wird, und auf der anderen Seite des realen Produktionssystems von der Herstellung von Waren und Dienstleistungen? Anders herum gefragt: Wäre ein so effizientes Produktionssystem überhaupt denkbar ohne Geldkreislauf, ohne Zins und Kredite? Ist es nicht vielmehr – wie alles auf der Welt – eine Frage des Maßes? Wenn die Akkumulation von Besitz – egal ob in Geldform oder anderswie – nach oben begrenzt ist, ebenso wie die Höhe des Zinses, würde da nicht die nach oben unbegrenzte Wachstumskurve gebrochen? Ich habe beide Vorschläge an anderer Stelle diskutiert (vgl. Jäggi 2016, S. 102 ff. und 127). Dabei ist zu bedenken, dass mit jedem Euro zusätzlich akkumulierten Vermögens ab einem bestimmten Vermögensumfang die Opportunitätskosten des Geldverdienens steigen bzw. der Grenznutzen des zusätzlich verdienten Geldes sinkt. Irgendwann steigen die Kosten der Geldanlage und der Anlageverwaltung dermaßen, dass beide schlicht unattraktiv werden. Wenn das akkumulierte Vermögen – etwa ab einer bestimmten Vermögenshöhe, zum Beispiel ab 5 Mio. EUR – an eine andere Person umverteilt wird, die der Vermögende selber bestimmen kann, sinken die Opportunitätskosten des umverteilten Vermögens und der Grenznutzen steigt wieder – bis die beglückte Person ebenfalls eine bestimmte Vermögenshöhe erreicht hat usw.

Es geht also weniger darum, die vorhandene Vermögensmenge oder den Geldkreislauf zu beschneiden, sondern beide breiter oder feiner zu verteilen und den Geldkreislauf zu verlangsamen.

Von daher sind einseitige Fundamentalkritiken gegen „den Zins" oder „den Geldkreislauf" zu platt und wenig hilfreich.

Da erscheint das Konzept der „Multikapitalität" (Janikowski 2011, S. 34 f.) deutlich Erfolg versprechender. Statt sich im engen Sinn auf (Finanz-)Kapital zu konzentrieren, unterscheidet dieses Konzept folgende Kapitalformen:

- Umweltkapital wie natürliche Ressourcen (z. B. Wasser, erneuerbare Energie, Wald);
- Sozialkapital wie Vertrauen, Kooperation usw.;
- Menschen- und Geistkapital im Sinne von Innovation, Know-how, Bildung usw.;
- Technik- und Infrastrukturkapital wie Verkehrsmittel, Logistik, IT;
- Kulturkapital wie Umgang mit kultureller Vielfalt und Diversity-Management;
- politisches Kapital wie Vertrauen in die Öffentlichkeit, demokratische Prozeduren usw.;
- Finanzkapital wie zur Verfügung stehendes Geld oder andere Kapitalformen.

5.1 Care Economy

Laut Heimbach-Steins (2017, S. 231) ist Care/Fürsorge „in allen Gesellschaften der Welt ein fundamentaler Bereich menschlichen (Zusammen-)Lebens. Er betrifft all jene Tätigkeiten, die Menschen für sich und für Andere zum Erhalt, zur Pflege und zur Regeneration der Lebenskräfte ausüben – Kinderpflege und -erziehung, Altenbetreuung und -pflege, Gesundheitspflege, Haushaltstätigkeiten". Heimbach-Steins (2017, S. 231) bezeichnete Care/Fürsorge als „universal-existentiale[n] Faktor", der in allen Gesellschaften vorkommt, wobei jedoch die Art und Weise, wie Care geleistet wird, je nach geschichtlichen, kulturellen, sozialen und gesellschaftlichen sowie Geschlechterbedingungen sehr unterschiedlich ist. Care/Fürsorge wurde und wird traditionell als „privat" bzw. „zur Privatsphäre gehörend" verstanden und in den meisten Gesellschaften durch Frauen ausgeübt (also geschlechtsasymmetrisch, vgl. Heimbach-Steins 2017, S. 234). In modernen Gesellschaften wurde Care zunehmend zu einem knappen Gut und in steigendem Maß ökonomisiert.

In ihrer Einführung zum Thema Menschenrechte und Care Economy haben Annette Mehlhorn und Brigitta Kress (2015, S. 15) darauf hingewiesen, dass Care als „Indikator und Messinstrument für soziale Verhältnisse gelten [kann]". Sie schreiben in diesem Zusammenhang:

> Worum geht es? Genau genommen geht es um nicht mehr und nicht weniger als *Liebe*. In einer Welt, die Menschen und Dinge mehr und mehr am Maßstab von Rationalität, Effektivität und Leistung misst – und sei dies auch im zerstörerischen Sinn –, gehört Liebe, ebenso wie ‚Aufmerksamkeit', ‚Respekt' und ‚Achtsamkeit', aber auch ‚Schwäche' und ‚Bedürftigkeit', zu den nicht quantifizierbaren Gütern, die ins Private abgedrängt wurden und werden. In dieser – bisher weitgehend als Frauendomäne qualifizierten – Zone ist Liebe schon längst öffentlich und auch politisch geworden (Mehlhorn und Kress 2015, S. 15).

So sei Care, also das „Sorgen, Fürsorgen und Pflegen, auch von menschlichen Beziehungen in ihrer biografisch jeweils unterschiedlichen Kapazität von kraftvoller Verantwortlichkeit und Bedürftigkeit ... längst zum gesamtgesellschaftlichen und zum globalen Problem geworden".

Aus feministischer Sicht erweist sich dabei

> der Schlüsselbegriff *Care* oder ‚Sorge für andere' … sowohl als analytisches Instrument zur Dekonstruktion kultureller Vorstellungen über Geschlechterordnungen und Geschlechterhierarchien als auch als wichtiges Instrument zur Kritik gesellschaftlicher Verhältnisse und damit als politischer Hebel, um gemeinsam gegen Unterordnung und Benachteiligung aufzubegehren. *Care* als analytisches Konzept und Schlüsselkategorie einer neuen Sozialpolitik und neuen Prioritätensetzung in der Politik bezeichnet all die Tätigkeiten der Sorge für andere, die üblicherweise von Frauen übernommen werden: Hausarbeit, Betreuung, Erziehung und Pflegetätigkeiten (Gerhard 2015, S. 34).

Gleichzeitig bezweckt dieses Konzept die Trennung in berufliche bzw. öffentliche und private Zuständigkeiten, aber auch geschlechtsspezifische Arbeitsteilungen und Verantwortlichkeiten aufzubrechen oder gar aufzuheben.

Klawatsch-Treitl (2011, S. 155) hat zu Recht kritisiert, dass Carearbeit zu einem großen Teil nicht über den Markt verrichtet und „vom Ökonomischen abgespalten und verschwiegen wird. Sie wird dadurch unsichtbar und wertlos." Dabei gebe es diesbezüglich in der Ökonomik so etwas wie ein „strategisches Schweigen". Gleichzeitig werde ausgeblendet, dass der Markt eine Art unsichtbares Vorsorge- und Auffangnetz voraussetze, das auch von Kritikern des Neoliberalismus meist nicht thematisiert werde (vgl. Klawatsch-Treitl 2011, S. 156). Mir scheint, das Problem liegt darin, dass im feministischen Diskurs über die Carearbeit oft die empirische und die grundsätzlich kategoriale Ebene vermischt werden: Das Konzept der Carearbeit hat vor allem als grundsätzliche Kategorie seine Berechtigung. Kategorial ist das Carekonzept deutlich anders ausgerichtet als etwa monolineare Input-Output-Modelle. Care thematisiert nicht nur die Effizienz und Effektivität, sondern auch die soziale Dimension, die Beziehungsebene und letztlich zentrale Bereiche menschlicher Reproduktivität. Übersehen wird aber von einzelnen Autorinnen – etwa von Gubitzer (2006, S. 17 ff.; vgl. oben) in ihrem Modell der fünf ökonomischen Sektoren –, dass Careleistungen sowohl in Form von monetarisierter Lohnarbeit als auch als unbezahlte Arbeit erbracht werden und sowohl im For-Profit-Bereich und im Non-Profit-Bereich als auch im staatlichen Sektor und in dem von Gubitzer umschriebenen „Haushaltssektor" – und sogar auch im illegalen Bereich.

Problematisch erscheint jedoch auch die bis heute diskutierte Marx'sche Unterscheidung von „produktiver" und „reproduktiver" Arbeit. „Produktive" Arbeit wurde und wird dabei als „mehrwertschöpfend" verstanden, während „reproduktive" Arbeit durch Arbeitskraft geleistet werde, „die nicht vom Kriterium der Erzeugung und Realisierung von Mehrwert gesteuert" (Offe 1972, S. 31) ist. So wurden etwa Dienstleistungen oder auch die Arbeit von Verwaltungsangestellten als „nicht produktiv" bzw. „reproduktiv" gewertet (vgl. z. B. Offe 1972, S. 30), während die (unbezahlte) Carearbeit erst recht als reproduktive Arbeit galt. Ganz abgesehen davon, dass diese Unterscheidung auch kategorial unhaltbar ist – viele Dienstleistungen schöpfen durchaus gesellschaftlichen Mehrwert – erweist sich diese Differenzierung gerade heute angesichts der zunehmenden Virtualisierung vieler Arbeitsabläufe als überholt.

Analytisch erscheint das Carekonzept vor allem deshalb interessant, weil es ein-dimensionale Produktivitäts- und Effizienzkonzepte der klassischen Ökonomie durchbricht und die alte marxistische Unterscheidung zwischen „produktiver" und „reproduktiver" Arbeit überwindet. Care ist immer vieldimensional und sowohl reproduktiv als auch produktiv im eigentlichen Sinn.

Sozialpolitisch – und damit strategisch – lässt sich das Carekonzept sowohl bedarfs-als auch leistungsorientiert deuten: Ein Menschenrecht auf Care müsste sowohl den Anspruch auf Careleistungen als auch die Pflicht zur Leistung von Carearbeit beinhalten. Ohne hier auf die von Hans Küng (1990, S. 83 ff. sowie Küng und Kuschel 1996, S. 29 ff.) und anderen losgetretene Diskussion um Menschenrechte und Menschen-pflichten einzugehen – d. h. auf die Frage, ob neben den Menschenrechten explizite Menschenpflichten formuliert werden müssten oder ob diese nicht bereits in den Menschenrechten mit enthalten sind –, nur so viel: Nur wenn die Leistungsseite der Carearbeit mit eingeschlossen wird, kann auch das berechtigte feministische Anliegen nach Einbezug der geschlechterspezifischen Dimension der Carearbeit adäquat in das Konzept einbezogen werden.

Auf einen spannenden Aspekt der Carethematik hat Hans Prömper (2015, S. 123) hin-gewiesen: Männer praktizieren eine ganz andere Art des Sorgens für andere als Frauen. Er sieht den Careaspekt in der Arbeit der Männer „in den vergessenen Traditionen und Techniken des Selbstsorge" (Prömper 2015, S. 123). So seien etwa Männergruppen und Männerinitiativen Elemente einer neuen kommunitären Selbstsorgekultur von Männern. Auch haben neuere Studien über die Rolle der Männer in Bezug auf Kinder, Kinder-erziehung, geteilte Partnerschaft und Haushaltsarbeit gezeigt, dass sich die heutigen Män-ner stark von früheren Generationen unterscheiden: „Eine aktuelle ‚Trendstudie Väter‘ aus dem Jahr 2012 stellt zusammenfassend fest: ‚Es gibt eine neue Generation von Vätern, die sich deutlich von der Generation ihrer eigenen Väter unterscheidet. Die ‚modernen Väter‘ entscheiden sich immer häufiger bewusst für ein Kind, beteiligen sich aktiver an der Kindererziehung und -betreuung sowie an häuslichen Aufgaben und sind generell emotional involvierter, was den eigenen Nachwuchs angeht. Gleichzeitig fühlen sie sich dadurch nicht weniger männlich, sondern integrieren diese ‚neuen‘ Rollen in ihr Bild von ‚Männlichkeit‘ (Väter gGmbH 2012, S. 74)" (zitiert nach Prömper 2015, S. 123 f.). Män-ner sorgen und pflegen jedoch anders als Frauen. „Männer sehen, wenn sie pflegen, hierin v. a. eine Aufgabe, die organisiert und bewältigt werden muss. Dabei nehmen sie früh-zeitig professionelle Hilfe, v. a. für körpernahe Pflegeaufgaben, in Anspruch und bemühen sich um eine reibungslose Pflegelogistik" (Rowoski und Ruffing 2012, S. 11). Allerdings sind Männer offenbar weniger belastbar als Frauen. Im Zusammenhang mit männlicher Pflege sprechen heute einige bereits von „caring masculinity" (Prömper 2015, S. 124).

Das Netzwerk Care Revolution kämpft in Deutschland für „Achtsamkeit für die Bedürfnisse aller Menschen. Raum und Empathie und solidarisches Miteinander sowie wirkliche Demokratie in Politik und Ökonomie" (Neumann und Winker 2017, S. 86). Dabei setzen sich die Aktivisten für ein ausreichendes, existenzsicherndes Einkommen und für eine bessere Entlohnung in den Carebereichen, für ausreichende Zeit neben der

Erwerbsarbeit für die Sorge für nahestehende Menschen, für eine soziale Infrastruktur zur wirklichen Unterstützung von Care und Selbstsorge, für umfassende gesellschaftliche Selbstverwaltung und für demokratische Kontrolle, besonders auch im Carebereich, sowie für eine diskriminierungsfreie Gesellschaft ein (vgl. Neumann und Winker 2017, S. 86).

5.2   Öffentliche Güter

Eine spannende Frage, an welcher sich die jeweilige Haltung zum Gemeinwohl zeigt, ist die der öffentlichen Güter.

Scorse (2010, S. 15) nannte folgende Beispiele für öffentliche Güter aus der Sicht der Umwelt:

- Biodiversität: Nur ihr Schutz und die Verhinderung ihrer Privatisierung könne in der Gegenwart und in der Zukunft garantieren, dass sie auch weiterhin allen Menschen zur Verfügung stehen wird.
- Intakte Ozonschicht: Ihr Schutz und ihre Aufrechterhaltung sind die Bedingung für Leben auf unserem Planeten und insbesondere für menschliches Leben.
- Saubere Luft: Niemand kann oder darf vom Atmen sauberer Luft abgehalten werden. Zwar könnte theoretisch Luft an die Konsumenten verkauft werden – etwa für abgeschlossene Wohn- oder Arbeitsbereiche. Doch was würde eine Vielzahl von Menschen faktisch von Lebensqualität oder im Extremfall sogar von ihrem Überleben ausschließen.
- Stabiles Klima mit einer auf ein Minimum beschränkten Klimaerwärmung: Dieses öffentliche Gut ist am schwierigsten zu garantieren, weil die Einflussfaktoren und damit die involvierten Interessen ungeheuer vielfältig sind.

Franz Josef Radermacher (2005, S. 98) hat die Frage gestellt, was eigentlich ein Land reich macht. Er hat diese Frage wie folgt beantwortet. Der Reichtum eines Landes besteht aus

1. einem gut funktionierenden, leistungsfähigen Governance-System,
2. exzellent ausgebildeten, gut orientierten und motivierten Menschen,
3. hervorragenden Infrastrukturen auf hohem Niveau,
4. einem breiten Kapitalstock,
5. einem leichten und garantierten Zugriff auf benötigte Ressourcen,
6. leistungsfähigen Forschungseinrichtungen und international konkurrenzfähigen Innovationsprozessen,
7. einer guten Einbettung von Unternehmen und Menschen in die globalen Wertschöpfungsketten.

Zum Reichtum eines Landes gehören also nach dieser Aufstellung das Verwaltungs- und Politiksystem, qualifizierte und motivierte Menschen, Infrastruktureinrichtungen, Kapital und Zugang zu Ressourcen, Forschung und internationale Einbindung. Dabei ist zu bedenken, dass dazu sowohl kollektive Einrichtungen und Kapazitäten als auch individuelle Verhaltensweisen und Fähigkeiten gehören.

In diesem Zusammenhang stellt sich auch die Frage nach der Rolle der Infrastrukturkosten und nach ihrer Finanzierung. Die Geschichte hat gezeigt, dass gesellschaftliche Aufgaben immer dann vom Staat übernommen werden, wenn sie nicht (mehr) durch privates Kapital wahrgenommen werden können oder wenn private Investoren sie nicht übernehmen wollen (vgl. Offe 1972, S. 55) – z. B. bei hohem Risiko oder geringem Gewinn. So wurden in vielen Ländern – etwa in der Schweiz – die ursprünglich privaten Bahnen genau dann verstaatlicht, als sie defizitär wurden.

5.3   Digitale Medien und *Social Networks*

Es mag auf den ersten Blick erstaunen, dass im Zusammenhang mit öffentlichen Gütern die digitalen Medien und *Social Networks* angesprochen werden. Der Grund dafür ist ein doppelter: Auf der einer Seite stellen Unternehmen wie Google oder Facebook heute faktisch Monopole dar, denen keine gleichwertigen Konkurrenten gegenüberstehen. Laut Hackbarth (2018, S. 9) ist dabei die Situation eine ganz andere als etwa in der Automobil- oder Nahrungsmittelindustrie, wo man immerhin noch auf andere Marken und Produkte ausweichen kann. „Im Fall von Facebook geht das nicht, da es keinen Konkurrenten auf dem Markt gibt, der vergleichbare Möglichkeiten bietet. Facebook ist nicht mit einer Automarke zu vergleichen, sondern vielmehr mit dem Straßennetz" (Hackbarth 2018, S. 9). Das bedeutet, dass solche Firmen sozusagen infrastrukturelle Funktionen übernommen haben. Gleichzeitig sind heute Facebook und ähnliche, wenn auch viel kleinere *Social Networks* identitätsgenerierend geworden, sie greifen also entscheidend in das Selbstbild und in die Selbstdefinition der Menschen ein.

Dazu kommt: Je mehr Menschen Google oder Facebook nutzen und je häufiger sie das tun, desto mehr Daten erhalten diese – und wirken so auf die Nutzer zurück. Dabei ist nicht so entscheidend, ob die Unternehmen Facebook oder Google heißen – bei deren Zerschlagung würden einfach andere Firmen nachrücken. Denn diese Unternehmen generieren das Netzwerk – und sie definieren seine Regeln. Marxistisch gesagt: Die Internetplattformen schaffen Wert durch Interaktionen, welche einzelne Menschen ausführen, und diesen Wert eignen sich die *Social Networks* an (vgl. Hackbarth 2018, S. 9). Von daher erhält das alte Marx'sche Diktum der Enteignung der Enteigner eine neue, erschreckende Aktualität.

5.4   Konsumentenmacht als Marktkorrektiv?

Ulrich Beck (2003, S. 51) hat die Meinung vertreten, dass es für das Kapital „gegen die wachsende Gegenmacht der Konsumenten keine Gegenstrategie gibt: Selbst allmächtige Weltkonzerne können ihre Konsumenten nicht entlassen. Konsumenten sind – anders als Arbeiter – weder Mitglieder, noch wollen sie es werden." Doch stimmt das tatsächlich? Haben die Unternehmen nicht längst Mittel und Wege gefunden, um die Konsumenten auf ihre Bedürfnisse zu konditionieren, etwa durch Erfindung von Modetrends, Labels und die Verlagerung der Kaufmotivation vom Gebrauchswert eines Gegenstandes auf dessen gefälliges Design?

Wenn nämlich Beck recht hätte, wären die Konsumenten im Besitz einer riesigen Marktmacht. Theoretisch mag dies zwar zutreffen – etwa wenn man an gezielte Warenboykotte denkt –, aber praktisch sind doch die Konsumenten mehr denn je in unzählige Käufergruppen und Nachfragersubkulturen zersplittert, was sich exemplarisch etwa im Nahrungsmittelmarkt zeigt (vgl. Jäggi 2018).

Auf jeden Fall sind „die Konsumenten" weniger denn je in der Lage, den Anbietern von Produkten Art und Weise der Produkte und Produktionsstandards zu diktieren – auch wenn es Erfolg versprechende Ansätze gibt, wie etwa Fairtrade-Standards oder biologisch-ökologische Produktionsformen.

Produkte mit dem Fairtrade-Max-Havelaar-Label müssen die internationalen Fairtrade-Standards befolgen. Die Fairtrade-Standards gelten nicht nur im Anbau, sondern auch hinsichtlich Organisation der Produzenten und für den fairen Handel der Rohstoffe. Sie basieren auf den drei Säulen Handel, Soziales und Umwelt und sollen den Produzenten die Voraussetzungen für die ökonomische, soziale und ökologische Entwicklung ermöglichen (vgl. Fairtrade Max Havelaar 2018). Fairtrade verfolgt folgende Ziele:

- „Transparente und demokratisch geführte Produzentenorganisationen als Schlüssel für eine zunehmend selbstbestimmte Entwicklung
- Schaffung von Marktzugang zu vorteilhaften Bedingungen
- Stabile partnerschaftliche Handelsbeziehungen und faire Preise, die die Kosten einer nachhaltigen Produktion decken
- Die zusätzliche Fairtrade-Prämie ermöglichen Investitionen in die Produktivität und in Projekte, die der ganzen Gemeinschaft zugute kommen, wie Bau einer Schule oder eines Gesundheitspostens
- Verbesserte Arbeitsbedingungen und Gesundheitsschutz
- Entwicklungsperspektiven für Kleinbauernorganisationen" (Fairtrade Max Havelaar 2018).

Damit erhalten die Konsumenten ein Instrument, um ihre Präferenz für Produkte mit Minimalstandards in ökonomischer, sozialer und – teilweise – ökologischer Hinsicht auszudrücken und nachzufragen.

Literatur

Beck, Ulrich (2003): Das Meta-Machtspiel der Weltpolitik. Kritik des methodologischen Nationalismus. In: Nassehi, Armin/Schroer, Markus (Hrsg.): Der Begriff des Politischen. Baden-Baden: Nomos. 45 ff.

Drewermann, Eugen (2016): Geld, Gesellschaft und Gewalt. Kapital und Christentum 1. Ostfildern: Patmos Verlag.

Fairtrade Max Havelaar (2018): Fairtrade Max Havelaar – Für mehr Fairness beim Anbau und im Handel. Über das Label. https://www.migros.ch/de/einkaufen/eigenmarken-labels/max-havelaar.html?gclid=EAIaIQo0ChMIpqGW-uKo2gIVxEAbCh2kDQpSEAAYASAAEgIddPD_BwE (Zugriff 7.4.2018).

Gerhard, Ute (2015): *Care* als Menschenrecht. Argumente in einem interkulturellen bzw. interreligiösen Dialog. In: Mehlhorn, Annette/Kress, Brigitta (Hrsg.): Füreinander Sorge tragen. Religion, Säkularität und Geschlecht in der globalisierten Welt. Weinheim/Basel: Beltz/Juventa. 22 ff.

Gubitzer, Louise (2006): Wirtschaft ist mehr! Sektorenmodell der Gesamtwirtschaft als Grundlage für die Geschlechtergerechtgkeit. In: Widerspruch 50(2006)1. 17 ff.

Hackbarth, Daniel (2018): Facebook-Skandal: Das unumgängliche Monopol. In: WochenZeitung vom 29.3.2018. 9.

Heimbach-Steins, Marianne (2017): Grund zur Sorge – Genderfragen im Feld der Care-Arbeit. In: Brand, Cordula/Heesen, Jessica/Kröber, Birgit/Müller, Uta /Potthast, Thomas (Hrsg.): Ethik in den Kulturen – Kulturen in der Ethik. Eine Festschrift für Regina Ammicht Quinn. Tübingen: Narr Francke Attempto. 231 ff.

Jäggi, Christian J. (2016): Volkswirtschaftliche Baustellen. Analyse- Szenarien – Lösungen. Wiesbaden: Springer Gabler.

Jäggi, Christian J. (2018): Ernährung, Nahrungsmittelmärkte und Landwirtschaft. Ökonomische Fragestellungen vor dem Hintergrund der Globalisierung. Wiesbaden: Springer Gabler.

Janikowski, Ryszard (2011): Die Bedeutung des Kulturkapitals für nachhaltige Entwicklung. In: Banse, Gerhard/Janikowski, Ryszard/Kiepas, Andrzej (Hrsg.): Nachhaltige Entwicklung – transnational. Berlin: Edition Sigma. 33 ff.

Klawatsch-Treitl, Eva (2011): Entwicklungspolitische NGOs zwischen Markt und Staat. Wien: Mandelbaum.

Küng, Hans (1990): Projekt Weltethos. München/Zürich: Piper.

Küng, Hans/Kuschel, Karl-Josef (Hrsg.) (1996): Erklärung zum Weltethos. Die Deklaration des Parlaments der Weltreligionen. 2. Auflage. München: Piper.

Mehlhorn, Annette/Kress, Brigitta (2015): Religion – Politik – Gender. Unter dem Brennglas von Care. In: Mehlhorn, Annette/Kress, Brigitta (Hrsg.): Füreinander Sorge tragen. Religion, Säkularität und Geschlecht in der globalisierten Welt. Weinheim/Basel: Beltz/Juventa.

Neumann, Matthias/Winker, Gabriele (2017): Care Revolution: Ressourcen für Sorgearbeit erkämpfen. In: Burkhart, Corinna/Schmelzer, Matthias/Treu, Nina (Hrsg.): Degrowth in Bewegung(en). 32 alternative Wege zur sozial-ökologischen Transformation. München: Oekom. 84 ff.

Offe, Claus (1972): Strukturprobleme des kapitalistischen Staates. Frankfurt/Main: Edition Suhrkamp.

Prömper, Hans (2015): Sorgende Männer. Eine Frage der Gerechtigkeit. In: Mehlhorn, Annette/Kress, Brigitta (Hrsg.): Füreinander Sorge tragen. Religion, Säkularität und Geschlecht in der globalisierten Welt. Weinheim/Basel: Beltz/Juventa. 123 ff.

Radermacher, Franz Josef (2005): Was macht Gesellschaften reich? Die Infrastruktur als wesentlicher Baustein. In: Loske, Reinhard/Schaeffer, Roland (Hrsg.): die Zukunft der Infrastrukturen. Intelligente Netzwerke für eine nachhaltige Entwicklung. Marburg: Metropolis. 97 ff.

Rowoski, Martin/Ruffing, Andreas (2012): Wenn Männer pflegen – eine thematische Einführung. In: Bundesministerium für Familie, Senioren, Frauen und Jugend (Hrsg.): Auf fremden Terrain – Wenn Männer pflegen. Berlin. 7 ff.

Scorse, Jason (2010): What Environmentalists Need to Know about Economics. New York: Palgrave MacMillan.

Väter gGmbH (Hrsg.) (2012): Trendstudie „Moderne Väter". Wie die neue Vätergeneration Familie, Gesellschaft und Wirtschaft verändert. Hamburg.

Einige ethische Fragestellungen

John H. Dunning (2000) hat darauf hingewiesen, dass die globale Marktwirtschaft auf die Dauer nur akzeptiert werden wird, wenn sie sozial ist und auf einem allgemeinen Konsens beruht. Dabei muss sich die Marktwirtschaft für alle lohnen, die „ökonomische Partizipation" („inclusiveness") aller sicherstellen und auf einer starken ethisch ausgerichteten Rahmenordnung beruhen (vgl. Küng 2010, S. 91).

Dabei hat sich die Mainstreamökonomik spätestens seit Aufkommen des Neoliberalismus von der Ethik abgewendet. Nae? (2014, S. 59) hat diese Haltung wie folgt auf den Punkt gebracht: „Für die Besserstellung der Menschen muss in Kauf genommen werden, dass soziale und ethisch-moralische Werte in den Hintergrund gedrängt werden. So muss die Idee der *sozialen Gerechtigkeit* als nicht mehr zeitgemäss, vor allem aber als nicht marktgemäss betrachtet werden". Eine solche Haltung schaufelt jedoch das Grab für jede marktwirtschaftliche Ordnung. Das haben zunehmend mehr Ökonomen erkannt und auch thematisiert. So wurde etwa in jüngster Vergangenheit die Vertrauensfrage von ökonomischer Seite stärker thematisiert.

Lachmann (2016, S. 93) hat sehr zu Recht auf die Rolle des Vertrauens in funktionierenden Marktwirtschaften hingewiesen: „Die Marktwirtschaft braucht ein Klima des Vertrauens. Hierin besteht die von mir postulierte Minimalmoral: die Loyalität des Markt-, Arbeits- und Sozialpartners wird unter der Annahme einer stetigen Wirtschaftspolitik vorausgesetzt. *Durch Selbstinteresse zum Gemeinwohl* – diese großartige Entdeckung des schottischen Philosophen Adam Smith mag zu einem absurden System einer freien Marktwirtschaft geführt haben; sie ist ‚das schlechteste aller Systeme, mit der Ausnahme aller anderen, die wir kennen' (um ein Wort von Churchill über die Demokratie in abgewandelter Form anzuführen)."

Wenn es stimmt – wie Nida-Rümelin (2011, S. 69) meint –, dass „echte Kommunikation … nur möglich [ist], wenn einige fundamentale Regeln befolgt werden: Wahrhaftigkeit,

C. J. Jäggi, *Wirtschaftsordnung und Ethik*, https://doi.org/10.1007/978-3-658-23034-0_6

Vertrauen und Verlässlichkeit", bedeutet das für die Wirtschaftskommunikation – und jeder Markt ist letztlich eine Kommunikation zwischen Anbieter und Nachfrager –, dass es verbindliche Marktregeln geben muss, die Wahrhaftigkeit, Vertrauen und Verlässlichkeit im Marktverhalten festschreiben. Dazu reichen aber einige Codes of Conducts nicht aus. Vielmehr müssen die Marktbedingungen so gestaltet sein, dass Anbieter ohne diese Qualitäten aus dem Markt ausscheiden.

In diesem Zusammenhang ist interessant, wie die großen Ökonomen das Verhältnis von Kapitalismus und Moral gesehen haben. Pies (2014, S. 34) hat dazu folgendes Schema aufgestellt:

Ist der Kapitalismus in moralischer Hinsicht zu begrüßen? Abb. 6.1 zeigt die Haltung dazu von einigen wichtigen Ökonomen.

Friedrich L. Sell (2014, S. 33) hat folgende spannende Frage aufgeworfen: Wenn Wirtschaftskrisen zu einem Vertrauensverlust in Politik und Wirtschaft führen, könnte es dann nicht auch umgekehrt sein, dass der zunehmende Vertrauensverlust in Politik und Wirtschaft selbst Wirtschaftskrisen verursachen kann? Wenn ja, könnte das heißen, dass eine prosperierende Wirtschaft mit Vertrauen in Politik und Wirtschaft einhergehen muss und umgekehrt ohne Vertrauen in Politik und Wirtschaft gar kein nachhaltiger Wirtschaftsaufschwung möglich ist? Wie immer ist es nicht ganz so einfach.

Empirisch kann man argumentieren, dass es sehr wohl Regimes gegeben hat und gibt, zu denen die Bürger kein Vertrauen hatten und unter denen die Wirtschaft trotzdem prosperiert hat oder prosperiert. Auch das Umgekehrte ist leider nicht fix: Auch Länder, zu deren Regierungen die Menschen Vertrauen haben, können unter einer Wirtschaftskrise leiden.

Doch zweifellos gibt es bestimmte Gesetzmäßigkeiten und allgemeine Zusammenhänge. Ohne Zweifel verfügt ein wenig vertrauenswürdiges Regime über weniger breit

Abb. 6.1 Keynes, Marx, F. A. Hayek und Schumpeter zum Verhältnis von Moral und Ökonomie. (Quelle: Pies 2014, S. 34 f., redigiert durch CJ)

akzeptierte Methoden politischer Führung. Umgekehrt hat ein solches Regime auch weniger Skrupel, illegitime oder nicht demokratisch legitimierte Methoden – wie zum Beispiel übermäßige Gewalt – einzusetzen. In undemokratischen Gesellschaften können sich politische Oligarchen und selbsternannte Eliten besser und länger an der Macht halten als in demokratischen Staaten – ganz einfach, weil sie nicht vor einem institutionalisierten Legitimationszwang stehen oder weil ein solcher nur formell besteht. Die Gefahr ist auch viel größer, dass solche Regimes einseitig Beschlüsse fassen und durchsetzen, welche ihren Sonderinteressen und nicht den Interessen der Bevölkerung oder mindestens der Bevölkerungsmehrheit dienen.

Sell hat vorgeschlagen, das Vertrauen als Produktionsfaktor zu betrachten, der sich sehr schnell als wachstumstreibend erweisen kann: „In substitutionalen Produktionsfunktionen verhilft uns die Existenz eines zusätzlichen Produktionsfaktors dazu, andere Ressourcen zu schonen" (Sell 2014, S. 39). Dabei sei eine ausschließlich auf die Transaktionskosten blickende Sicht zu eng, weil damit die (ökonomische) Bedeutung des Vertrauens unterschätzt werde. Dies, weil durch Vertrauen nicht nur Transaktionskosten, sondern „Kosten schlechthin" (Sell 2014, S. 40) eingespart würden. Weil Vertrauen zusätzliche Spielräume verschaffe, seien Vertrauen und Risiko nicht Konkurrenten, sondern Komplemente. Wichtig für die Geldanlage und Geldaufnahme ist Vertrauen auch ökonomisch, weil hohes Vertrauen bedeutet, dass das Risiko gering eingeschätzt wird und damit die Risikoprämie an den Kapitalgeber sinkt. Je höher das Vertrauen in das Marktprodukt, in die Fähigkeiten des Unternehmers und in seine Liquidität, desto geringer die Risikoprämie und desto günstiger die Refinanzierungskosten und letztlich auch die Erfolgsaussichten auf dem Markt. Allerdings müssen Produkt, Vermarktung, operatives und strategisches Management stimmen – und dann kann Vertrauen entscheidend für den Markterfolg sein. Beruht das Vertrauen der Kunden nicht auf der Produktqualität oder einer adäquaten Vermarktung, schlägt Vertrauen in blindes Vertrauen oder in Blauäugigkeit um und der Misserfolg ist programmiert. Das ist bei vielen Multi-Level-Marketing-Systemen („Pyramidensystemen") – wie seinerzeit beim European King's Club – der Fall, die nur aufgrund blinden Vertrauens und mehr oder weniger sanften sozialen Drucks Gleichgesinnter funktionieren können.

Überhaupt ist das Vertrauen – nicht nur in einen Betrieb, sondern auch in das Umfeld und in ein Land – entscheidend für die Investitionstätigkeit. Wie Liechti (2014, S. 90) sehr zu Recht betont, ist Vertrauen immer an Transparenz und damit an Information gekoppelt. Eine von ihr durchgeführte Studie ergab, dass „Vertrauenswürdigkeit nicht in erster Linie eine Frage von Informationen ist, aber Informationen sehr wohl eine wichtige Rolle für den Vertrauensaufbau darstellen" (Liechti 2014, S. 102). Informationstransparenz bilde so etwas wie die Brücke zwischen Vertrauen und Transparenz: „Wenn wahre und relevante Information kommuniziert wird, bildet sich Glaubwürdigkeit" (Liechti 2014, S. 102). Generell gilt: Knausrige Information oder Informationsverweigerung ist vertrauensschädigend – verbraucht also übermäßig viel vom „Produktionsfaktor" Vertrauen. Ist dieser aufgebraucht, kommt die Investitonstätigkeit und damit auch die Wirtschaftstätigkeit zum Erliegen. Das kann betriebsinterne Gründe haben – z. B. Missmanagement – oder externe Ursachen, wie zum Beispiel Währungszerfall, politische Instabilität oder illegitime Verstaatlichung von Betrieben.

Umgekehrt können aber ethisch-moralische Postulate nur sachgerecht und alltagstauglich umgesetzt und realisiert werden, wenn sie nicht den ökonomischen Gesetzmäßigkeiten diametral entgegengesetzt sind. So liegt die Antwort auf überbordende Zinsen – etwa in Form von hoch spekulativen Anlagevehikeln im Finanzbereich – nicht in der Abschaffung der Zinsen, sondern in ihrer Begrenzung nach oben (vgl. dazu Jäggi 2016c, S. 101). Die Antwort auf die äußerst ungleiche Verteilung von Reichtum und Besitz liegt nicht in der Abschaffung von Besitz überhaupt, sondern in der Einrichtung von Mechanismen, welche ab einem bestimmten Vermögen die eigenverantwortliche und selbstgesteuerte Umverteilung eines Teils davon sicherstellen. So habe ich vorgeschlagen (vgl. Jäggi 2016c, S. 102), dass alle Vermögen über 5 Mio. EUR oder Franken durch ihre Besitzer auf andere Personen umverteilt werden, die sie selber bestimmen können – oder wer das vorzieht, könnte dies auch durch staatliche Einrichtungen durchführen lassen. Lachmann (2016, S. 55) schreibt zu Recht: „Es muss betont werden, dass Gewinne ebenso ehrlich erworben werden können wie Löhne; sie müssten ethisch dann auch genauso bewertet werden wie beispielsweise das sparsame Verhalten der Hausfrau. … Die instrumentalethische Kritik am Wettbewerb und Gewinn ist nicht zwingend. … Ein funktionsfähiger Wettbewerb und eine sachgemäße Erwirtschaftung des Gewinns sind … nicht unmoralisch; wegen eines möglichen Missbrauchs darf man sie nicht generell ablehnen" (Lachmann 2016, S. 55 f.).

Doch es ist auch wenig weiterführend, von einer „Ethik des Wettbewerbs" zu reden, wie Küng (2010, S. 171) zu Recht meint, weil der Wettbewerb – wie übrigens auch der Markt – als solcher ambivalent ist und je nachdem den allgemeinen Wohlstand erhöhen oder aber die soziale Ungleichheit verschärfen kann.

Wie Nida-Rümelin (2017, S. 91) zu Recht monierte, ist „Ungleichverteilung nicht per se ein Indiz für Ungerechtigkeit, sondern nur infolge einer Ungleichbehandlung von Individuen oder wenn sie die ohnehin Benachteiligten weiter benachteiligt". Die Krux ist, dass das kapitalistische System – oder freundlicher gesagt: die Marktwirtschaft – strukturell immer diejenigen bevorteilt, welche über größere Ressourcen, mehr Kapital, weiterentwickelte Technik oder bessere Informiertheit verfügen. Das führt – nicht aus bösem Willen der „Kapitalisten", sondern als durchaus gewollte Eigengesetzlichkeit des Marktes – dazu, dass sich die wirtschaftlichen und in der Folge die sozialen Ungleichheiten weiter verstärken. Dieser Mechanismus sich selbst verstärkender Ungleichheit ist ungerecht, nicht die Ungleichverteilung als solche.

Sautter (2017, S. 224) hat die Vermutung aufgestellt, dass sich „möglicherweise … die Akzeptanz ethischer Handlungskriterien in der ‚economic community' erhöht, wenn die Einnahme eines ‚moral point of view' und die Beteiligung an einem ethisch-ökonomischen Diskurs als ‚Investitionsakt' interpretiert wird". Also eine ethisch-moralische Handlungsweise als Verkaufsstrategie? Interessant dabei ist, dass diese „Investition" umso ertragbringender ist, je weniger sie als solche erkannt wird, also „je weniger sie mit der Rechenhaftigkeit eines typischen Investitionskalküls erfolgt, und je mehr sie moralisch – und nicht kalkulatorisch – motiviert ist" (Sautter 2017, S. 224). Ökonomisch müsste man dann aber fragen, ob diese „Ertragsdividende" dem Gesetz des abnehmenden Grenznutzens unterliegt, also je mehr Unternehmen „ethisch-normativ investieren", desto geringer wird der Grenznutzen – und damit auch die Motivation, dies weiterhin zu tun. Wenn alle „unethisch" handeln, steigt hingegen der Grenznutzen für das eigene „ethisch-moralische Investment". Auch das spricht dafür, ethisch-normative Standards als feste „Spielregeln" zu implementieren, statt „ethisches Investment" als eine unter vielen möglichen Spielstrategien anzusehen. Wenn ethisch-moralisches Fehlverhalten zum Ausschluss aus dem Spiel führt, wird solches Verhalten wirksamer verhindert, als wenn ethisch-moralische Handlungsweisen lediglich einen Zusatzgewinn versprechen, wie etwa ein freiwilliges Corporate-Social-Responsibility-Verhalten.

Müller (2011, S. 166) hat als entscheidende mikroökonomische Ursache für die Finanzkrise von 2008 ein dreifaches Moral-Hazard-Problem gesehen: erstens bei der Vergabepraxis von US-Subprime-Krediten, zweitens bei der Securitization und drittens beim Leveraging – also beim Verhältnis von Bilanzaktiva zum Eigenkapital – im Bankensektor. So stieg etwa zwischen 2002 und 2007 das Verhältnis von Eigenkapital zum Fremdkapital bei der UBS von 1:30 auf 1:60 (vgl. Müller 2011, S. 175), was mit einer entsprechenden Vervielfachung des Risikos verbunden war. Zu diesen drei Moral-Hazard-Problemen kam 2008 als entscheidender Faktor das Versagen der Ratingagenturen.

Dazu ist zu bemerken, dass eines der effektivsten Mittel zur Vermeidung von Moral-Hazard-Situationen ist, dafür zu sorgen, dass gar nicht erst ein Dilemma zwischen individuellen Eigeninteressen der Akteure und den Systemstandards entsteht. Das bedeutet, dass einzig klare und transparente Regelungen und Standards im Finanzbereich und die strikte Kontrolle ihrer Einhaltung ethische Dilemmata auf ein Minimum verringern können. Hier führen tugendethische Ansätze kaum weiter.

Entsprechend hat Hans Küng (2010, S. 158) eine klare Hierarchie von Ethik (Ethos), Politik und Ökonomie vorgeschlagen:

- Grundsätzlich muss das Ethos über Ökonomie und Politik stehen.
- Politik muss ein Primat gegenüber der Ökonomie haben.
- Der Markt muss wirtschaftsfreundlichen ordnungspolitischen Rahmenbedingungen unterstehen, die er aber nicht selber schaffen kann.

Wenn es stimmt, wie eine der Grundthesen von Karl Polany (1978, S. 106) in *The Great Transformation* lautete, dass eine funktionierender, sich selbst regulierender Markt nichts weniger als „die institutionelle Trennung der Gesellschaft in eine wirtschaftliche und eine politische Sphäre" erfordert – also eine Trennung, die es nach Polany weder in Stammesgesellschaften noch in feudalen Gesellschaften gab –, dann stellt sich automatisch die Frage, in welchem Verhältnis der Markt, also die wirtschaftliche Sphäre, zur Gesellschaft und damit zur politischen Sphäre steht oder stehen sollte. Die Antwort ergibt sich – wenn man Polany (1978, S. 106 und 343) folgt – in einem doppelten Sinn: Auf der einen Seite benötigt ein Marktsystem Autonomie und Raum, um sich selber im Gleichgewicht zu halten. Aber – und das ist die andere Seite – kann es kein „Laissez-Faire"-System geben, in welchem alles erlaubt ist. Durch die institutionelle Trennung von Politik und Wirtschaft wurde einseitig die Freiheit auf Kosten der Gerechtigkeit und Sicherheit betont, was sich – wie Polany (1978, S. 336) schon vor über 70 Jahren erkannte – „als tödliche Gefahr für die Substanz der Gesellschaft erwies". Denn nach Polany (1978, S. 339) darf Freiheit nicht als „pervertiertes Recht der Privilegierten" verstanden werden, sondern „als ein verbrieftes Recht, das weit über die engen Grenzen des politischen Bereichs in die innere Struktur der Gesellschaft schlechthin reicht". Interessant ist dabei, dass Polany (1978, S. 205) nicht einfach platten Marktliberalismus ebenso platten Staatsinterventionen gegenüberstellt, sondern die gerade auch von aufgeklärten Liberalen im Laufe der Geschichte wahrgenommene Verantwortung betont: „Wenn sich die Erfordernisse eines selbstregulierten Marktes als unvereinbar mit den Erfordernissen des *Laissez-faire* erweisen, dann wandten sich die Liberalen gegen das *Laissez-faire* und bevorzugten die sogenannten kollektivistischen Methoden der Reglementierung und Restriktion." Der Gegensatz zu laissez faire heißt nicht Marktregeln, sondern Interventionismus (vgl. Polany 1978, S. 206). Marktregeln sollen nicht den Markt abschaffen, sondern ihn in geordneten Bahnen halten und Exzesse verhindern.

Genau das vergessen heute viele neoliberale und marktliberale Exponenten, wenn sie den Staat lediglich als Störfaktor des Marktes sehen.

Der Ethiker Hans Ruh (2011, S. 12) hat vorgeschlagen, anstatt Top-down-Regelungen im Wirtschaftsbereich zu fordern, drei Prinzipien anzuwenden: erstens die Implementierung einer Ordnung von unten, zweitens die Förderung von Autonomie bzw. Selbstorganisation und drittens eine grundsätzliche Orientierung an ethischen Werten. Das bedeutet jedoch die Einführung einer Rahmenordnung, in welcher diese drei Prinzipien realisiert sind.

Ingo Pies und Stefan Hielscher (2012, S. 12) haben einmal geschrieben, „dass die Zwillingsphänomene Moralismus und Zynismus dort auftreten, wo eine institutionenethische Problemstellung mit einer individualethischen Argumentation zu bearbeiten versucht wird". Wenn das stimmt, könnte man umgekehrt auch sagen, dass immer dann, wenn individualethische Fragestellungen und Verhaltensweisen durch soziostrukturelle oder institutionelle Sachzwänge begrenzt oder gar verhindert werden, Verhaltensvoluntarismus und -relativismus auftreten. Strukturelle Gegebenheiten sollten weder als gottgegebene oder unveränderliche Sachzwänge noch als irrelevant angesehen werden.

Eng verbunden mit der Frage nach einer gerechten Wirtschaftsordnungspolitik sind einige spezifische ethische Fragestellungen.

Grundsätzlich gilt – wie Pogge (2011, S. 40) meint –, „dass es falsch ist unschuldige Menschen um kleiner Vorteile willen schwer zu schädigen". Wenn immer bestehende institutionelle Designs Armut produzieren und reproduzieren, sind sie ethisch nicht akzeptabel. Dabei ist die strukturelle Armut schwerer zu gewichten als die individuelle Armut, weil strukturelle Armut individuelle Armut perpetuiert und die individuellen Möglichkeiten und Strategien gewaltig verringert, der Armut zu entkommen. Gleichzeitig werden solche Strategien wie etwa die Migration von reichen Ländern teils gewaltsam, teils mit repressiven Mitteln verhindert oder mindestens erschwert.

Doch kann man tatsächlich sagen – wie Ingo Pies (2017, S. 16) meint – dass im Kapitalismus „nicht die ‚Proletarier‘, sondern die Unternehmen ‚ausgebeutet‘" werden, weil sie die von ihnen generierte Wertschöpfung nicht dauerhaft behalten können? Natürlich sollte der erzeugte Mehrwert nicht nur als Gewinn an die Aktionäre gehen, sondern auch in den Betrieb reinvestiert und in Form von steigenden Löhnen an die Mitarbeitenden ausbezahlt werden. Und zweifellos geht der Streit unter anderem auch darum, in welchem Verhältnis dies geschehen soll. Doch aus ökonomischen Gründen – unter anderem weil das investierte Kapital auch Rendite abwerfen muss – kann kein Betrieb „die Wertschöpfungsrenten … dauerhaft behalten" (Pies 2017, S. 16). Und genau dafür braucht es einen Grundkonsens über die Rahmenbedingungen oder anders gesagt: Minimalstandards in Bezug auf die Mehrwertverteilung.

Ein besonderes – ethisch relevantes – Problem im Zusammenhang mit der Wirtschaftsordnung besteht in der Tatsache, dass die Marktsituation uns immer wieder vor Entscheidungssituationen führen kann, die als ethische Dilemmata zu bezeichnen sind. Dazu folgendes Beispiel:

Ethisches Dilemma

„Georg, der gerade seinen Doktor in Chemie gebaut hat, hat große Schwierigkeiten, einen Job zu bekommen. Er ist gesundheitlich nicht sehr robust, was die Anzahl der Stellen einschränkt, in denen er vielleicht zufriedenstellend arbeiten könnte. Seine Frau muss arbeiten gehen, um die Familie zu ernähren, was an sich schon eine große Belastung verursacht, da sie kleine Kinder haben und es ernsthafte Probleme bei ihrer Beaufsichtigung gibt. Die Folgen von alledem sind besonders für die Kinder schädlich. Ein älterer Chemiker, der die Lage kennt, sagt, dass er Georg eine ganz gut bezahlte Arbeit in einem Labor vermitteln kann, indem Forschungsarbeit für die chemische und biologische Kriegsführung getrieben wird. Georg sagt, dass er das nicht akzeptieren kann, da er gegen die chemische und biologische Kriegsführung eingestellt ist … Georgs Frau, die er sehr liebt, hat .. gegen eine Erforschung der chemischen und biologischen Kriegsführung .. nichts … einzuwenden. Was soll(te) er tun?"
(Williams 2016, S. 274).

Dieses Dilemma ist deshalb interessant, weil es erst aufgrund der wirtschaftlichen Rahmenbedingungen überhaupt möglich ist: Eine Wirtschaftsordnung, welche keine Produktion von chemischen oder biologischen Waffen über den Markt zulässt, eine Wirtschaftsordnung mit garantierter Existenzsicherung in irgendeiner Form, eine gendermäßig gerecht und austarierte Wirtschafts- und Gesellschaftsordnung oder eine Wirtschaftsordnung ohne erzwungene Unterscheidung und gleichzeitige Koppelung von Lohnarbeit und unbezahlter Erziehungsarbeit ließe dieses Dilemma gar nicht erst aufkommen. Das ist leider mit vielen ethischen Dilemmata so.

Evi Hartmann (2016, S. 42) hat unter anderem folgende Dilemmata aufgelistet:

- Soll ein 1-Euro-Jobber in der Pflege oder Straßenreinigung beschäftig werden, wenn er das will bzw. wenn er keine andere Alternative hat?
- Sind Klomänner oder -frauen in Kettenrestaurants von Bahnhöfen, die (fast) ausschließlich afrikanischer Herkunft sind, akzeptabel?
- Soll man Flüchtlingen oder Illegalen, die zu Hungerlöhnen arbeiten wollen, das erlauben?

Dabei fällt auf, dass allen diesen Beispielen zwei Dinge gemeinsam sind: Erstens sind sie engstens mit der ökonomischen Rahmenordnung verbunden („freier" Arbeitsmarkt; viele Stellensuchende stehen wenigen gut bezahlten Arbeitsstellen gegenüber; (Über-) Leben ist an die Lohnarbeit gekoppelt; national segmentierter bzw. an den Aufenthaltsstatus gebundener Arbeitsmarkt und – umgekehrt – kein universales Menschenrecht auf Migration und freie Niederlassung). Aus Sicht der ordoökonomischen Ethik müsste man deshalb fragen, was am bestehenden System nicht stimmt bzw. was geändert und verbessert werden müsste.

Zweitens haben in all diesen Beispielen die Akteure kaum die Möglichkeit, Alternativen zu finden – also das Problem mit einer Art „Reframing" anzugehen. Das ist übrigens ein Problem der meisten ethischen Dilemmata: In der Regel bestehen sie aus einem einfachen Entweder-oder, eine dritte oder vierte Möglichkeit wird entweder ausgeschlossen oder nicht erkannt. Eine adäquate ethische Strategie müsste also darauf abzielen, zusätzliche Wahlmöglichkeiten zu schaffen und das ordoökonomische System so umzubauen, dass mehr grundsätzliche Wahlmöglichkeiten entstehen. Oder anders gesagt: Ökonomische und juristische Hemmnisse, welche verhindern, andere Handlungsalternativen zu finden oder zu entwickeln, müssten grundsätzlich abgebaut oder mindestens reduziert werden.

In diesem Zusammenhang stellt sich die Frage, ob es sinnvoll ist oder gar ausreicht – wie etwa Drewermann (2016, S. 49) meint –, an der Preisgestaltung als Instrument zur Steuerung der Märkte anzusetzen, weil „die Preisgestaltung das Herzstück des gesamten kapitalistischen Wirtschaftssystems" sei. Natürlich stimmt es, dass heute viele Preise unrealistisch tief kalkuliert sind und nicht den gesamten Wert eines Produkts oder einer Dienstleistung ausdrücken, weil ein Teil der Kosten externalisiert, also an die Allgemeinheit ausgelagert sind – etwa Umweltkosten beim Fliegen, die Abfallverwertung und -aufarbeitung in Teilbereichen der Industrie und in der Landwirtschaft oder durch die Zahlung von Tiefstlöhnen im Rohstoffbereich. Doch der Preis drückt nur eine bestimmte Kombination von Produktionsfaktoren aus. Das Problem geht jedoch tiefer: Immer mehr Produkte werden hergestellt, welche unnötig, ja sogar volkswirtschaftlich schädlich sind und einen – oftmals künstlich hergestellten Bedarf – befriedigen. Es geht nicht nur um die Preise und Kosten der einzelnen Produkte, sondern auch darum, welche Produkte überhaupt hergestellt werden. Zweifellos kann die Preisgestaltung auch ein Instrument sein, doch die Preisbeeinflussung sollte nicht über direkte Markteingriffe – z. B. über Subventionen, Einfuhrzölle oder gar Einfuhrverbote – geschehen, sondern über die Regelung der Rahmenbedingungen der Märkte. Dazu kommt: Künstlich hohe Preise können zwar ein Produkt verteuern und auf dem Markt weniger attraktiv machen, aber es entstehen dann Nachholbedürfnisse, die im Laufe der Zeit bei wachsendem Einkommen umso exzessiver befriedigt werden oder – bei Nichtbefriedigung – zu sozialen und politischen Unruhen führen können (z. B. Hungerrevolten). Außerdem sind hohe Preise immer unsozial, weil sie die Armen stärker treffen als die Reichen.

Zweifellos hat Drewermann (2016, S. 109) recht, dass bei der Preisgestaltung auf jeden Fall auch die absehbaren oder wahrscheinlichen *Folgekosten* eingerechnet werden müssen. Das zeigt sich etwa bei der Atomenergie, welche niemals markttauglich geworden wäre, wenn alle Kosten – auch die der über Jahrzehntausende erforderlichen sicheren Lagerung der radioaktiven Abfälle – in den Strompreis eingerechnet worden wären. Und diese Folgekosten waren im Falle der Kernenergie von Anfang an abschätzbar. Die Folgekosten einer Innovation sind zwar nicht immer sofort abschätzbar, wie etwa im Falle der breiten Verwendung der fossilen Brennstoffe. Doch spätestens zu dem Zeitpunkt, als die Folgekosten abschätzbar wurden – was bei den fossilen Brennstoffen spätestens vor 50 Jahren der Fall war –, hätte die Preisgestaltung entsprechend verändert werden müssen. Produzenten von Energie müssten also die wahrscheinlichen Folgekosten und die externen Kosten in ihre Bilanz aufnehmen.

6.1   Soziale Gerechtigkeit

Wirtschaftliche Verbesserungen werden oft „durch den Preis sozialer Umschichtungen erkauft" (Polany 1978, S. 112). Bei sozialen Umschichtungen gibt es praktisch immer Gewinner und Verlierer. In der Regel sind die sozialen Kosten von schnell erfolgenden sozialen Umschichtungen deutlich größer, als wenn die Veränderungen langsam erfolgen: „Gehen diese [sozialen] Umschichtungen zu schnell vor sich, dann muss das Gemeinwesen in diesem Prozess zugrunde gehen", meinte Polany (1978, S. 112).

Ralf Dahrendorf (1992, S. 8) hat die These vertreten, dass „der moderne soziale Konflikt ... ein Antagonismus von Anrechten und Angebot, Politik und Ökonomie, Bürgerrechten und Wirtschaftswachstum" sei. Dabei bestehe das „Doppelgesicht der Moderne" (Dahrendorf 1992, S. 15) im Wesentlichen in der Zweiteilung des modernen Menschen als „Bürger" oder „Bourgeois" auf der einen Seite und als „Staatsbürger" oder „citoyen" auf der anderen Seite. Doch Dahrendorf scheint diesen Gegensatz zu überhöhen, etwa wenn er schreibt, dass Englands findige Unternehmer nichts mit Frankreichs Drittem Stand in der Französischen Revolution zu tun hatten: „sie waren nun einmal nicht ein und dieselbe soziale Gruppe" (Dahrendorf 1992, S. 21); vielmehr seien sie allenfalls Zwillinge gewesen, aber nicht einmal eineiige, sondern zweieiige. Doch entgegen der Meinung von Dahrendorf ging es Marx nicht um die konkreten Verhaltensweisen oder nationalen Unterschiede sozialer Gruppen – die sich durchaus auch in Form nationaler Unterschiede auf politischer Ebene und in ihrer ökonomischen Tätigkeit zeigten –, sondern um ihre Rolle und Funktion in der Wirtschaft und in der Politik.

Grundsätzlich gibt es für den Grundwert „Gerechtigkeit" zwei Ansätze: auf der einen Seite Leistungsgerechtigkeit und auf der anderen Seite Bedarfsgerechtigkeit. Aus ökonomischer Sicht zeigt sich Leistungsgerechtigkeit in der Regel in marktgerechten Preisen, während die Bedarfsgerechtigkeit bedürfnisgerechte Preise für die Konsumenten postuliert. Dabei führen marktgerechte Preise – nicht nur, aber besonders auch – bei landwirtschaftlichen Erzeugnissen in armen Ländern dazu, dass die kaufkraftschwächere Bevölkerung sich lebensnotwenige Produkte nicht kaufen kann. Dabei ist der Marktpreis immer ein Durchschnittspreis, was bedeutet, dass es immer Produzenten gibt, die billiger produzieren als andere und darum ein höheres Einkommen erzielen. Darum verhelfen marktgerechte Agrarpreise nur leistungsstarken Bauern zu einem guten Einkommen und sie zwingen die Produzenten – also in diesem Fall die Bauern – dazu, möglichst billig zu produzieren (vgl. Anderegg 1999, S. 57).

In diesem Zusammenhang erscheint die von John Rawls (1975, S. 336 f.) entwickelte Theorie der Gerechtigkeit bedeutsam. Diese besteht aus zwei Grundsätzen und zwei Vorrangregeln:

▶   **Erster Grundsatz:** Jeder Mensch hat das Recht auf die gleichen Grundfreiheiten.

▶   **Zweiter Grundsatz**
    Soziale und wirtschaftliche Ungleichheiten müssen wie folgt geschaffen sein:
        Sie müssen – unter der Einschränkung des Spargrundsatzes – den am wenigsten Begünstigten die größtmöglichen Vorteile bieten, und
        sie müssen mit Ämtern und Positionen verbunden sein, die allen in fairer Chancengleichheit offenstehen.

▶   **Erste Vorrangregel**
    Die Gerechtigkeitsgrundsätze dürfen die Grundfreiheiten nur in folgenden Fällen einschränken:
        Wenn eine weniger umfangreiche Freiheit das Gesamtsystem der Freiheiten aller stärkt.
        Eine eingeschränkte Freiheit muss für die Betroffenen annehmbar sein.

▶   **Zweite Vorrangregel**
    Der zweite Gerechtigkeitsgrundsatz ist dem Leistungs- und Nutzenprinzip übergeordnet.
        Die faire Chancengleichheit ist dem Unterscheidungsprinzip vorgeordnet.
        Eine Chancenungleichheit muss die Chancen der Benachteiligten verbessern.
        Eine besonders hohe Sparrate muss insgesamt die Last der von ihr Betroffenen verringern
        (nach Rawls 1975, S. 336 f.; vgl. dazu auch Oermann 2015, S. 55 sowie Jäggi 2016a, S. 66 f.).

Rawls' Konzept der Gerechtigkeit schließt damit aus, dass unter dem Anspruch – oder Vorwand! – einer formellen Freiheitsäquivalenz aller materiell ungerechte Spielregeln implementiert und begründet werden, welche ihrerseits die Ungleichheit verstärken. Doch genau das geschieht etwa bei vielen neoliberalen Marktkonzepten.

Das Gerechtigkeitspostulat ist eng mit dem Verständnis von sozialer Ungleichheit verbunden bzw. davon abhängig, was unter sozialer Ungleichheit zu verstehen ist und wie diese konnotiert wird. In ihrer „Soziologie globaler Ungleichheiten" zog Anja Weiss (2017, S. 103) folgendes Fazit: „Wir verfügen über zunehmend bessere Daten zu globalen Ungleichheiten, die jedoch vor allem das Einkommen erfassen und die die Kontextgebundenheit sozialer Beziehungen entweder auf den Nationalstaat verdichten oder ausblenden." Auch Mehrebenenanalysen, die zwar Kontextrelationen modellierten, seien so voraussetzungsreich, dass sie nur für reiche Wohlfahrtsnationen und kleine soziale Regionen anwendbar seien.

Der „linke" Kommunitarist Michael Walzer (2006, S. 65 ff.) hat verschiedene Sphären der Gerechtigkeit unterschieden, die Angelika Krebs (2012, S. 97) zusammengestellt hat (vgl. Tab. 6.1). Die Sphären werden unterschieden nach unbedingten und bedingten Verteilungsregeln.

Tab. 6.1 Gesellschaftliche Sphären nach Walzer. (Quelle: Krebs 2012, S. 97, redigiert und ergänzt durch CJ)

Güter	Unbedingte Verteilungsregeln	Bedingte Verteilungsregeln
Zugehörigkeit	Bedürfnisbefriedigung nach Zugehörigkeit	
Wohlfahrt + Sicherheit	Befriedigung der Grundbedürfnisse (Nahrung, Gesundheit usw.), des Bedürfnisses nach Zugehörigkeit und gemeinsame Teilung der Lasten	Wohltätigkeit
Geld + Waren	In Konsumgesellschaften Mindesteinkommen zur Sicherung der Zugehörigkeit	Freier Tausch, Geschenke
Ämter	(Meritokratie)	Nach Qualifikation (Fähigkeit, Interesse, Verdienst, Bedarf)
Harte Arbeit	Gleiche Verteilung von gefährlicher, schwerer und unangenehmer Arbeit (Bürgerdienst)	Freier Tausch, Kompensation, politische Entscheidung
Freizeit	(Ruhe, Erholung)	Wahl zwischen mehr Urlaub und mehr Lohn
Bildung + Erziehung	Grundbildung für alle nach Zugehörigkeit	Höhere Bildung nach Fähigkeit und Interesse
Liebe + Verwandtschaft	Heirat, Ehe, Zuneigung	Freie Wahl des Liebes- und Lebenspartners
Göttliche Gnade		Religionsfreiheit
Anerkennung	Minimum an Anerkennung zur Sicherung der Zugehörigkeit (Bürgerstatus), Recht auf Arbeit	Besondere Anerkennung nach positivem Verdienst, Strafe nach negativem Verdienst

Das Problem liegt darin, dass die unbedingten Verteilungsregeln nach Zugehörigkeit erfolgen. Dabei stellt sich die Frage nach der Zugehörigkeit zu welcher Kollektivität: Wenn die Zugehörigkeit sich auf die eigene Community oder den eigenen Staat bezieht, stellt sich die Frage nach der Gerechtigkeit zwischen den verschiedenen Communities bzw. den einzelnen Staaten und gegenüber Menschen, die nicht zur eigenen Community gehören. Das stellt prinzipielle Fragen. Bezieht sich aber die Zugehörigkeit auf die gesamte Menschheit, dann befinden wir uns im Problembereich der universellen und gleichen Geltung der Menschenrechte weltweit, was vermutlich nur über eine Weltverfassung mit ausformulierten und einforderbaren Grundrechten machbar wäre. Hier sind weniger die prinzipiellen Fragen das Problem, sondern die konkrete Umsetzung.

Viele Ungleichheitsstudien und Theoriekonzepte beziehen sich auf Ungleichheiten innerhalb von Nationalstaaten (vgl. Weiss 2017, S. 122), die – wenn überhaupt – auf transnationale und globale Ebenen übertragen werden. So ist auch beim Klassenbergriff bis heute strittig, ob es globale soziale Klassen gibt. Laut Weiss (2017, S. 123) wurden Abhängigkeiten und Ungleichheiten in Bezug auf die jeweils einheimische bzw. indigene Bevölkerung außereuropäischer Länder lange Zeit unter der Perspektive des Kolonialismus und kultureller Ungleichheiten thematisiert. Globale Forschung über soziale Ungleichheit kommt teilweise zu entgegengesetzten Ergebnissen, je nachdem, mit welchen Konstrukten und Konzepten gearbeitet wird: „Geht es bei Klassen um die objektive Abhängigkeit von einer transnationalen Wertschöpfung und die weltweit geteilte Konsumideologie … oder darum, ob ökonomische Eliten grenzüberschreitend studieren, heiraten und arbeiten … oder zumindest transnationale Kooperationen entwickeln …? Je nach der Begrifflichkeit, die man verwendet, wird man zu entgegengesetzten Schlüssen kommen" (Weiss 2017, S. 123). Weiss folgert, dass man konzeptuell von einer globalisierten Nationalstaatssicht wegkommen und „stattdessen eine Theorie, die einer Mehrzahl von sich überlagernden, aber auch auseinander klaffenden heterogenen Kontexten gerecht werden kann, also eine ‚Differenztheorie‘ sozialer Ungleichheit", entwickeln sollte. Eine solche Theorie müsse in der Lage sein, „stabile Strukturbildungen zu identifizieren, die sich zu sozialen Ungleichheiten zwischen Personen oder Haushalten verdichten" (Weiss 2017, S. 124). Und – so müsste man ergänzen – eine solche Theorie müsste auch Ungleichheiten zwischen und innerhalb von sozialen Gruppen und soziokulturellen Kontexten thematisieren. Weiss (2017, S. 129 f.) schlägt vor, einen neuen Begriff der „sozial-räumlichen Autonomie" zu benutzen, der in Anlehnung an Sens Capability-Konzept (vgl. Sen 2010, S. 258 ff.) als Möglichkeit zu verstehen sei, den soziokulturellen Kontext auf Wunsch wechseln zu können.

Thomas Pogge (2011, S. 248) hat darauf hingewiesen, dass „radikale Ungleichheit" vor allem auf drei Ursachen zurückzuführen sind: 1) auf eine gemeinsame institutionelle Ordnung, welche den Bessergestellten nützt und den Schlechtergestellten aufgezwungen wird, 2) eine institutionelle Ordnung, welche Ungleichheit reproduziert oder sogar vergrößert, und 3) außersoziale Faktoren wie genetische Ursachen, Naturkatastrophen oder schleichende Verschlechterung der Lebensbedingungen. Wenn dem so ist, müsste eine neue institutionelle Ordnung geschaffen werden, welche a) den Schlechtergestellten mindestens ebenso sehr oder besser noch mehr nützt als den Bessergestellten, b) soziale Ungleichheit verringert und c) besonders von der Verschlechterung von Lebensbedingungen Betroffene stärker bevorzugt. Dass dies eine ausschließlich nach marktwirtschaftlichen Kriterien funktionierende Wirtschaftsordnung nicht leisten kann, dürfte ohne Weiteres einleuchten. Die hier formulierten Postulate werden – zumindest teilweise – von John Rawls' Theorie der Gerechtigkeit aufgenommen.

Außerdem gibt es auch innerhalb gut funktionierender Märkte oft ein inhärentes Machtungleichgewicht aufgrund der unterschiedlichen Ressourcen und Möglichkeiten der Marktteilnehmer. Felber (2013, S. 177) hat dazu folgende Beispiele genannt:

- Ein Arbeitgeber kann leichter von einem Arbeitsvertrag zurücktreten als eine arbeitssuchende Person, die dringend auf eine Stelle angewiesen ist.
- Ein Kreditgeber ist in aller Regel weniger auf einen Kreditvertrag angewiesen als eine kreditsuchende Person, welche das Geld für einen bestimmten Zweck benötigt.
- Eine Immobilienverwaltung oder ein Hauseigentümer kann leichter von einem Miet- oder Kaufvertrag zurücktreten als eine wohnungssuchende Person ohne Wohnsitz oder mit gekündigter Wohnung.
- Konzerne sind in der Regel weniger von Zulieferverträgen abhängig als kleine und mittlere Zulieferer größerer Unternehmen.

Natürlich kann es in jedem einzelnen dieser Fälle auch umgekehrt sein, nur sind das in der Regel Ausnahmen – und in der Mehrheit der Fälle bestehen die in den Beispielen geschilderten (Markt-)Machtungleichheiten.

Allerdings hat Oermann (2015, S. 56) gegen das Rawls'sche Gerechtigkeitskonzept eingewendet, dass in seinem Ansatz ein Element zu kurz komme, nämlich „das Gute, das sich allein durch Zusammenarbeit und Zusammenhalt schaffen lässt, nicht durch Urverteilung und Umverteilung von Gütern" (Oermann 2015, S. 56). Das hätten etwa die Kommunitaristen ausgenutzt. Doch ohne hier auf diese Diskussion einzutreten – nur soviel: Als Regelprinzip ist zweifellos wichtig, dass Einschränkungen der Freiheit immer nur zugunsten der Benachteiligten und nie einseitig zugunsten der Bevorzugten stattfinden sollten. Und genau hier besteht das ökonomische Problem: Jeder Markt bevorzugt von seiner Struktur her diejenigen Marktteilnehmenden, welche mehr Ressourcen besitzen – etwa mehr oder effizienter eingesetzte Produktionsfaktoren, mehr Innovation, größeres Wissen (Informiertheit) und mehr Kapital. Das ist marktbezogen gedacht zweifellos erwünscht, weil damit durch den ständigen Wettbewerb der technische Fortschritt und die effektivere Produktion laufend belohnt und vorangetrieben werden. Doch es ist nicht die Aufgabe der Märkte, sondern des gesellschaftlich-politischen Systems, Rahmenbedingungen für die einzelnen Märkte zu setzen oder Marktteilnehmer zu definieren. Märkte können sich laufend entwickeln und verändern. Gerade darum ist es unerlässlich, den Märkten sozusagen Grenzpfähle oder Eckwerte vorzugeben, und diese müssen immer wieder neu definiert und ausgehandelt werden – etwa wenn sie durch die technische Entwicklung oder durch gesellschaftliche Veränderungen überholt sind.

Doch ist das Problem damit tatsächlich gelöst? Kann nicht jeder einzelne Marktteilnehmer gleichzeitig als „Marktentwickler" tätig sein? Können nicht durch innovative Firmen laufend neue Märkte entstehen? Gerade aus betriebswirtschaftlicher Sicht zeigen die verschiedenen Managementstrategien, dass dies sehr wohl so ist. So kann das Marktpotenzial wesentlich größer sein als ein bestehender Markt.

Jedes Unternehmen muss sich die Frage nach dem Marktpotenzial, dem Marktvolumen und dem eigenen Marktanteil stellen. Während das Marktpotenzial die Gesamtheit aller möglichen Verkäufe bezeichnet, meint das Marktvolumen den aktuellen, vorhandenen Markt. Wenn zum Beispiel ein Produkt auf einmal in mehrfacher Ausführung – z. B. Swatch-Uhren in allen Farben passend zum Farbton des Kleidungsstücks – nachgefragt wird, wirkt sich das in einem mehrfach größeren Marktvolumen aus. Abb. 6.2 zeigt das Verhältnis von Marktpotenzial, Marktvolumen und Absatzvolumen.

Normalerweise wird der Marktanteil wie folgt bestimmt (vgl. Thommen 2004, S. 132):

$$\text{Markanteil} = \frac{\text{Unternehmensumsatz}}{\text{Marktvolumen}} \times 100$$

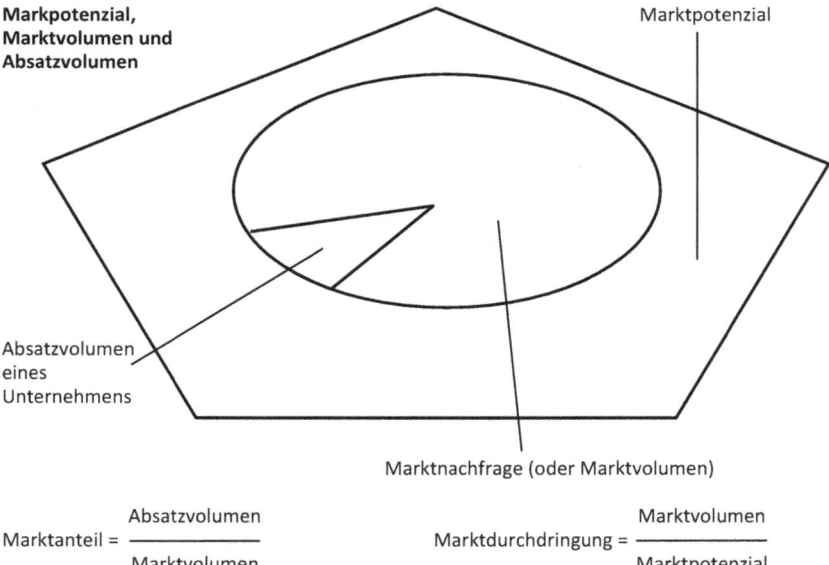

Abb. 6.2 Marktpotenzial, Marktvolumen und Absatzvolumen. (Quelle: Seiler 2008, S. 133, eigene Darstellung)

Das Absatzvolumen eines Unternehmens für ein Produkt kann entweder top-down – also vom gesamten Marktvolumen zum betrieblichen Marktanteil heruntergebrochen – oder bottom-up (=build-up) bestimmt werden (vgl. Seiler 2008, S. 135).

Im Build-up-Verfahren – auch Marktaufbauverfahren genannt – wird das Absatzvolumen von unten her definiert. Es setzt voraus, dass die potenziellen Käufer des Produkts bekannt sind. Dabei wird für jeden einzelnen Käufer oder für die Käufergruppen das Einkaufspotenzial geschätzt (Seiler 2008, S. 136).

Aber in beiden Fällen bleibt eines gleich: Die potenzielle Größe eines Marktes ist variabel ebenso wie seine Definition oder seine Grenzziehung.

Gerade vor dem Hintergrund der Marktmechanismen, die zweifellos – innerhalb gegebener Rahmenbedingungen – einen gewissen Güterausgleich garantieren, ist mit Thomas Nagel (2016, S. 142) zu fragen, ob andere, alternative Wirtschaftsordnungen tatsächlich „weniger krasse Ungleichheiten ... nach sich ziehen würden, [oder] womöglich in anderer Hinsicht anstößiger wären". Hier gilt es zweifellos, genau hinzuschauen und möglicherweise bestehende ideologische Scheuklappen abzulegen – auf beiden Seiten!

Valentin Beck (2016, S. 17) hat darauf hingewiesen, dass das Gerechtigkeitspostulat einen von mehreren Gründen für moralische Verantwortung darstellt. Denn – so seine Argumentation – ungerechte soziale Verhältnisse führen zu moralischen Forderungen an verschiedene Akteure. So kann „eine Gruppe von Personen moralisch dafür verantwortlich sein, eine Ungerechtigkeit zu beheben, und zwar nicht nur, weil sie prospektiv in der Lage dazu ist, sondern gegebenenfalls auch, weil sie für ihre Entstehung retrospektiv verantwortlich ist" (Beck 2016, S. 17).

Allerdings herrscht in der neueren Gerechtigkeitsdiskussion keine Einigkeit darüber, ob über die Landsleute der von Armut Betroffenen hinaus auch andere Menschen, letztlich auch die gesamte Menschheit für die extreme Armut in Verantwortung steht (vgl. Beck 2016, S. 18).

6.2 Arbeit

Arbeit oder genauer bezahlte Arbeit wurde schon immer ideologisch bewertet, entweder weil man Arbeit als unterbezahlt oder als zu teuer bezeichnete, je nachdem, aus welcher Sicht argumentiert wurde. Auch die Art, wie und in welchem gesellschaftlichen Rahmen Arbeit erbracht wurde, wurde vor dem Hintergrund entgegengesetzter Weltanschauungen und je nach sozialer Gruppenzugehörigkeit sehr unterschiedlich gesehen. So wies schon Adam Smith (1990, S. 113) darauf hin, dass das von den handwerklichen Zünften seiner Zeit immer wieder vorgebrachte Argument, Zünfte seien notwendig, um ein Gewerbe zu überwachen und zu kontrollieren, ein reiner Vorwand war und jeder Grundlage entbehrte – zumindest in einer kapitalistischen Gesellschaft.

Die jahrhundertelange Vorstellung der Trennung eines Bereichs der Arbeit und eines Bereichs der Freiheit (Freizeit; vgl. Höffe 2004, S. 22) spiegelte im Grunde die Lebenssituation in feudalen Gesellschaften wider, wo auf der einen Seite eine reiche

Herrschaftsschicht vom Ertrag ihres Besitzes leben konnte und auf der anderen Seite die Mehrheit – Sklaven, Bauern, Handwerker – nur dank ihrer Handarbeit überleben konnten. Noch Anfang des 20. Jahrhunderts galt es in verschiedenen Orten und Kreisen als unfein, einer bezahlten Arbeit nachzugehen oder Geld zu verdienen. Doch in den letzten 100 bis 200 Jahren kam es zu einer entscheidenden Umbewertung der Arbeit, die auf drei Faktoren zurückzuführen war (vgl. Höffe 2004, S. 22 f.): erstens eine ethisch-soziale Umbewertung der Arbeit auf der Grundlage einer calvinistischen Leistungsethik, zweitens ein gewaltiger Anstieg kognitiver und sozialer Fähigkeiten, der bildungsmäßig vermittelt und für den Wirtschaftsprozess nutzbar gemacht wurde, und drittens der Gleichheitsgedanke und die Vorstellung, dass alle Menschen ihre Bedürfnisse mittels eigener Tätigkeit befriedigen können und sollen – auf der Grundlage eines leistungsfähigen Wirtschaftssystems und dank durchgehender Arbeitsteilung.

Es ist zweifellos ein Verdienst des Feminismus, dass er immer wieder auf den doppelten Charakter von Arbeit hingewiesen hat, nämlich auf bezahlte Lohnarbeit und unbezahlte, meist von Frauen ausgeführte Arbeit. Deshalb „zielt die feministische Kritik an der Konstruktion und Organisation von Arbeit in den modernen Gesellschaften auf die Anerkennung der Notwendigkeit und der Bedeutung der nach wie vor vorrangig von Frauen in den Privathaushalten verrichteten Tätigkeiten – und auch insbesondere im Hinblick auf deren Beitrag zu Lebensqualität in eben diesen Gesellschaften" (Kurz-Scherf 2016, S. 172). In der ökonomischen Diskussion hat sich diese Sicht vor allem in der Thematisierung der Carearbeit niedergeschlagen.

Allerdings hat sich die traditionelle Unterteilung der Carearbeit in bezahlte (z. B. professionelle Pflege, Bildungsarbeit oder Sozialarbeit) und unbezahlte Carearbeit in den Privathaushalten (wie z. B. Kindererziehung, Hausfrauentätigkeit oder private Pflege) in jüngster Zeit immer stärker verwischt. Auf der einen Seite werden bis anhin private Bereiche der Carearbeit professionalisiert und gegen bezahlte Arbeit verrichtet (z. B. Kinderbetreuung in Kindertagesstätten, Spitex-Pflegeleistungen) und auf der anderen Seite hat sich ein Teil der professionellen Carearbeit zunehmend in das Niedriglohnsegment verlagert, etwa im Pflegebereich durch Anstellung ausländischer Pflegeleistenden (Privatpflege) oder von schwarz angestellten, oft unterbezahlten Reinigungskräften in Privathaushalten. Zusätzlich wächst der finanzielle Druck auf die Löhne der professionell im Carebereich Tätigen – meist Frauen! – wie etwa im Bildungsbereich (Sparmaßnahmen im Bildungssektor), im Pflegebereich oder in der Sozialarbeit.

Einige dieser Entwicklungen sind Ausdruck davon, dass der Druck auf die Arbeitsmärkte in den letzten Jahren zugenommen hat. Es ist nicht zu übersehen, dass mit der wachsenden Weltbevölkerung immer mehr Menschen auf die Arbeitsmärkte drängen. Laut ILO (2014, S. 9) werden jedes Jahr 42 Mio. neue Jobs benötigt, um den neu in den Arbeitsmarkt eintretenden Menschen eine Beschäftigung zu geben. Ende 2009 hatten weltweit rund 3 Mrd. Menschen einen Arbeitsplatz, also rund 61 % der arbeitsfähigen Bevölkerung (vgl. Müller 2011, S. 39). Allerdings gingen dabei mehr als 50 % der weltweit Beschäftigten – also mehr als 1,5 Mrd. Menschen – einer schlecht bezahlten Arbeit nach oder befanden sich in unsicheren oder prekären Arbeitsverhältnissen. Rund

1,3 Mrd. Menschen verdienten weniger als 2 US$ im Tag (vgl. Müller 2011, S. 39). Gleichzeitig bedeuten diese Zahlen auch, dass 39 % der arbeitsfähigen Bevölkerung oder mehr als 1,9 Mrd. Menschen 2009 keine bezahlte Arbeit hatten. Aufgrund der wachsenden Produktivität und des globalen Bevölkerungswachstums ist abzusehen, dass der Anteil und die Zahl der (erwerbs-)arbeitslosen Menschen weiter zunehmen werden.

Bei diesen Zahlen ist jedoch zu bedenken, dass Erwerbsarbeitslosigkeit nicht bedeutet, dass diese Menschen nicht arbeiten. Vielmehr arbeiten viele – zum Beispiel in privaten Carebereichen – ohne Lohn oder Entschädigung.

Wenn auch in den guten Wachstumsjahren 1998 bis 2009 weltweit rund 40 Mio. Arbeitsplätze geschaffen wurden – bei einer Beibehaltung einer globalen Erwerbsquote von rund 60 % müssten jährlich fast 50 Mio. Arbeitsplätze geschaffen werden (vgl. Müller 2011, S. 39). Unabhängig davon, ob das gelingt oder nicht, zieht Müller folgendes Fazit: „Ein riesiges Heer an genügsamen Arbeitskräften – vor allem in den Schwellen- und Entwicklungsländern – wird, so die Gesetze des freien Marktes weiterhin globale Geltung haben, noch auf Jahrzehnte hinweg den Reallohn für Arbeit auch in den Industrieländern unter Druck setzen" (Müller 2011, S. 40).

Polany (1978, S. 113) hat – mit Blick auf die nationalen Arbeitsmärkte – darauf hingewiesen, dass die wirtschaftlichen Vorteile eines freien Arbeitsmarktes die durch ihn hervorgerufenen Schäden oft nicht ausgleichen konnten und können. Das gilt heute insbesondere auch auf internationaler Ebene. Das Problem ist, dass diejenigen, welche von freien Arbeitsmärkten profitieren – etwa Unternehmen als Arbeitgeber oder hoch qualifizierte Arbeitnehmer – nicht die Gleichen sind, welche unter freien Arbeitsmärkten leiden – so etwa wenig qualifizierte und marginalisierte Arbeitnehmer. Dabei besteht das Dilemma darin, dass Arbeitsschutzmechanismen, Mindestlohnregelungen oder soziale Abfederungen der Arbeitenden die Selbstregelung der Märkte beeinträchtigen oder gar außer Kraft setzen können. Allerdings stellt sich die Frage, ob Schutzmaßnahmen für nationale oder lokale Arbeitsmärkte langfristig sinnvoll sind. So hat etwa René Höltschi (2018, S. 11) die Meinung vertreten, dass Schutzmaßnahmen für Arbeitsmärkte volkswirtschaftlich schädlich seien. Er sprach in diesem Zusammenhang sogar von Protektionismus. Doch ganz so einfach ist es nicht: Immerhin führen höhere Löhne nach Keynes zu einer größeren Nachfrage, was wiederum das Wirtschaftswachstum ankurbelt. Umgekehrt würde der Verzicht auf Mindestlöhne und soziale Absicherungen der Arbeitnehmer bedeuten, dass das Niedriglohnsegment wächst, was über kurz oder lang zu einer Erhöhung der Sozialhilfe im Segment der Working Poors führen würde. Eine bessere Lösung wäre zweifellos, weltweite Mindestlöhne einzuführen.

Auf der anderen Seite wirken lokale Arbeitsmärkte immer noch als Lohnbremsen. Das gilt sogar für überregionale Arbeitsmärkte wie etwa in der EU. So lagen noch 2018 die Löhne in osteuropäischen Ländern wie etwa in Tschechien bei 33 % bis 50 % der Löhne in Deutschland. Und kaufkraftbereinigt verdiente eine tschechische Arbeitskraft 2018 gerade mal 62 % einer deutschen Arbeitskraft. In Polen verdiente ein Arbeiter kaufkraftbereinigt ebenfalls rund 62 % eines deutschen Kollegen und in Ungarn sogar weniger als 60 %. Noch tiefer lagen die Löhne in der Slowakei (vgl. Benz 2018, S. 27).

Von daher sind auch neue, innovative Lösungsansätze gefragt.

In diesem Zusammenhang ist ein innovatives Finanzierungskonzept für Start-up-Firmen in Schwellenländern interessant, das hier kurz am Beispiel der Firma Lulalend skizziert werden soll. Dieses Unternehmen gibt ungesicherte Onlinekredite an Klein- und Kleinstunternehmen in ganz Südafrika. An neu gegründete, kleine Baufirmen, Transportunternehmen, Restaurants, Garagen und Friseursalons vergibt Lulalend Kredite in der Höhe zwischen 1600 und 40.000 Franken mit Laufzeiten von sechs oder zwölf Monaten. Die Kreditvergabe erfolgt in wenigen Minuten, während bei konventionellen Banken der Kreditentscheid mehrere Wochen dauert. Wenn man bedenkt, dass laut Schätzungen weltweit bei KMU in den Schwellenländern eine Finanzierungslücke von 2600 Mrd. US\$ besteht und dass gemäß einer Studie der Weltbank jedes neu gegründete Kleinunternehmen vier bis fünf Arbeitsplätze schafft, ist das Potenzial riesig. Aufgrund des erheblichen Währungsrisikos für die Darlehensnehmer sichert Lulalend dieses zu akzeptablen Bedingungen über den innovativen Currency Exchange Fund, TCX, mit Sitz in Amsterdam ab. Dieser Fonds wurde 2007 von Entwicklungsbanken, der deutschen und niederländischen Regierung und anderen Instituten gegründet. Ähnliche Firmen wie Lulalend existieren auch in anderen Ländern, so etwa in Zürich Responsibility und Blue Orchard (vgl. Stamm 2018, S. 34).

Doch die von linken Autoren gebetsmühlenartig wiederholte Forderung: „Alle arbeitsfähigen Menschen müssen sinnvolle Arbeit finden" (Sarkar 2001, S. 220), ist in einem doppelten Sinn realitätsfern: Auf der einen Seite wird dabei immer wieder Arbeit mit bezahlter Arbeit gleichgesetzt, während doch ein erheblicher Teil der Arbeit – etwa im Carebereich – unbezahlt erbracht wird. Und auf der anderen Seite ist aufgrund der laufend steigenden Arbeitsproduktivität und der weltweit weiter steigenden Zahl von Menschen, die auf den Arbeitsmarkt drängen, abzusehen, dass es immer unwahrscheinlicher wird, dass auch nur annähernd eine Vollbeschäftigung erreicht werden kann – im Gegenteil: Die Zahl der beschäftigten regulär bezahlten Arbeitskräfte dürfte längerfristig weiter sinken. Schon vernünftiger ist die Forderung nach einer gleichmäßigen Aufteilung der Lohnarbeit auf alle Menschen. Doch selbst wenn das gelingen sollte, besteht das Problem, dass der Anteil der über staatliche Transferzahlungen – etwa durch Sozialversicherungen, Sozialhilfe oder über ein existenzsicherndes Grundeinkommen – zu deckenden Lebenshaltungskosten steigen wird.

Peter Ulrich (2016, S. 295) hat eine Verschränkung des Rechts auf (bezahlte) Arbeit und Existenzsicherung verlangt, wobei er vier Varianten der Existenzsicherung verbunden mit bezahlter Arbeit oder losgelöst von bezahlter Arbeit unterschied (vgl. Tab. 6.2).

Dabei stellt sich jedoch nicht nur die Frage, was mit Existenzsicherung gemeint ist und was eine solche alles einschließt, sondern auch nach dem Verständnis von Arbeit. Gemeinhin wird – wie im Schema von Ulrich in Tab. 6.2 – unter Arbeit Erwerbsarbeit in irgendeiner Form verstanden. Dabei geht jedoch vergessen, dass ein kaum zu unterschätzender Teil gesellschaftlich notwendiger Arbeit unbezahlt – und nota bene zum großen Teil von Frauen – geleistet wird, etwa als Hausarbeit, Erziehungsarbeit, private

Tab. 6.2 Modelle der Existenzsicherung und Recht auf Arbeit. (Quelle: Ulrich 2016, S. 295)

	Unbedingtes Recht	Bedingtes Recht
Recht auf Grundeinkommen	I. Bedingungsloses Grundeinkommen (Van Parijs)	II. Negative Einkommensteuer (Friedman, Rawls u. a.)
Recht auf Arbeit	III. Normierte Lebensarbeitszeit (Gorz)	IV. Subsidiärer Beschäftigungsanspruch auf dem zweiten Arbeitsmarkt

Pflege und als ehrenamtliche oder Freiwilligenarbeit. Der Wert der unbezahlten Arbeit geht dabei in die Milliarden.

Jede bezahlte oder unbezahlte Tätigkeit hat eine soziale Bedeutung und nützt anderen, insoweit sie soziale Interaktion ist. Doch gleichzeitig ist alles, was ein Mensch mit sozialem Nutzen im weitesten Sinne tut, *immer auch im Interesse und zum Nutzen des Betreffenden selbst:* Hausarbeit dient anderen Familienangehörigen, aber auch dem oder der Ausführenden; Betreuung von Dritten ist zwar anstrengend, schafft aber auch Sozialprestige, Befriedigung und emotionalen Gewinn. Weiter- und Fortbildung liegt zuerst und vor allem im eigenen Interesse (größere Chancen auf dem Arbeitsmarkt). *Aus diesem Grund wäre vorzuziehen, jede Tätigkeit als Arbeit zu definieren, welche anderen Menschen oder Lebensbereichen (Natur!) nützt – ohne einen Nutzen für den Tätigen selbst auszuschließen.*

Ingrid Kurz-Scherf (2016, S. 187) hat darauf hingewiesen, dass Arbeit auf der einen Seite machtabhängig und machtreproduzierend ist, aber auf der anderen Seite auch quer zu den bestehenden Macht- und Abhängigkeitsstrukturen steht. Sie hat diesbezüglich folgende fünf Dimensionen formuliert:

1. Arbeit „ist auf die Bedürfnisse von anderen und die Wertschätzung durch andere angewiesen,
2. sie ist aber gleichzeitig auch auf eigene Bedürfnisse und Belange bezogen,
3. in ihr überlagert sich die vertikale Achse von Herrschaft mit der horizontalen Achse der sozialen Kooperation,
4. sie stellt selbst Macht im Sinn von Handlungsmacht dar, ist gleichzeitig aber Objekt von Unterwerfungsmacht und
5. es treffen in ihr das Moment der Integration mit dem des Zwangs und das Moment der Autonomie mit dem der Exklusion zusammen" (Kurz-Scherf 2016, S. 187).

Arbeit als Tätigkeit hat also auf der einen Seite emanzipativen Charakter und eröffnet auch individuelle Freiräume, auf der anderen Seite unterliegt sie aber auch Sachzwängen und Machtstrukturen.

Aus diesem Grund scheint mir auch die gängige Aufteilung von Freizeit und Arbeit problematisch. Das gilt auch für den Vorschlag des Ethikers Plasch Spescha (1981), die Lebenszeit in Erwerbsarbeitszeit, individuelle Freizeit und solidarische Sozialzeit aufzuteilen,

wobei unter Letzterer all jene Tätigkeiten und Felder zu verstehen sind, die einem weiteren Kreis von Menschen zugute kommen, ohne direkt bezahlt zu werden. Dazu gehören
soziales Engagement, gewerkschaftliche oder politische Arbeit, innerfamiliäre und nach-
barschaftliche Betreuung sowie Dienstleistungen im Katastrophenfall. Diese gleichsam
synchronische Unterteilung der Lebenszeit könnte durch eine diachronische Unterteilung
ergänzt werden. Jeder Mensch durchläuft im Laufe seines Lebens eine Lern-, Arbeits- und
Freizeitphase, wobei sich diese Phasen zunehmend überschneiden. Dabei würde die Aus-
bildungsphase vor allem als Lernzeit, die aktive Erwerbsarbeit vor allem als Arbeitsphase
und der Ruhestand vor allem als Freizeitphase verstanden. Die Hauptschwierigkeit all
dieser Versuche, Lebenszeit zu unterteilen, liegt darin, dass die einzelnen Tätigkeitsarten
ineinander übergehen: Ab welcher Höhe des Sitzungsgeldes wird Ehrenamtlichkeit (Sozialzeit) zu bezahlter Arbeit, wann wird die Erziehungsarbeit in der Familie zu Arbeit, inwieweit
ist eine Tätigkeit in einem Sportverein noch Freizeitgestaltung und inwieweit ist es Sozialzeit usw. Die Grenzen scheinen sich immer mehr zu verwischen. Auch aus diesem Grund
wäre ein breiter Arbeitsbegriff, der alle Tätigkeiten einschließt, welche sowohl der tätigen
Person selbst als auch anderen Menschen nützen, vorzuziehen.

Definitionsvorschlag:

▶ Arbeit ist jede Tätigkeit, die sozial erwünscht, für andere von Nutzen und für den
Tätigen selbst Vorteile erbringt.

Lalive d'Epinay (1991, S. 161) schlug schon vor über 25 Jahren eine Taxonomie von
Arbeit und Wirtschaft vor (vgl. Abb. 6.3).

Abb. 6.3 zeigt sehr schön, wie eng sowohl bezahlte als auch unbezahlte Arbeit mit der
Wirtschaft und damit mit der Wirtschaftsordnung verbunden sind.

Ehrenamtliche oder freiwillige Arbeit – also unbezahlte Arbeit – zeichnet sich laut
Hilpert (2017, S. 83) durch Freiwilligkeit, Gemeinwohlorientierung, Unentgeltlichkeit,

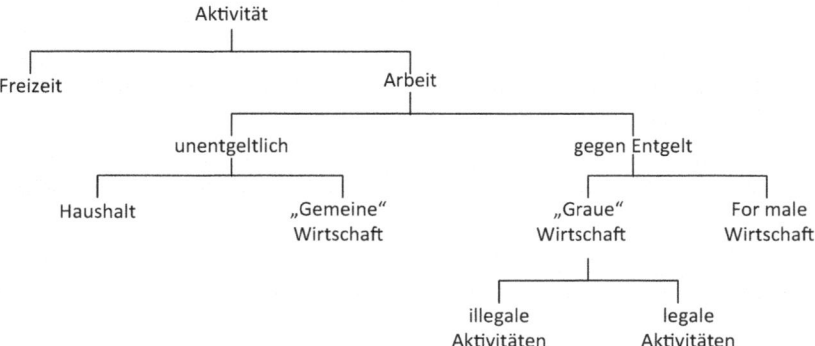

Abb. 6.3 Taxonomie von Arbeit und Wirtschaft. (Quelle: Lalive d'Epinay 1991, S. 161, eigene
Darstellung)

Konkretheit und Identitätsstiftung für den ehrenamtlich Tätigen aus. Sie ist damit nicht nur zum Nutzen der Allgemeinheit, sondern bringt auch den ehrenamtlich Tätigen einen Mehrwert, etwa in Form von sozialer Anerkennung.

Die Internationale Arbeitsorganisation ILO hat sich in einer Reihe von Erklärungen immer wieder über die Rechte der (bezahlten) Arbeit geäußert, so in der Erklärung von Philadelphia 1944, in der Erklärung über grundlegende Prinzipien und Rechte der Arbeit am 18.06.1998 und in der Erklärung über soziale Gerechtigkeit für eine faire Globalisierung 2008 (vgl. ILO 1944, 1998 und 2008).

Bis 2015 erarbeitete die ILO rund 190 weltweit gültige rechtsverbindliche Übereinkommen und etwa 200 rechtlich nicht bindende Empfehlungen zur Gestaltung von Arbeitsbedingungen (vgl. Segbers 2015, S. 181).

Seit der Jahrtausendwende läuft in vielen Ländern ein Angriff auf die teilweise jahrzehntealten Errungenschaften der Arbeitnehmer. Zwar einigten sich die deutschen Arbeitgeber und die IG Metall im Februar 2018 in Baden-Württemberg auf eine Arbeitszeitflexibilisierung ab April 2018, kombiniert mit einer Lohnerhöhung von 4,3 %. Während die Arbeitnehmer ihre Arbeitszeit während maximal zwei Jahren auf 28 Wochenstunden reduzieren können, um danach wieder zur 35-Stunden-Woche zurückzukehren, erhalten die Arbeitgeber das Recht, die Arbeitszeit nach oben zu erhöhen (vgl. Hackbarth 2018, S. 9). Diese Flexibilisierung der Arbeitszeit dient zweifellos sowohl Arbeitgebern als auch Arbeitnehmern. Doch die Frage bleibt, wie sich diese Regelung langfristig auswirken wird. Noch in den 1980er-Jahren hatten die deutschen Gewerkschaften die 35-Stunden-Woche erreicht. Doch 2003 scheiterte der Versuch der IG Metall, diese auch in den neuen Bundesländern durchzusetzen. Und bis heute sind die Arbeitsmärkte extrem segmentiert: So arbeiten auf der einen Seite Hochqualifizierte 50–60 h pro Woche, während die Zahl der prekär Beschäftigten wächst (vgl. Hackbarth 2018, S. 9). Schon 1986 hatte Ulrich Beck auf die wachsende Zone unsicherer Beschäftigungssituationen von Ausbildungsabsolventen hingewiesen: „Für eine wachsende Zahl von Absolventen aller Ausbildungsgänge schiebt sich *zwischen Ausbildung und Beschäftigung eine risikoreiche Grauzone labiler Unterbeschäftigung*. Die Spuren der Zukunft – die Anzeichen eines Systems flexibler Unterbeschäftigung – sind bereits in der Vergangenheit der letzten 15 Jahre erkennbar" (Beck 1986, S. 129). Inzwischen ist der Begriff der „Generation Praktikum" bereits zum Gemeinplatz geworden. Außerdem ist der Druck auf die Anfangslöhne deutlich gestiegen. Auch die Lohnunterschiede zwischen hoch und mittelqualifizierten Arbeitsplätzen verwischen sich zunehmend. Dabei bezahlen kleine Firmen häufig viel kleinere Löhne als Großfirmen, weshalb eine Sachbearbeiterin mit kaufmännischem Abschluss in einer großen Firma schon mal mehr verdienen kann als ein Architekt nach seinem Bachelorabschluss in einer Kleinfirma.

Außerdem hat sich der quasifeudalistische Mechanismus der Jobverteilung nach Verwandtschaft und Beziehungen verschärft: „Die Situation in den oberen Regionen des Bildungssystems – Fachhochschule und Universität – hat sich … verändert. ‚*Vor*verteilung von Chancen' bedeutet hier, dass die Studenten nicht mehr in der Lage sind, langfristige

Karriereplanung zu betreiben" (Beck 1986, S. 247). Was vor 30 Jahren begann, ist heute Alltag geworden. Zwar sind Bildung und formalisierte Bildungsabschlüsse immer noch wichtig, aber die Beschäftigungssicherheit hat sich in fast allen Berufsbereichen verringert. Zwar stellen formelle Berufsausbildungen und Bildungsabschlüsse immer noch das Eintrittsticket in viele Arbeitsbereiche dar, aber Aus- und Weiterbildungen haben deutlich an Arbeitsmarktwert verloren – sie sind zwar „notwendig, aber nicht hinreichend". Von daher entpuppt sich die Chancengleichheit in der Bildung und auf dem Arbeitsmarkt in doppelter Hinsicht als Schimäre: Auf der einen Seite ist eine Erhöhung der Zugangsbarrieren etwa zu Fachausbildungen (z. B. Voraussetzung zur Zulassung in vielen Berufen ist heute ein Maturitätsabschluss) festzustellen, welche mit permanenten Anforderungssteigerungen in den tertiären Ausbildungsgängen einhergehen: So werden in vielen Universitäten und Fachhochschulen laufend die zu erbringenden ECTS-Credits erhöht (quantitative Leistungen) und die Beurteilungskriterien verschärft. Und gleichzeitig verschlechtert sich oft die Unterrichtsqualität (schlechte Erreichbarkeit der Dozierenden, mangelhafte Betreuung von Arbeiten, suboptimale Begleitung von Studierenden usw.), bei gleichzeitiger Steigerung der direkten und indirekten Studienkosten. Ökonomisch scheint das gewollt: Bildung ist ein Gut, eine Ware, die möglichst effizient produziert werden soll: Minimaler Input soll zu maximalem Output führen – dabei wird das Outcome allenfalls als Kollateralschaden oder als externalisierte Kosten abgebucht. Auf der anderen Seite wird von den neu in den Arbeitsmarkt eingetretenen Mitarbeitern in kürzester Zeit alles abverlangt, sodass sie nicht selten nach drei bis fünf Jahren völlig ausgepowert sind. Aber das stört kaum jemanden – es gibt ja genügend neue Bewerber, die nach dem Ausbildungsabschluss eine Stelle suchen. Entsprechend steigt die Zahl der Burn-outs – und die davon Betroffenen werden immer jünger.

In vielen Ländern – so in der Schweiz – wächst die Belastung durch die Arbeitsintensität und die ausufernde Arbeitszeit. Zwar erhöht die Arbeit im „Homeoffice" die zeitliche Flexibilität, aber auf der anderen Seite wird immer häufiger erwartet, auch in der Freizeit dem Arbeitgeber zur Verfügung zu stehen, etwa E-Mails zu beantworten, für Auskünfte zur Verfügung zu stehen oder noch „schnell" ein Dokument fertigzustellen. So forderte etwa in der Schweiz der freisinnig-liberale Nationalrat Thierry Burkart Anfang 2018 unter dem Stichwort „Mehr Gestaltungsfreiheit bei der Arbeit im Homeoffice" Mindestarbeitszeiten von bis zu 17 h am Tag (bisher: maximal 14 h). Die ebenfalls liberale Ständerätin Karin Keller-Sutter will die Arbeitszeiterfassung für leitende Angestellte und „Fachspezialisten" abschaffen, was in vielen Fällen – insbesondere bei entsprechendem Druck der Arbeitgeber – eine stille Arbeitszeiterhöhung bedeuten dürfte. In der Schweiz gilt eine Höchstarbeitszeit von 45 h pro Woche. Der Schweizerische Gewerbeverband schlug im November 2017 vor, die wöchentliche Höchstarbeitszeit auf 50 h pro Woche zu erhöhen und Pausen sowie Ruhezeiten zu „flexibilisieren" – sprich: weniger strikt einzuhalten. Entsprechend sprach der St. Galler Gewerkschaftspräsident von einem „Großangriff auf das Arbeitsgesetz" (Stern 2018, S. 3).

Schon vor 45 Jahren hat E. F. Schumacher (1979, S. 159) vorgeschlagen, für die (erwerbs-)arbeitslose Bevölkerung Arbeitsplätze zu schaffen,

1. welche dort entstehen sollten, wo die Menschen leben, weil sonst die Migration – etwa in die urbanen Zentren – zu groß wird;
2. deren Errichtung günstig, also mit geringem Kapitaleinsatz erfolgen sollte, ohne dass zum Beispiel teure Maschinen angeschafft werden müssten;
3. dass die zur Anwendung kommenden Produktionsverfahren einfach sein sollten, damit möglichst wenige Spezialisten und möglichst viele wenig qualifizierte Menschen zum Einsatz kommen könnten, und
4. vor allem Materialien und Rohstoffe aus der einheimischen Produktion zu verwenden seien.

Doch es scheint, dass die Entwicklung eher in die Gegenrichtung verläuft, nämlich hin zu einer weiteren Globalisierung im Beschaffungsbereich, zu größerer örtlicher und zeitlicher Mobilität der Arbeitenden und hin zu komplexeren industriellen Produktionsverfahren.

6.3   Das Armutsproblem

Valentin Beck (2016, S. 11) hat zu Recht darauf hingewiesen, dass auch im 21. Jahrhundert ein großer Teil der Menschheit in Armut lebt. Laut Schätzungen des Welternährungsprogramms WFP litten 2018 815 Mio. Menschen an Hunger und chronischer Unterernährung (vgl. WFP 2018) und 2011 war Mangelernährung weltweit für 45 % aller Todesfälle unter Kindern verantwortlich (vgl. Beck 2016, S. 11). Und laut WHO sterben jeden Tag immer noch rund 50.000 Menschen oder 18 Mio. Menschen im Jahr an armutsbedingten Ursachen wie etwa Durchfall, Masern oder Malaria (vgl. Beck 2016, S. 11).

Doch was ist eigentlich unter Armut zu verstehen?

Zapka hat mit Blick auf die EU darauf hingewiesen, dass Armut eng mit sozialer Ausgrenzung und Exklusion verbunden. Dabei kann unter „sozialer Ausgrenzung" verminderte oder nichtvorhandene Teilhabe am sozialen Leben verstanden werden, welche oft mit einer beruflichen Marginalisierung oder gar mit einem Ausschluss vom Arbeitsmarkt einhergehen, was nicht selten zu gesellschaftlicher Isolation führt. Dabei können sich mangelnde Zugänge zu wichtigen gesellschaftlichen Funktionsbereichen, die für die Lebensführung wichtig sind, gegenseitig verstärken (vgl. Zapka 2012, S. 101).

Definition Armut (Schweiz)
„Die Armutsquote basiert auf einer ‚absoluten' Schwelle: Als arm gelten … Personen, die nicht über die finanziellen Mittel verfügen, um die für ein gesellschaftlich integriertes Leben notwendigen Güter und Dienstleistungen zu erwerben. Eine so definierte Armutsquote eignet sich als sozialpolitische Zielgrösse, da sich die finanzielle Unterstützung armer Personen oder Haushalte

direkt in einer messbaren Reduktion der Armut niederschlägt. Die verwendete Armutsgrenze leitet sich von den Richtlinien der Schweizerischen Konferenz für Sozialhilfe (SKOS) ab, welche in der Schweiz als Bemessungsgrundlage für den Sozialhilfebezug breite Verwendung finden. Sie setzt sich zusammen aus einem Pauschalbetrag für den Lebensunterhalt, den individuellen Wohnkosten sowie monatlich 100 Franken pro Person ab 16 Jahren für weitere Ausgaben"
(Armut in der Schweiz 2014, S. 2).

Allerdings hat das Wuppertal Institut für Klima, Umwelt, Energie (2005, S. 30 f.) schon vor über 15 Jahren darauf hingewiesen, dass Armut und soziale Ungleichheit nicht unbedingt identisch sind oder gemeinsam auftreten müssen:

> Armut ist ein absoluter Begriff und umfasst den Kreis der Bevölkerung, der unterhalb einer definierten Schwelle lebt. Ungleichheit hingegen ist ein relativer Begriff und bezeichnet die Spreizung in der Verteilung von Einkommen. Wenn dank wirtschaftlichem Wachstum die Armut zurückgeht, ist mitnichten ausgemacht, was das für die Ungleichheit in einer Gesellschaft bedeutet. Es kommt auf die Verteilung des Zuwachses an. Dementsprechend kann ein Rückgang der Armut mit weniger, unveränderter oder erhöhter Ungleichheit einhergehen. Wenn der Wachstumsgewinn hauptsächlich von der Ober- und Mittelklasse abgeschöpft wird, dann bleibt der Rückgang der Armut hinter den vom Wachstum gegebenen Möglichkeiten zurück.

Im Unterschied zur Armut etwa im 19. Jahrhundert fallen Ende des 20. und Anfang des 21. Jahrhunderts soziale Ungleichheit, etwa in Form von mangelndem oder geringem Einkommen und Individualisierung, zusammen. Anstelle von „klassenkulturellen Lebenszusammenhängen" (Beck 1986, S. 117), welche teilweise die soziale Benachteiligung kollektiv, also institutionell – etwa mittels Gewerkschaften, Genossenschaftseinrichtungen oder Hilfsvereinen –, auffangen oder kanalisieren konnten, verschärft die Individualisierung heute oft die soziale Ungleichheit: „In der Konsequenz werden Systemprobleme in persönliches Versagen abgewandelt und politisch abgebaut. In den enttraditionalisierten Lebensformen entsteht eine *neue Unmittelbarkeit von Individuum und Gesellschaft,* die Unmittelbarkeit von Krise und Krankheit in dem Sinne, dass gesellschaftliche Krisen als individuelle erscheinen und in ihrer Gesellschaftlichkeit nur noch sehr bedingt und vermittelt wahrgenommen werden können" (Beck 1986, S. 117 f.). Gleichzeitig fallen traditionelle Auffangnetze wie die Großfamilie, Nachbarschaftsnetzwerke oder berufliche Solidareinrichtungen (Gewerkschaften u. Ä.) zunehmend weg, weshalb die unmittelbare Betroffenheit des Einzelnen von sozialer Deklassierung und Isolation zunimmt. So lässt sich in den letzten 30 Jahren eine zunehmende „Arbeitsmarkt-Individualisierung" (Beck 1986, S. 131) feststellen, was sich in Form zunehmender „prekärer" Arbeitsverhältnisse wie Zeitarbeit, befristete Arbeitsverträge, Teilzeitarbeit, Selbstständigkeit oder Scheinselbstständigkeit usw. zeigt (vgl. Jäggi 2016c, S. 56 ff.). Verstärkt wird diese Entwicklung noch durch zusätzliche Forderungen rechtsbürgerlicher Unternehmer – wie etwa in der Schweiz durch die Unternehmerin Magdalena Martullo-Blocher – nach Einschränkung kollektiver Arbeitsstandards wie Arbeitszeitbegrenzungen, der Geltung von Gesamtarbeitsverträgen oder anderer Schutzmaßnahmen für die Arbeitnehmer (vgl. Neuhaus 2018).

Der britisch-indische Ökonom Amartya Sen (2005, S. 25) hat die interessante Frage gestellt, warum sich die Menschen Reichtum oder mehr Reichtum wünschen. Seine Antwort: „Die Nützlichkeit des Reichtums liegt in den Dingen, die er uns zu tun ermöglicht, in der substantiellen Freiheit, die er uns verlangen lässt". Also könnte man Reichtum als eine Art materialisierte Freiheit sehen, welche uns zusätzliche Handlungsmöglichkeiten eröffnet. Umgekehrt bedeutet Armut der Verzicht auf Möglichkeiten der Selbstverwirklichung, beschränkte Handlungsfreiheit und Alltagsstress. So schrieb Sen (2005, S. 32): „Es gibt gute Gründe dafür, Armut als Mangel an fundamentalen Verwirklichungschancen zu betrachten und nicht bloß als niedriges Einkommen." Dieser „Capability-Ansatz" wurde in der Zwischenzeit breit aufgenommen und diskutiert, aber – wie Hillerbrand (2014, S. 97) monierte – auf Fragen der Technikethik noch kaum angewendet, abgesehen von einigen wenigen Studien im Informatik- und Kommunikationsbereich, im „value sensitive design", der sozialen Lebenszyklusanalyse sowie in der Nachhaltigkeitsbewertung der Energieversorgung.

In früheren Publikationen (vgl. Jäggi und Mächler 1989, S. 1; Jäggi 1995, S. 36 ff.) habe ich Armut als länger dauernde Defizite in der Lebensqualität definiert, die sowohl materielle wie immaterielle Aspekte umfasst. Lebensqualität – bzw. deren Defizite in Armutssituationen – bezieht sich auf sieben zentrale Bedürfnisbereiche im menschlichen Leben.

Auch Thieme (2017, S. 25) hat darauf hingewiesen, dass immaterielle Faktoren Strategien zur Selbsterhaltung und zur Verbesserung der Lebensqualität eröffnen können – umgekehrt aber auch die Selbsterhaltung und Lebensfähigkeit einschränken können. Zu diesen Faktoren gehören unter anderem auch die Sitten, Traditionen, Ressourcen der Gruppenidentität oder Rechte und Gesetze. Nach meiner Einschätzung umfasst Lebensqualität folgende Bereiche und Möglichkeiten:

1. Einbindung in ein intaktes soziales Netz,
2. gesicherte und gesellschaftlich anerkannte wirtschaftliche Tätigkeit in Form von Arbeit, die sowohl materielles Einkommen als auch Lebenssinn und Tagesstruktur generiert,
3. Entsprechung individueller Bedürfnisse und äußerer Wirklichkeit,
4. Verwurzelung in einer soziokulturellen Tradition und Zugang zu einer tragfähigen Weltanschauung und damit verbundenen Wertvorstellungen,
5. Einbettung in eine intakte natürliche Umwelt,
6. Zugang zu religiösen und spirituellen Erfahrungen sowie
7. Zugang zu Bildungsangeboten (vgl. Jäggi 1995, S. 36 ff.).

Bei länger dauernden und vertieften Defiziten in einem oder mehreren dieser Bereiche fehlen wichtige Elemente der Lebensqualität, was schließlich zu Situationen relativer Armut führt.

Aus dieser Sicht ist die Behauptung, welche Ulrich Beck in Anlehnung an Zygmunt Bauman (1998, S. 323 ff.) macht, problematisch. Beck meint, dass „das Neue in der globalen Ära ist, daß der *Nexus* zwischen Armut und Reichtum verloren geht, und zwar … aufgrund der Globalisierung. Denn diese spaltet die Weltbevölkerung auf in globalisierte

Reiche, die den Raum überwinden und keine Zeit haben, und lokalisierte Arme, die an den Raum gefesselt sind und ihre Zeit, mit der sie nichts anfangen können, totschlagen müssen" (Beck 1997, S. 105). So werde der „gesellschaftliche Kommunikationsfaden" zwischen Reichen globalisiert und die Armen würden lokalisiert (vgl. Beck 1997, S. 166) oder wie Bauman (1998, S. 325) sagt: „das globale Kommunikationsnetzwerk … als schmaler Spalt in einer dicken Mauer" wird nicht zerrissen, sondern durch eine andere Kommunikationsform – etwa durch „Abstimmung mit den Füßen" oder gar gewaltsame bis terroristische Auseinandersetzungen – ersetzt. Arme Menschen werden ausgegrenzt – sei es innerhalb der Zentrenländer, in den Peripherieländern oder im „zwischennationalen Orbit". Und das erhöht die Sprengkraft etwa der Migration oder der Flüchtlingsfrage für die Zukunft. Wenn es auch stimmen mag, dass arme Menschen aufgrund fehlender finanzieller Ressourcen stärker ortsgebunden sind, es finden immer mehr Menschen Möglichkeiten, ihre angestammte Heimat zu verlassen – unter anderem aufgrund der immer billigeren Reisemöglichkeiten und der stärkeren medialen und verkehrsmäßigen Vernetzung der Welt. Wachsende Bevölkerungsgruppen – etwa die neuen Mittelschichten Chinas und Indiens – finden im Rahmen des Tourismus neue Reisemöglichkeiten, in vielen Regionen verlassen Kriegs- und Umweltflüchtlinge ihre Dörfer und ziehen in Richtung der hoch entwickelten Länder Europas und Nordamerikas – wobei allerdings nur ein kleiner Teil dieser Menschen ihr Ziel erreicht, viele stranden unterwegs oder – schlimmer – kommen während der Reise um. Dabei versuchen immer mehr Regierungen der Zielländer, die migrierenden Menschen bereits unterwegs abfangen zu lassen, etwa durch lokale Regierungen in den Peripherieländern, Schattenregimes oder lokale Warlords, wie etwa in Libyen, in anderen Staaten des nördlichen Afrikas oder in Mittelamerika. Spätestens wenn sich Armut und Krieg, Terrorismus und Hunger verbreiten, wird das nicht mehr funktionieren. Arme Menschen, Kriegs- und Terrorflüchtlinge drängen immer mehr in die reichen und oft überalterten Staaten – das ist ein klares Ergebnis der Flüchtlingskrise Europas seit 2015. Bereits ist der Terror in den Ländern Europas und Amerikas angekommen – die Strategie des Fernhaltens der Armen wird je länger desto weniger funktionieren. Aus dieser Sicht und auf globaler Ebene ist die These der räumlichen Trennung von Armen und Reichen nicht haltbar und empirisch falsch – ganz abgesehen davon, dass diese Trennung auch ethisch nicht wünschbar sein kann.

Übrigens hat das auch Beck (1997, S. 106) so gesehen, wenn er schreibt: „Zentrum und Peripherie zerfallen nicht in getrennte Kontinente, sondern befinden und widersprechen sich … konfliktvoll in verschiedenartigen Mischungsverhältnissen hier wie dort. Diese neue Unausgrenzbarkeit der Armen zeigt sich, wenn in Rio mit dem Kommen der Nacht die Obdachlosen von den Luxusstraßen ‚Besitz' ergreifen". Das gilt mehr und mehr auch für die Zentren und Vororte in den hoch entwickelten Ländern Nordamerikas und Europas, ja im Grunde weltweit – wenn auch die Entwicklung zwischen den einzelnen Ländern noch recht ungleich verläuft. Im Grunde die einzige Antwort darauf kann sein, *weltweit* die Lebensqualität der Menschen zu verbessern, ohne Rücksicht auf nationale Grenzen.

Amartya Sen hat sein Konzept der Lebensmöglichkeiten benutzt, um Lebensqualität – manchmal gebrauchte er auch den Begriff des Lebensstandards – zu vergleichen (vgl. Nussbaum 2006, S. 12). Statt nach der Zufriedenheit zu fragen, stellte Sen die Frage nach dem, was Menschen wirklich fähig sind zu tun oder zu sein („what they are actually able to do or to be"). Sen (und im Anschluss an ihn Nussbaum z. B. 2006, S. 12) sprachen von einem „capability space", also von einem Verwirklichungsraum: „Wenn soziale Verwirklichungen nicht nach den Kriterien von Nutzen oder Glück beurteilt …, sondern an den Befähigungen und Chancen abgelesen werden, die Menschen tatsächlich haben, dann ergeben sich damit signifikante Perspektivenwechsel. Erstens wird auch in den Blick genommen, wie Menschen leben oder welche wirklicher Freiheiten sie besitzen; man blendet nicht mehr alles aus bis auf das Vergnügen oder den Nutzen, die sie am Ende haben. Freiheit hat auch einen zweiten signifikanten Aspekt: Sie überträgt uns die Verantwortung für das, was wir tun" (Sen 2010, S. 47 f.).

Heute wird oft zwischen **Armutserfahrungen,** die **narrativ vermittelt** werden, und **Einkommensarmut** unterschieden (vgl. Hartlieb 2013, S. 40). Erstere können sehr unterschiedlich sein und sind sehr subjektiv geprägt, während ökonomische Definitionen der Einkommens- und Vermögensarmut einen – allerdings oftmals falschen – Anspruch auf Objektivität erheben. Subjektive Armutserfahrungen sind stark vom soziokulturellen Umfeld beeinflusst und Vergleiche in der Lebenssituation spielen eine große Rolle. Einkommensarmut berücksichtigt nur die monetäre Armut, übersieht aber andere Defizite – z. B. solche immaterieller Art – und auch Ressourcen, wie etwa kulturelles und soziales Kapital im Sinne von Bourdieu (z. B. 2014, S. 145 oder 196).

Es hat sich eingebürgert, absolute Armut von relativer Armut zu unterscheiden. Hartlieb hat darauf hingewiesen, dass relative Armut normalerweise die Einkommenssituation der Haushalte mit dem Median der Gesamthaushaltseinkommen in Beziehung setzt, „wobei die Armutsgrenze auf einen – letztlich willkürlich – bestimmten Prozentsatz des Gesamtmedianeinkommens der Haushalte festgelegt wird" (Hartlieb 2013, S. 75). Diese Grenze liegt in der EU und in Nordamerika bei 60 %, in anderen Staaten bei 50 %. Dabei wird diese Grenze oft als eine Art „soziokulturelles Existenzminimum" angesehen, was natürlich im Einzelfall problematisch ist. Dies unter anderem deshalb, weil Kosten und Ressourcen im einzelnen Haushalt je nach Ort und konkreter Situation sehr variieren können.

Anders ist es bei der absoluten Armut. Mit absoluter Armut ist diejenige Armut gemeint, welche es den Menschen verunmöglicht, ihr Leben menschenwürdig zu gestalten, weil sie alle ihre Ressourcen für das persönliche Überleben einsetzen müssen.

Dabei wird aufgrund ökonomischer Daten eine weltweite Einkommensuntergrenze berechnet, unter welcher das Leben der Armen durch zahlreiche Gefährdungen grundsätzlich bedroht ist. Diese absolute Armutsgrenze – auch PPP Purchasing Power Parity – genannt, lag nach Berechnungen der Weltbank 2005 bei 1,25 US$ pro Tag (vgl. Hartlieb 2013, S. 79). Auf der Grundlage neuer Berechnungen und Daten hob die Weltbank die absolute Armutsgrenze im Jahr 2015 von 1,25 US$ auf 1,90 US$. Der neue Betrag entspricht der Kaufkraft von 1,25 US$ im Jahr 2005 und einem Dollar im Jahr 1985. Diese von der Weltbank definierte Grenze, die das zur Verfügung stehende Einkommen in Dollar pro Tag und Person bemisst, bleibt der wichtigste Maßstab zur Messung der Armutsgrenze (vgl. Lingnau 2016).

Laut Schätzungen der Weltbank lebten 2008 weltweit 2,471 Mrd. Menschen – damals ein Drittel der Weltbevölkerung – mit weniger als 2 US$ am Tag, und 1,289 Mrd. Menschen – oder rund ein Sechstel der Weltbevölkerung – sogar mit weniger als 1,25 US$ am Tag (vgl. Beck 2016, S. 12).

Allerdings gibt es gegen diese Berechnungsmethode im Prinzip die gleichen Einwände wie gegen die relative Armutsgrenze: In reichen – und teuren! – Ländern liegt diese Grenze viel zu tief, niemand könnte z. B. in der Schweiz mit 1,90 US$, also rund 2 Franken, überleben, schon die äußerst knappe Nothilfe für Asylsuchende beträgt ein Mehrfaches davon, geschweige denn die Sozialhilfe.

Dabei stellt sich die Frage nach den Gründen der absoluten Armut. In den letzten 40 Jahren sind sehr unterschiedliche Theorien zu den weltweiten Armutsursachen vertreten worden: So sah die Dependencia-Theorie die Ursache für die Armut in der Geschichte des Kolonialismus und in den ungleichen Handels- und Austauschbeziehungen zwischen Nord und Süd, die Weltbank ortete in den 1980er-Jahren die Hauptursache in inadäquaten wirtschaftspolitischen Konzepten der Entwicklungsländer. Eine spätere These erklärte die Armut aus dysfunktionalen politischen Strategien der nationalen Eliten und Machtgruppen. In den 1990er-Jahren suchte man breitere Erklärungen für die Armut, unter anderem in institutionellen Defiziten, Führungsmängeln und in geografischen Ursachen (vgl. Collier 2013, S. 151 f.). Wieder andere Ansätze suchten die Erklärung für die aktuellen Probleme in kulturellen Gründen oder in Bildungsdefiziten (vgl. Acemoglu und Robinson 2013, S. 130 ff.). Doch alle diese Erklärungsversuche erwiesen sich letztlich als unbefriedigend, zu einseitig oder schlicht unzutreffend.

Doch relative Armut kann in einzelnen Bereichen absolute Armut fördern. Sen (2005, S. 34 f.) hat darauf hingewiesen, dass die Lebenserwartung in direktem Zusammenhang mit der Einkommens- bzw. Armutssituation steht. Das gilt nicht nur innerhalb der einzelnen Länder sondern auch im internationalen Vergleich. So nähert sich laut Sen (2005, S. 35) die Lebenserwartung einer afroamerikanischen Frau in den USA mit steigendem Alter der Lebenserwartung einer Chinesin stärker an als der zu erwartenden Lebenserwartung einer weißen US-Amerikanerin. Sen folgert daraus, „dass die schwarzen Amerikaner gegenüber den weißen Amerikanern unter einem *relativen* Mangel hinsichtlich des Pro-Kopf-Einkommens leiden, sie stehen auch, bezogen auf die Lebenserwartung, *absolut* schlechter da als die weniger verdienenden Inder aus Kerala (Männer und Frauen gleichermaßen) und die ärmeren Chinesen (was die Männer betrifft)" (Sen 2005, S. 35 f.).

Aus der Sicht einer Verantwortungsethik hat Beck (2016, S. 40) acht Verantwortungskriterien formuliert, die auch in Bezug auf die Armutsthematik gelten:

   I. „*Jemand* – das Subjekt
  II. ist verantwortlich
 III. *für etwas* – das Objekt

IV. *in Bezug auf* normative Standards
V. *vor* einer Rechtfertigungsinstanz
VI. *rückblickend* und/oder *vorausschauend* (Zeitrichtung)
VII. *gegenüber jemandem* – dem Adressaten
VIII. mit einer bestimmten Ausrichtung
IX. *in* einem sozialen Kontext".

Dabei ist laut Beck (2016, S. 45) zu bedenken, dass sich moralische Verantwortung von einer rein kausalen Verantwortung dadurch unterscheidet, dass moralische Verantwortung breiter ist und weitergehende Bedingungen erfüllt, über die allerdings Uneinigkeit herrscht. Mögliche Kriterien moralischer Verantwortung könnten dabei sein: Rationalität, Intentionalität, die Verfügbarkeit relevanten Wissens über wahrscheinliche Handlungsfolgen, Kontrolle über Handlungen sowie – in bestimmten Fällen – Willensfreiheit oder zumindest Handlungsfreiheit.

Zusätzlich ist in der ethischen Reflexion zwischen deskriptiver Betrachtungsweise und präskriptiver, also normativer Sicht zu unterscheiden. So können deskriptive Beschreibungen der Weltarmut deskriptive Verantwortungszuschreibungen enthalten, etwa auf der Stufe der Zuschreibung personaler kausaler Verantwortung oder auf der Stufe armutverursachender rechtlicher, funktionaler oder struktureller Zusammenhänge (vgl. Beck 2016, S. 59). Deskriptive Beschreibungen können normative Setzungen enthalten, sind aber nicht pragmatisch, also auf eine bestimmte angestrebte Verhaltensänderung oder ein gewünschtes Verhalten ausgerichtet. Dagegen sind – nach Beck (2016, S. 61) – „präskriptive Betrachtungen der Weltarmut ... in einem starken Sinn normativ, insofern sie von der Frage geleitet sind, wer mit Blick auf die Weltarmut was genau tun *sollte*". Eine Vermischung beider Arten von Beschreibung, nämlich deskriptiver und präskriptiver Aussagen führt zu naturalistischen Fehlurteilen, weil vom Istzustand auf einen Sollzustand geschlossen wird. Gemäß der Sein-Sollens-These besteht zwischen moralischen und nichtmoralischen Behauptungen immer eine Ableitungs- und Begründungslücke, weshalb zwischen ihnen ein logisches Vakuum besteht, also ein mangelnder logischer Zusammenhang. Burth (2009, S. 351) folgerte daraus, dass moralische Schlussfolgerungen nur aus Prämissen abgeleitet werden dürfen, die mindestens eine moralische Äußerung enthalten.

„Die deskriptive Ethik beschreibt und erklärt, welche Vorstellungen von einem guten Leben und welche Normen des zwischenmenschlichen Zusammenlebens in verschiedenen Gruppen oder Kulturen vorherrschen. Es handelt sich also um eine bloße Rekonstruktion der faktisch vorliegenden Moral der Konzepte guten Lebens" (Fenner 2016, S. 44). Es werden also bestehende ethische Vorstellungen und Verhaltensnormen beschrieben, nicht aber Aussagen darüber gemacht, welche Normen gelten sollten.

Ein Beispiel dafür ist die Rationierung knapper Dienstleistungen oder Produkte für bestimmte Bevölkerungsgruppen. Die deskriptive Ethik beschreibt, welche Dienstleistungen oder Produkte für welche Personengruppen nur beschränkt zur Verfügung stehen. Diese Rationierung ist heute in einigen Bereichen der Gesundheitsversorgung entweder bereits Tatsache oder wird diskutiert. Davon zu trennen sind Aussagen – etwa von Politikern – darüber, welche Leistungen auf wen zu begrenzen sind. Das sind klar normative Aussagen, wie im folgenden Beispiel:

Im Juli 2017 reichte der Luzerner Allgemeinarzt und Kantonsrat der Schweizerischen Volkspartei Beat Meister ein Postulat im Kantonsparlament ein, wonach der Kanton künftig die Beiträge an die Einsetzung künstlicher Hüftgelenke an über 90-Jährige streichen solle. Laut den Aussagen des Arztes stellt die Einsetzung eines künstlichen Hüftgelenks eine „Maximalmedizin" dar, die eigentlich schon Patienten ab 85 Jahren verweigert werden müsste. Gemäß dem Luzerner Kantonsarzt Roger Harstall liegt der Anteil der Patienten über 85 Jahren, welche eine Hüftproteste erhalten, in der Schweiz bei 6 %. Daran zahlt der Kanton im Rahmen der obligatorischen Krankenversicherung 55 %. 2017 kostete die Implantation eines künstlichen Hüftgelenks durchschnittlich 8000 Franken (vgl. Nussbaumer 2017, S. 21).

Ich habe zur Problematik der Rationierung von Gesundheitsleistungen an anderer Stelle (vgl. Jäggi 2017, S. 56) Folgendes festgestellt:

Weil die Komplexität und auch die technischen Möglichkeiten zunehmen, erhöhen sich auch die Kosten. Dabei sind die finanziellen Möglichkeiten naturgemäß begrenzt. Anders gesagt: Die ökonomischen Ressourcen der Gesellschaft und des Einzelnen sind limitiert, während die Verfahren nicht billiger, sondern tendenziell teurer werden. Damit stellen sich das Problem der Rationierung von Gesundheitsleistungen und eng verbunden damit ethische Fragen: Ist es in Ordnung, 70.000 oder 100.000 EUR auszugeben, um einem Menschen das Leben um 1 Jahr zu verlängern, ist es richtig, wenn in England übergewichtigen Personen keine künstlichen Hüftgelenke eingepflanzt werden, ist es legitim, Föten abzutreiben, wenn voraussehbar ist, dass das Kind und später der Erwachsene lebenslang unter schwersten gesundheitlichen Problemen leiden und Gesundheitskosten in Millionenhöhe verursachen wird? Das Rationierungsproblem führt direkt oder indirekt zu einer Zwei- oder gar Mehrklassengesellschaft: Wer sich teure Operationen oder Therapien leisten kann, erhält sie, wer nicht, hat Pech gehabt. Zweifellos ist es äußerst problematisch, den Entscheid über die Anwendung einer teuren Behandlung dem Markt zu überlassen – denn das Markt-Angebot richtet sich nach dem Bedarf und nicht nach dem Bedürfnis! Das ist sicher sinnvoll in all den Märkten und Teilmärkten, in denen die Produkte für die große Mehrheit der Menschen bezahlbar sind. Doch das ist im Gesundheitsbereich und in der Medizin bei weitem nicht immer der Fall.

Man wird also auf die Dauer nicht darum herumkommen, zwischen notwendigen und nichtnotwendigen Gesundheitsleistungen zu unterscheiden. Während Erstere allen zugänglich sein und von den Grundversicherungen bezahlt werden müssen, sollten Letztere als Luxusleistungen behandelt werden, die nur zahlenden Patienten zur Verfügung gestellt werden. Mögliche Kriterien für die allgemein zugänglichen Gesundheitsleistungen könnten sein: Aufrechterhaltung der Lebensqualität und der Schmerzfreiheit, medizinische Grundversorgung, Notfallmedizin usw. Zu Luxusleistungen gehören kosmetische Eingriffe, medizinisch nichtnotwendige Schlankheitsoperationen usw.

6.4 Ein Menschenrecht auf soziale Grundsicherung

Sebastian Thieme (2017, S. 30) hat vorgeschlagen, den Anspruch auf Selbsterhaltung als Subsistenzrecht im Sinne eines Moralprinzips zu formulieren. Thieme lehnte dabei dieses Konzept ausdrücklich an die integrative Wirtschaftsethik von Ulrich (2008) an. Dieses Recht auf Subsistenz hat zwei Aspekte: einen ökonomischen und einen juristischen.

Zwar hat Luise Buschmann (2013, S. 11) darauf hingewiesen, dass weder im Internationalen Pakt über die wirtschaftlichen, sozialen und kulturellen Rechte (International Convenant on Economic, Social and Cultural Rights, vgl. ICESCR 1966) noch in anderen internationalen Menschenrechtserklärungen ein ausdrückliches „Menschenrecht auf soziale Grundsicherung" enthalten ist. Trotzdem existiert ein solches Menschenrecht, und zwar auf der Rechtsgrundlage von Art. 9 und Art. 11 ICESCR (1966). Allerdings ist dieses Menschenrecht mit keinem der beiden Artikel völlig deckungsgleich. Zwar gibt es keine Legaldefinition des Menschenrechts auf soziale Grundsicherung, aber es gibt verschiedene Umschreibungen und Begriffe, je nach Kontext (vgl. Buschmann 2013, S. 21).

Die ICESCR (1966) anerkennt das Recht eines jeden Menschen auf soziale Sicherheit, eingeschlossen Zugang zu und Schutz durch Sozialversicherung(en). Gemäß Art. 11 ICESCR (1966) besteht ein Anspruch auf einen angemessenen Lebensstandard („adequate standard of living for himself and his family") in Form von angemessener Nahrung, Kleidung und Wohnraum („adequate food, clothing and housing").

Buschmann (2013, S. 70) hat die spannende Frage aufgeworfen, ob das Menschenrecht auf soziale Grundsicherung auch einen Anspruch auf „Nicht-Arm-Sein" zu müssen enthält. Sie kommt zum Schluss, „dass das Bedürfnis Nicht-Arm-Sein als grundlegendes Bedürfnis im Rahmen des Menschenrechts auf soziale Grundsicherung anerkannt ist" (Buschmann 2013, S. 71). Das ergebe sich aus verschiedenen Indizien: So sei es die Aufgabe der ICESCR-Mitgliedstaaten, das Auftreten von Armut „möglichst" zu verhindern. So würden 95 % der Länder in ihren Berichten erkennen lassen, dass sie die Armutsbekämpfung als staatliche Aufgabe ansehen. Auch die Erbringung von sozialhilfeartigen Leistungen in 97 % der Staaten sei ein Indiz dafür, dass diese die Armutsbekämpfung als wichtig erachten.

Allerdings stellt sich die Frage, ob aus den berechtigten Bemühungen, Armut abzubauen, ein Menschenrecht auf „Nicht-arm-sein-Müssen" abgeleitet werden kann. Denn Menschenrechte sind in Bezug auf ihre Dringlichkeit und ihre Verbindlichkeit deutlich stärker zu gewichten als sozialpolitische Anliegen wie etwa die Förderung von sozialer Gerechtigkeit oder Chancengleichheit – so berechtigt diese Forderungen auch sind.

Nach Ansicht von Thieme (2017, S. 31) stellt das Subsistenzrecht einen sozialen Minimalstandard dar, der auf drei Ansprüchen beruht:

1. **Anspruch auf Erhalt der Lebensfähigkeit** (Viabilität), also die Sicherstellung der Existenz in der Gesellschaft. So sind nach Ansicht von Thieme (2017, S. 32) Arbeitsverträge nicht zumutbar, welche die Lebensfähigkeit der Vertragspartner nicht sicherstellen.

2. **Anspruch auf Selbsterhaltung bzw. Selbsthilfe:** Dieser Anspruch bedeutet, „dass es über die Erhaltung der Lebensfähigkeit hinaus möglich sein muss, sich frei zu verändern und an eine Umwelt anzupassen" (Thieme 2017, S. 32). Das bedeutet etwa, dass alle Menschen den Anspruch darauf haben, als freie Akteure zu handeln, „ihnen also die Möglichkeit zur freien Entscheidung zu geben" (Thieme 2017, S. 32). Dabei geht es **nicht um möglichst viele Handlungsmöglichkeiten,** sondern um den „Anspruch auf Alternativen bzw. darauf, sich selbst Alternativen entwickeln zu können". Dieses Konzept beruht auf der Vorstellung eines selbstgesteuerten, autonomen Handelns anstelle von heteronomen, also fremdgesteuerten, von Dritten bestimmten Handlungsvorgaben.

3. **Anspruch auf** einen **„ethischen Legitimationsvorbehalt von Handlungsabsichten"** (Thieme 2017, S. 32).

Mit dieser etwas sperrigen Formulierung ist gemeint, dass der Anspruch auf Lebensfähigkeit (1) und auf selbstbestimmtes Handeln (2) die legitimen Interessen Dritter berücksichtigen muss. Thieme spricht in diesem Zusammenhang von einem Perspektivenwechsel. Es sei zu überlegen, zu welchen (auch unbeabsichtigten) Konsequenzen die eigene Handlungsabsicht führen könne. Dabei müsse im Sinne des Kategorischen Imperativs Kants oder der Sympathy von Adam Smith die Sicht der Betroffenen einbezogen werden, und zwar um die Frage herum, ob die Wirkungen einer (beabsichtigten) Handlung von diesen als zumutbar empfunden werde. Das soll nach Meinung von Thieme mit diskursethischen Regeln geschehen: „Wird der Anspruch auf ethische Legitimation durch Diskurs nicht oder nur halbherzig umgesetzt, folgt daraus, dass entsprechende Handlungsabsichten als ethisch ungerechtfertigt ignoriert werden können" (Thieme 2017, S. 33). Im Sinne von Ulrich (2008, S. 257 f.) leitet Thieme daraus ein Recht auf zivilen Ungehorsam ab.

So klar und einleuchtend dieses Dreistufenkonzept erscheint, die Knacknuss liegt in der entsprechenden ordoökonomischen Umsetzung. Auch stellt sich die Frage, ob es genügt, bei Nichteinhaltung dieser drei Prinzipien auf das Recht auf zivilen Ungehorsam zu rekurrieren. Uns interessiert hier die Frage, wie die drei Prinzipien im Rahmen des Wirtschafts- und Gesellschaftssystems implementiert, institutionalisiert und durch entsprechende Regeln und Normen gesichert werden können.

Zapka (2012, S. 99 f.) hat darauf hingewiesen, dass die meisten Staaten Europas „im Grunde nur über eine subjektive und temporär begrenzte Wohlfahrtsstaatlichkeit" verfügen: Nach einer ersten Phase primärer und auf gesellschaftliche Inklusion ausgerichteter Versicherungsleistungen – z. B. bei Arbeitslosigkeit, Krankheit oder anderen Ursachen für Erwerbsausfälle – rutschen die Betroffenen früher oder später in eine zweite Phase der Unterstützung, die meist nur noch die unmittelbaren Grundbedürfnisse deckt – z. B. Sozialhilfe, Fürsorge. Dabei werden die Betroffenen in dieser zweiten Phase „allesamt exkludiert, weil nur noch subsistenzsichernde Leistungen vom Staat zur Verfügung gestellt werden. In einer Phase sozialer Ausgrenzung sinkt in der Regel sowohl das materielle als auch das psychische Wohlbefinden" (Zapka 2012, S. 100).

Johan Galtung (2000, S. 35) hat darauf hingewiesen, dass es keine 1:1-Entsprechung von Grundbedürfnissen und Grundrechten gibt, weil einzelne Grundrechte eine ganze Reihe von Bedürfnissen abdecken und sich umgekehrt einzelne Grundrechte auf kein Bedürfnis beziehen. So stellte Galtung 28 primäre und sekundäre Bedürfnisse den 49 Rechten – eingeschlossen die Sekundärrechte – der Allgemeinen Erklärung der Menschenrechte von 1948 gegenüber. Problematisch sei das dann, wenn es für bestimmte Bedürfnisse keine entsprechenden Rechte gebe.

6.5 Care als Menschenrecht

Ute Gerhard (2015, S. 22) hat mit Verweis auf die internationale feministische Debatte um das Carekonzept vorgeschlagen, den Anspruch auf Care als „BürgerInnen- und Menschenrecht" zu begründen. Auch die Europäische Sozialplattform, ein Zusammenschluss von über 40 bei der EU akkreditierten Nichtregierungsorganisationen hatte sich bereits 2011 in einer Empfehlung für Care als ein Menschenrecht ausgesprochen (vgl. Gerhard 2015, S. 22).

Margrit Brückner (2015 S. 41 ff.) hat folgende strategisch ausgerichtete Thesen zur Verankerung des Carekonzepts aufgestellt:

1. Die Caredebatte steht für die öffentliche Diskussion über die „gesellschaftliche Organisation weiblich verstandener informeller und formeller Sorgetätigkeit und ihren ethischen Fundamenten" (Brückner 2015, S. 41). Dabei geht es auch um die soziale Deklassierung und im Vergleich zu anderen Arbeiten geringe Wertschätzung von Carearbeit, was sich etwa in den durchwegs tieferen Löhnen in diesen Bereichen zeigt. Deshalb muss die Carearbeit und ihre Rolle ordoökonomisch abgesichert und geregelt sein.
2. „Jede Gesellschaft konstruiert zu ihr passende Aufteilung des Sorgens im öffentlichen und privaten Raum" (Brückner 2015, S. 42). Dabei geht eine „Privatisierung" von Carearbeit oft mit einer sozialen Deklassierung einher. Das zeigt sich genderspezifisch besonders daran, dass in der ehrenamtlichen, privaten Pflege, etwa in der Familie, vor allem Frauen tätig sind und dass viele Sozialversicherungen Pflegearbeit in öffentlichen Pflegeeinrichtungen – z. B. in Alters- und Pflegeheimen – höher bezahlen als private Pflege, die oft unbezahlt erfolgt. Hier führt sich übrigens das gängige Sparargument ad absurdum. Daraus folgt, dass nie ausschließlich finanzpolitische, fiskalpolitische oder gar einseitige Sparmaßnahmen zur „Sanierung" der Sozialversicherungen eingesetzt werden sollten – vielmehr sind alle Aspekte der sozialen Sicherheit und die verschiedenen Formen von Carearbeit mit einzubeziehen.
3. Care stellt wie kaum ein anderer Bereich die Frage „nach ethisch fundierten sozialen Bürgerrechten" (Brückner 2015, S. 43) und stellt die Auseinandersetzung mit einer ganzheitlichen Fürsorge und Pflege „als beziehungs- und bedürfnisorientierte soziale Praxis" (Brückner 2015, S. 43) ins Zentrum der Diskussion. Deshalb greifen eindimensionale Input-Output-Konzepte zu kurz – notwendig sind vielmehr ganzheitliche, also den ganzen Menschen und seine Umwelt einbeziehende, vernetzte und systemisch

durchdachte Konzepte. Diese sind langfristig nicht nur wirksamer, sondern auch kostengünstiger.

4. Das Spannungsverhältnis zwischen Selbstsorge und Fürsorge macht eine Balance zwischen individuellen und gesellschaftlichen Leistungen, aber auch zwischen unbezahlter und bezahlter Arbeit erforderlich. Hier stellt die Carethematik zentral die Frage nach Sinn und Unsinn, aber auch dem Verhältnis von bezahlter (Lohn-)Arbeit und unbezahlter Arbeit. Gefordert sind gesellschaftlich akzeptable, ganzheitliche und auf die wirklichen Lebenssituationen zugeschnittene Arbeitskonzepte.

Und im Rahmen des Carekonzepts stellt sich auf ganz konkreter Ebene und völlig unideologisch die Frage nach Gendergerechtigkeit. Wenn es stimmt, dass weibliche Arbeit eher auf Zusammenarbeit als auf Dominanz, weibliches Wissen eher explorativ als autoritätsbasiert, Geld in den Händen von Frauen eher autonomie- und sicherheitsgenerierend als machtbezogen und die Sichtweise von Frauen eher kollektivistisch als individualistisch und das Handeln von Frauen eher gruppenbezogen als gruppendominierend ist – vgl. Stephenson (2009, S. 126) –, dann kann gerade ein am Carekonzept orientiertes Arbeitsverständnis einen entscheidenden Beitrag für eine gender- und damit auch frauengerechte und letztlich nachhaltige Wirtschaftsform begründen.

Naturgemäß geschieht viel Carearbeit in der Familie. Der Erzbischof von München und Freising Reinhold Marx (2008, S. 180) hat in diesem Zusammenhang einmal gesagt: „Nicht die Familie muss arbeitsgerecht werden, sondern die Arbeitswelt muss familiengerecht werden."

Doch das Recht auf „Care" muss auch staatlich und sozialversicherungsmäßig abgestützt werden. Dabei kann man nicht einfach auf „zivilgesellschaftliche Akteure" wie NGOs ausweichen, welche oft eine substitutive Funktion gegenüber nichtexistierenden oder schlechten staatlichen Sozialversicherungen haben:

> Die Krise des Steuerstaates korrespondiert mit der Krise des Wohlfahrtsstaates, der bislang in der Dimension der Sozialintegration durch materielle Anspruchsbefriedigung individuelle Fügsamkeit und sozialen Frieden erzeugte, ohne dass hierfür der staatliche Zwangsapparat überstrapaziert werden musste. Es erscheint nicht als Zufall, dass Appelle und Aktivitäten einer Stärkung von Gemeinschaften mit den Finanzproblemen des Wohlfahrtsstaates einhergehen. In gewissem Maß stellt ein Ausbau der ‚Zivilgesellschaft' ein kostengünstigeres funktionales Äquivalent des Wohlfahrtsstaates dar (Schimank und Lange 2003, S. 183).

Nicht ganz unpolemisch hat deshalb Amin (2009, S. 64; vgl. auch Dübgen 2014, S. 92) zwischen GONGOs (eigentlich staatliche, also „governmental" NGOs), MNGOs (mafiaähnliche NGOs) und TNGOs (NGOs, welche unreflektiert die Geberpolitik umsetzen) unterschieden. Und Santos (2002, S. 284) sprach in Anlehnung an Shivji (1989, S. 61) zusätzlich noch von FFUNGOS („foreign funded" NGOs). Allen diesen NGOs ist gemeinsam, dass weniger der gemeinnützige Zweck als die Absichten der Organisationen im Zentrum ihrer Tätigkeit stehen.

Mit anderen Worten: Wenn man das Recht auf „Care" und seine Konkretisierung auf nichtstaatliche Akteure abschiebt, kann man zwar möglicherweise Kosten sparen, aber die Qualität der Versorgung muss darunter zwangsläufig leiden – ganz abgesehen davon, dass die (freiwilligen) Aktivitäten einer Hilfsorganisation niemals ein garantiertes und durchsetzbares Menschenrecht ersetzen können.

6.6 Migrationsfreiheit und Niederlassungsfreiheit

Wenn es auch stimmen mag – wie Carens (2012, S. 13) meint –, dass sich seit dem späten 20. Jahrhundert in einer Reihe von Ländern die rechtlichen Unterschiede zwischen Bürgern und ansässigen Nichtbürgern zunehmend verwischt haben, bleibt jedoch das fehlende Stimm- und Wahlrecht für Ausländern in vielen Demokratien ein grundlegender Unterschied – und ein Grund für die Exklusion, wenn nicht gar Diskriminierung ausländischer Bevölkerungsgruppen. Das betrifft insbesondere auch Einschränkungen in der Mobilität und in der Wahl des Wohn- und Aufenthaltsortes.

Wenn oben gesagt wurde, dass fehlende Wahlfreiheit unmoralisch ist, gilt das besonders auch für die menschliche Mobilität und dies insbesondere auch im Bereich der Migration. Geografische Mobilität ist oftmals die einzige Möglichkeit, lebensbedrohlichen oder lebensunwerten Situationen auszuweichen. Verhindert man dies mittels nationalstaatlicher Gesetze oder mittels staatlicher Repression, dann ist das ein Eingriff in die menschliche Bewegungsfreiheit und bedeutet im Extremfall eine Verletzung der persönlichen Autonomie und des Rechts auf (Über-)Leben.

Andreas Cassee (2016, S. 17) hat die Meinung vertreten, dass die allgemein verbreitete Überzeugung, wonach „Staaten die Einwanderung nach Maßgabe der Interessen und Vorlieben ihrer Bürger unilateral beschränken dürfen, moralisch unhaltbar ist". Umgekehrt vertrat Cassee (2016, S. 18) die These, „dass alle Menschen ein moralisches Recht auf globale Bewegungs- und Niederlassungsfreiheit haben, das zwar nicht absolut gilt, aber doch eine erheblich offenere Einwanderungspolitik erfordert, als sie heute in Europa und Nordamerika betrieben wird".

Neben nationalstaatlichen Regelungen können auch ökonomische Faktoren, soziale Ungleichheiten und politische Repression die Mobilitätsfreiheit massiv beschneiden. Das zeigt sich sogar in wirtschaftlich scheinbar erfolgreichen Ländern.

Wie fragil selbst ein scheinbar stabiler wirtschaftlicher Aufschwung in vielen Staaten sein kann, zeigt das Beispiel Afrikas. Nach der Finanzkrise investierten viele Anleger und Investoren namhafte Beträge in afrikanischen Staaten, so in Sambia, Moçambique und Ghana, aber auch in Nigeria, Südafrika und Angola. Wenig später änderte sich das Investitionsklima wieder grundlegend.

In nicht wenigen afrikanischen Staaten hat die Verschuldung zwischen 2013 und 2017 deutlich zugenommen. So stieg in den letzten Jahren in mehr als der Hälfte der 49 Staaten südlich der Sahara die Verschuldung rapide an. Betroffen von dieser Entwicklung waren auch ökonomische Schwergewichte wie Nigeria, Südafrika, Angola und Äthiopien, deren Kreditwürdigkeit die Ratingagenturen auf Ramschniveau herabstuften (vgl. Urech 2018, S. 12). Im bevölkerungsmäßig größten Land Afrikas, in Nigeria, musste die

Regierung 2018 rund ein Viertel der Regierungsausgaben in den Schuldendienst stecken, rund 20 % mehr als im Vorjahr. 2018 flossen 5 Mrd. US$ oder doppelt so viel wie 2015 an die Gläubiger, das waren dreißigmal mehr als der Betrag, der in dem nigerianischen Gesundheitsministerium im gleichen Jahr zur Verfügung stand. Und bereits 2019 wird der größte Erdölexportstaat mehr Geld für die Bezahlung der Schuldzinsen aufwenden müssen, als er für seine Erdölexporte einnehmen wird (vgl. Urech 2018, S. 12).

Dass diese Entwicklung langfristig zu vielen Problemen führen wird, und zwar sowohl auf der Ebene der betreffenden Nationalstaaten als auch auf transnationaler Ebene, leuchtet ein. Ein guter Indikator dafür ist die Entwicklung der Migrationszahlen (vgl. dazu ausführlich Jäggi 2016b, S. 4 ff.).

Aus der Sicht vieler Politiker stellt heute das Problem der Immigration eine erhebliche Bedrohung dar. Dem will man mit Grenzschließungen, Grenzkontrollen und Reglementierungen des Aufenthaltsstatus entgegenwirken. Doch – so müsste man fragen – worin besteht eigentlich konkret die Bedrohung?

Geht es tatsächlich um die Verhinderung „sozialer Gettos" und „ethnischer Parallelgesellschaften", wie konservative Politiker betonen? Oder wird vielleicht eine neue Art der sozioethnischen Diskriminierung angestrebt, wie etwa das Beispiel Dänemark zeigt?

Erstmals hat 2018 ein Land – nämlich Dänemark – versucht, empirische Kriterien zu bestimmen, wann von einem Getto gesprochen werden kann. In einer von der dänischen Regierung präsentierten Gettoliste wurden offiziell 22 Gettos aufgeführt, die folgende Kriterien erfüllen: hohe Kriminalitätsrate, hohe Arbeitslosigkeit, niedrige Ausbildungs- und Einkommenshöhe sowie eine Bevölkerungsmehrheit von Einwohnern aus nichtwestlichen Ländern (vgl. Thier 2018, S. 3). Erfüllt ein Wohngebiet drei dieser Kriterien, kommt es auf die Gettoliste. Die dänische Regierung unter Ministerpräsident Lars Lökke stellte für die Aufhebung von „Gettos" ein umfassendes Maßnahmenpaket vor, das mit harter Hand gegen diese Wohnbezirke vorgehen will: Abriss und bauliche Maßnahmen der trostlosen Blocksiedlungen, Sozialhilfeempfänger und Flüchtlinge sollen keine Wohnungen mehr erhalten oder nur solche unter erschwerten Bedingungen, Kriminelle sollen gezwungen werden, umzuziehen, Kinder in Gettos sollen zwingend, aber kostenlos in die Krippe gegeben werden und wenn sich die Eltern weigern, wird das Kindergeld gestrichen. Außerdem sollen Schulen und Kindergärten stärker durchmischt und Familien mit schulschwänzenden Kindern von den Behörden überprüft werden. Schließlich sollen Strafen für kriminelle Verstöße verdoppelt werden, wenn sie in Gettos begangen werden (vgl. Anner 2018, S. 6). Einmal abgesehen von den rechtsstaatlich bedenklichen und menschenrechtswidrigen Maßnahmen wie örtlich definierte willkürliche Strafverdoppelungen ist dieser größtenteils auf Repression setzende Kurs problematisch und widerspricht allem, was in den letzten 40 Jahren an Integrations- und Inklusionsarbeit geleistet wurde. Und wenn man einmal von der mit diesem „Gettokonzept" einhergehenden ethnisch-nationalen Diskriminierung (Kriterium der mehrheitlichen Herkunft der Einwohner aus einem nichtwestlichen Land) absieht, sind die zur Anwendung kommenden Indikatoren eher Zeichen für eine sozial benachteiligte Bevölkerung (Unterschichtzugehörigkeit) als für ein Getto – was immer auch darunter verstanden wird.

Dabei kann die Äußerung von Lökke, dass er für die grundlegenden Werte der dänischen Gesellschaft kämpfe, im besten Fall als zynisch gesehen werden.

Geht es dabei nicht in Wirklichkeit darum, Menschen anderer Herkunft nicht die gleichen Rechte zugestehen zu müssen und die eigenen Privilegien aufrechtzuerhalten?

Selbst wenn eine uneingeschränkte Freigabe der Immigration ein wirtschaftlich prosperierendes Land für gewisse Zeit zu einem Ziel von Millionen von Einwanderern machen könnte, was zweifellos hohe Kosten verursachen dürfte und gerade für ein kleines Land durchaus bedrohlich sein kann, wird sich im Laufe der Zeit die Zuwanderung spätestens dann einpegeln, wenn die ökonomischen Vorteile für die Einwanderer – etwa infolge sinkender Löhne – wieder verschwinden. Gerade vor diesem Hintergrund müssten eigentlich die reichen und reichsten Länder alles daran setzen, die Mindestlebensstandards in den armen und ärmsten Ländern so weit als möglich zu verbessern, dass der Emigrationsdruck sich laufend verringert: Wenn die Lebensumstände sich verbessern, steigen auch die „Lebensbefähigung" und die Möglichkeiten zur Selbstverwirklichung und zur Selbstverantwortung (vgl. Sen 2010, S. 47 f.). Durch die kurzsichtige Politik rechter und populistischer Parteien geschieht aber genau das Gegenteil: Gelder für Entwicklungszusammenarbeit, Friedensaktivitäten und globale ökologische Verbesserungen werden gestrichen, dafür rüstet man Armee und Polizei auf und hofft so, dem Migrationsdruck mit Repression Herr zu werden. Das ist jedoch so, als würde man als Antwort auf den jedes Jahr steigenden Meeresspiegel einfach die Kaimauern erhöhen, mit dem voraussehbaren Resultat, dass diese irgendwann einmal dem Wasserdruck nicht mehr standhalten können und brechen. Da wäre es doch viel sinnvoller, die Ursachen für den steigenden Meeresspiegel zu bekämpfen.

6.7   Was für eine Vision einer solidarischen Ökonomie?

Otfried Höffe hat kritisiert, dass sich die jüngsten Debatten um Bürgertugenden und Weltbürgertum in der Regel nur auf eine von drei Rollen beziehen, welche die Menschen ausüben: Menschen sind zwar einerseits Staatsbürger, sie sind aber ebenso auch Wirtschaftsbürger und Weltbürger. „In der Wirklichkeit übt der heutige Bürger aber alle drei Rollen aus; in der Regel integriert er in seiner Person, was viele Gesellschaftstheorien vereinfachend zerlegen. Setzt man beim Wirtschaftsbürger an, verdienen trotz hoher Arbeitslosigkeit die meisten Bürger ihren Lebensunterhalt selber. Auf die politischen Rahmenbedingungen der Wirtschaft nehmen sie als Staatsbürger Einfluss. Und beide, das Wirtschaften und die Politik, sind längst global vernetzt, ohne deshalb ihre regionale Verankerung aufgeben zu müssen" (Höffe 2004, S. 11).

Das Problem ist nur, dass die Menschen als Wirtschaftsbürger und als Staatsbürger ganz konkrete und einforderbare Rechte haben, aber ihre Rechte als Weltbürger nicht geltend machen oder gerichtlich durchsetzen können. Gleichzeitig gibt es auch eine

Asymmetrie der Rechte infolge ungleich verteilter Ressourcen: Transnationale Unternehmen haben viele – rechtliche wie ökonomische und indirekt politische – Möglichkeiten, ihre Interessen auf internationaler Ebene durchzusetzen, während die einzelnen Menschen nur in den allerseltensten Fällen in diesem Sinn aktiv werden können.

Uwe Petersen (2010, S. 343) hat die Auffassung vertreten, dass „in einer funktionierenden gleichgewichtigen Ökonomie ... nur so viel produziert werden [darf], wie auch gebraucht wird". Das bedeute aber nicht, dass alle das Gleiche tun und konsumieren müssten, vielmehr sei es so, dass je unterschiedlicher die Menschen seien, desto reichhaltiger werde die Ökonomie. Laut Petersen (2010, S. 343) dürfe jedoch jeder nur so viel nehmen, wie er gebe – es sei denn, er sei nicht oder weniger leistungsfähig und müsse aus Gründen der Solidarität von den anderen versorgt werden. Man sieht hier sofort, wo das Problem liegt: 1) Wer entscheidet nach welchen Kriterien, ob jemand nicht oder weniger leistungsfähig ist, und 2) trifft es tatsächlich zu, dass mehr Konsumieren und Produzieren in jedem Fall schlecht sind? Denn die Bedürfnisse und damit der Bedarf verändern sich laufend – und je nach Lebensstil und Kultur werden einzelne Bedürfnisse neu entstehen und andere verschwinden. Vor 30 Jahren hatte jeder eine Festnetztelefonnummer, heute nimmt die Zahl der Festnetzanschlüsse vielerorts ab und viele Junge besitzen gar keinen Festnetzanschluss mehr.

Mehr Konsum bedeutet heute nicht mehr in jedem Fall einen höheren Lebensstandard – viel entscheidender sind die Art und die Qualität der konsumierten Güter und Dienstleistungen. Schon heute ist der Verzicht auf 24-stündige Erreichbarkeit durch Mobiltelefon und Internet bei einzelnen Menschen oder Gruppen ein Zeichen von Lebensqualität, weil sich nur wenige Menschen dies im Alltags- und Berufsleben leisten können und wollen. Jederzeitige Erreichbarkeit bedeutet oft auch, rund um die Uhr für einen beruflichen Einsatz bereit sein zu müssen. Das gilt mehr und mehr auch für Berufe, die bis anhin eine geregelte Arbeits- und Freizeitstruktur hatten. So erwarten heute immer mehr Vorgesetzte, dass die Mitarbeitenden rund um die Uhr telefonisch erreichbar sind, ganz zu schweigen von Kaderleuten in Banken oder im Topmanagement von Unternehmen. Das bedeutet im Rahmen einer solidarischen Ökonomie ein Recht auf Anonymität und auf Zeiten der Unerreichbarkeit für den Arbeitgeber.

Sebastian Thieme (2017, S. 204 ff.) hat in seiner Vision einer solidarischen Ökonomie folgende Prinzipien vorgeschlagen, auf denen eine solche Wirtschaftsordnung beruhen sollte:

1. *Ausrichtung von Produktion und Allokation von Gütern* und Dienstleistungen statt an dem Tauschwert an dem konkreten Nutzen bzw. *an dem Gebrauchswert.* Dabei sollte der Nutzen aller Beteiligten im Vordergrund stehen, nicht die Gewinnmaximierung.
2. *Menschliche Arbeit als „Quelle allen Wohlstands"* ansehen: Im Zentrum sollte die Wertschätzung menschlicher Arbeit stehen, was sich unter anderem auf menschenwürdiges und gemeinsames Arbeiten bezieht. Arbeit sollte dabei nicht einfach auf Erwerbsarbeit reduziert werden, sondern jegliche Arbeit umfassen (vgl. dazu Jäggi 1995, S. 217 ff.).

3. *Unabhängigkeit des Wirtschaftens von Staat und Märkten:* Allerdings relativierte Thieme (2017, S. 205) dieses Prinzip, weil „eine vollständige Entkoppelung von Märkten und Staat häufig kaum möglich und bisweilen auch nicht wünschenswert" sei.

4. *Ablehnung von Privateigentum* insbesondere „in der Konzentration privater Aneignung von Ressourcen und Infrastruktur, die ursprünglich der öffentlichen Daseinsvorsorge diente".

5. *Beteiligung und Partizipation* im Sinne von „community organizing" kollektiver Entscheidungsprozesse oder in Form von Volksentscheiden.

6. *Schaffung von lokalen oder regionalen Wirtschaftskreisläufen,* unter anderem mit Arbeitsformen wie Crowdworking oder Telearbeit.

Während die Punkt (1), (2), (5) und (6) zweifellos berechtigt sind und die soziale und wirtschaftliche Gerechtigkeit erhöhen können, sind die Punkte (3) und (4) problematisch. Eine vollständige Entkoppelung von Staat/Gesellschaft auf der einen Seite und Märkten auf der anderen Seite ist deshalb wenig sinnvoll, weil die Märkte dazu tendieren, sich auszuweiten und auch die Commons, also die Gemeingüter, dem Markt zu unterwerfen. Darum braucht es – wie gerade die heutige globale Situation zeigt – klare Marktregelungen und Spielregeln, die nur durch den Staat und die Gesellschaft definiert und kontrolliert werden können. Sinnvoll ist deshalb nur eine relative Autonomie der Märkte im Rahmen klar vorgegebener Rahmenbedingungen. Noch problematischer ist der Verzicht auf Eigentum, dessen Anspruch übrigens auch ein Menschenrecht darstellt. Allenfalls diskutabel wäre ein abgestuftes Eigentum im Sinne einer Einschränkung gewisser Nutzungsrechte. Dies aber nur restriktiv und für den Fall, dass diese Einschränkung im Interesse der Allgemeinheit erfolgt. Dabei ist auch darauf zu achten, dass die Einschränkung von Eigentum nicht einfach auf ein *fiktives Allgemeinheitsinteresse* zurückgeführt wird. Fiktiv ist zum Beispiel ein Allgemeinheitsinteresse, wenn einige Politiker eine neue Straße bauen und dafür Land enteignen wollen, obgleich kaum jemand Interesse an noch mehr Verkehr haben kann. Fiktiv ist ein Allgemeinheitsinteresse ebenfalls, wenn für eine Lagerstätte von Atommüll Land beansprucht wird, nur weil einige AKW-Betreiber nicht auf ihre Gewinne verzichten und die Folgekosten der Allgemeinheit aufbürden. Denn es ist eine Tatsache – und das wissen wir nach 70 Jahren Staatssozialismus im ehemaligen Ostblock –, dass private Eigentümer besser zu ihrem Eigentum schauen als weit entfernte Zentralbehörden.

Die Weltbank hat 2001 von einer „pro-poor-growth" (vgl. Müller und Wallacher 2005, S. 106) gesprochen, also einem verstärkten Wachstum zugunsten der Armen und Ärmsten. Ein solches Wachstum müsste vier Prinzipien erfüllen:

1. Der Beitrag des Wachstums an die Armutsreduktion sollte im Vergleich zu einem verteilungsneutralen Wirtschaftswachstum deutlich erkennbar sein.

2. Arme müssen überdurchschnittlich am Wachstum profitieren.

3. Die Einkommensverteilung unter Armen und Ärmsten sind zu berücksichtigen.

4. Gleichzeitig soll die umfassende Beurteilung des aggregierten gesamtwirtschaftlichen Ergebnisses (z. B. BIP) nicht vernachlässigt werden (nach Müller und Wallacher 2005, S. 107).

Grundsätzlich gilt zweifellos, was Hahn und Kliemt (2017, S. 59) für alle ordoökonomischen Eingriffe festhielten: „Große Würfe" beinhalten immer die Gefahr, Auswirkungen zu zeitigen, die im Vorhinein nicht bedacht oder nicht beabsichtigt waren. Doch das befreit nicht davon, ordnungsökonomische Regelungen und neue Lösungen zu suchen: „Ordnungsethisch betrachtet sind in Wahrnehmung dieser Aufgabe in jedem Schritt möglichst umfassend die empirischen und normativen Vor- und Nachteile einzelner Regelung abzuwägen. Es gilt nicht nur Fragen nach größerer Effizienz, sondern auch die grundlegenden Wertsetzungen freiheitlicher Rechtsstaatlichkeit und die (pluralen) Wertvorstellungen der Allgemeinheit im Auge zu behalten" (Hahn und Kliemt 2017, S. 59).

Thomas Pogge (2011, S. 53) hat vorgeschlagen, von einem eingeschränkten Konzept der Grundsicherung auszugehen, welches „nur wirklich wesentliche Güter" umfasst, die sowohl qualitativ als auch quantitativ begrenzt werden. Aus der wohl richtigen Überlegung, dass nicht die Grundgüter, sondern der Zugang dazu für alle gesichert sein muss, lässt sich folgern, dass einzelne Menschen durchaus unterschiedliche Grundbedürfnisse haben können, weshalb es wohl nicht reicht, die Grundgüter arithmetisch oder nach einem geometrischen Mittelwert zu verteilen (vgl. Pogge 2011, S. 55). Sinnvoller wäre es, für alle Menschen eine Art von Pool zu erstellen bzw. zu berechnen, zu dem jeder einzelne Zugriff hat. Während für einige Menschen die Mobilitätsfreiheit – etwa als Möglichkeit zu reisen – einen höheren Stellenwert hat als eine ruhige Wohnlage, wünschen andere Menschen vor allem Ruhe bzw. Lärmfreiheit an ihrem Wohnort. Weil aber der Verkehr und besonders der Flugverkehr heute zu den größten Lärmverursachern zählt (vgl. Jäggi 2017, S. 22 ff.), können sich die beiden Grundbedürfnisse durchaus ausschließen. Das bedeutet, dass ein Modus gefunden werden muss, Grundbedürfnisse nicht nur durch eine Maximierung der Grundprodukte abzudecken, sondern bei gegenseitiger Beeinträchtigung die entsprechenden Grundgüter und -dienstleistungen zu limitieren und aufzuteilen.

Dazu ist der Markt jedoch in der Regel einfach nicht in der Lage, weil die Antwort des Marktes normalerweise einfach in einer Ausweitung des Marktvolumens besteht, etwa in einer zahlenmäßigen Ausweitung des Angebots und im Einbezug zusätzlicher Nachfragergruppen. Diese Marktantwort funktioniert nur so lange, als eine Unterdeckung der Grundbedürfnisse besteht, aber durch die Erzeugung künstlicher Zusatznachfrage geht das Marktangebot in der Regel auf Kosten anderer Bedürfnisse – vor allem solcher, die nicht über den Markt befriedigt werden können. Ein Beispiel dafür ist die massive Steigerung der Zahl und der Datenübertragungskapazität elektronischer Geräte wie Mobiltelefone, Tablets, Notebooks usw. Durch die flächendeckende Versorgung mit WLAN, Mobilfunk und drahtlosem Internetzugang steigt die Elektrosmogproblematik massiv – und mit ihr die gesundheitlichen Beeinträchtigungen einer wachsenden Zahl von Menschen, wie viele Studien gezeigt haben (vgl. Jäggi 2017, S. 37 ff.).

Es braucht also eine – wie auch immer definierte – Einschränkung der Produktion für den Markt, z. B. auf den Umfang des Grundbedarfs. Doch daraus entstehen wiederum Probleme: Erstens verändern sich die Grundbedürfnisse laufend, nicht zuletzt auch als Folge des technischen Fortschritts. Solange es keine Mobiltelefone gab, konnten sie auch

nicht Bestandteil der Bedürfnisstruktur sein. Heute decken Mobiltelefone ein Grundbedürfnis ab. Zweitens stellt sich die Frage, wer die Höhe des Grundbedarfs definiert und
wie das geschehen soll. Kann ein politischer Diskurs festlegen, wo die Grenze zwischen
Grundbedürfnis und Zusatzbedürfnis für Autos, Smartphones oder Reisen liegt? Kann
ein solcher Diskurs die Zahl der Waschpulversorten, des Nahrungsmittelangebots in den
Supermärkten oder die Anzahl von Brotsorten in der Bäckerei bestimmen? Und kann ein
solcher Diskurs die Frage der Verschwendung – etwa in Bezug auf Nahrungsmittel (vgl.
Jäggi 2018) oder zu billig angebotene Flugkilometer – beantworten?

Ulrich (2010, S. 83) hat darauf hingewiesen, dass die *Freiheit im Markt* – welche der
Integration in die Marktwirtschaft dient – immer mit einer *Freiheit vom Markt* begleitet
sein muss, im Sinne einer „wenigstens partielle[n] Emanzipation aus den Sachzwängen
des immer härteren marktwirtschaftlichen Wettbewerbs ('aussteigen können')". Dabei
sei den Wirtschaftsbürgern in Form von Schutz- und Teilhaberrechten „eine faire Chance
auf ein selbstbestimmtes und kultiviertes Leben, das sich nicht restlos dem wettbewerb-
lichen Leistungs- und Anpassungsdruck unterwerfen muss" (Ulrich 2010, S. 83 f.) zu
garantieren.

In eine ähnliche Richtung zielt auch das von Ulrich (2010, S. 79 f.) postulierte repub-
likanisch-liberale Menschenbild, vor dem

> ganz klar abzuleiten [ist], dass Eigenverantwortung den Bürgern nur *zumutbar* ist auf der
> Grundlage bestimmter gesellschaftlicher und rechtlicher Voraussetzungen. Dazu gehören
> erstens adäquate *Bürgerrechte,* die den Individuen einen prinzipiellen Anspruch auf die
> nötigen Voraussetzungen zur wirtschaftlichen Selbstbehauptung und zur Führung eines
> selbstbestimmten Lebens als real freie Personen gewährleisten; zweitens entsprechende
> *Fähigkeiten,* die es möglichst bei allen Bürgern von klein auf *auszubilden* gilt; und drittens
> der allgemeine Zugang zu *Ressourcen und Grundgütern,* ohne die weder im Markt noch im
> Leben überhaupt von Chancengleichheit die Rede sein kann.

Doch reicht das? Thomas Pogge hat darauf hingewiesen, dass es für Bürger wohl-
habender Länder bequem ist, globale Abhängigkeiten und einseitige Marktmechanismen in der Weltwirtschaft sowie daraus entstehende Menschenrechtsdefizite in vielen
armen Ländern durch lokale Faktoren in den betreffenden Ländern zu erklären: „Dieser
explanatorische Nationalismus … lenkt ab von der Frage, inwiefern wir vielleicht selbst
moralisch und kausal in diese traurige Situation verstrickt sind" (Pogge 2011, S. 67).

Doch statt sich auf eine – letztlich immer kontrovers zu beantwortende – Schuldfrage
zu konzentrieren, sollten sich die Menschen darauf konzentrieren, an globalen und institutionellen Lösungen zu arbeiten, welche auf mehr Gerechtigkeit ausgerichtet sind und
klare ordoökonomische Rahmenbedingungen beinhalten.

Eine mögliche Antwort ist die von Pogge (2011, S. 245) vorgeschlagene Rohstoffdividende. Gemäß diesem Vorschlag soll auf jeden Rohstoff, der in einem Land genutzt
oder gefördert wird, eine Art Abgabe abgeführt werden, der allen Menschen auf der Welt –
sozusagen als Rohstoffdividende – zugute kommen soll. Dieser an sich sympathische Vorschlag löst aber weder die Frage nach der Erschöpfung begrenzter Rohstoffe noch nach
den durch den Abbau verursachten Schäden.

Literatur

Acemoglu, Daron/Robinson, James (2013): Toward a Theory of World Inequality. In: Baber, H. E./Dimon, Denise (Hrsg.): Globalization and International Development. The Ethical Issues. Toronto: Broadview Press. 127 ff.

Amin, Samir (2009): Aid for Development. In: Abbas, Hakim/Niyiragira, Yves (Hrsg.): Aid to Africa. Redeemer of Coloniser. Capetown: Pambazuka Press. 59 ff.

Anderegg, Ralph (1999): Grundzüge der Agrarpolitik. München/Wien: R. Oldenbourg.

Anner, Niels (2018): Mit Abrissbirne gegen „Ghettos". In: Neue Luzerner Zeitung vom 6.3.2018. 6.

Armut in der Schweiz (2014): Ergebnisse 2007 bis 2012. Neuchâtel: Bundesamt für Statistik BFS. Juli 2014.

Bauman, Zygmunt (1998): Schwache Staaten. Globalisierung und die Spaltung der Weltgesellschaft. In: Beck, Ulrich (Hrsg.): Kinder der Freiheit. Vierte Auflage. Frankfurt/Main: Suhrkamp. 315 ff.

Beck, Ulrich (1986): Risikogesellschaft. Auf dem Weg in eine andere Moderne. Frankfurt/Main: Edition Suhrkamp.

Beck, Ulrich (1997): Was ist Globalisierung? Irrtümer des Globalismus – Antworten auf Globalisierung. Frankfurt/Main: Suhrkamp.

Beck, Valentin (2016): Eine Theorie der globalen Verantwortung. Was wir Menschen in extremer Armut schulden. Berlin: Suhrkamp Verlag.

Benz, Matthias (2018): Gleiche Arbeit für einen Drittel des Lohnes. In: Neue Zürcher Zeitung vom 16.5.2018. 27.

Bourdieu, Pierre (2014): Die feinen Unterschiede. Kritik der gesellschaftlichen Urteilskraft. 24. Auflage. Frankfurt/Main: Suhrkamp Taschenbuch Wissenschaft.

Brückner, Margrit (2015): Dimensionen des Care-Begriffs. Zwischen Fürsorge, Gerechtigkeit und Eigensinn. In: Mehlhorn, Annette/Kress, Brigitta (Hrsg.): Füreinander Sorge tragen. Religion, Säkularität und Geschlecht in der globalisierten Welt. Weinheim/Basel: Beltz/Juventa. 41 ff.

Burth, Hans-Peter (2009): Normative Politikwissenschaft. Eine analytische Grundlegung. Berlin: Verlag Dr. Kovač.

Buschmann, Luise (2013): Das Menschenrecht auf soziale Grundsicherung aus Art. 9 und Art. 11 ICESCR. Dissertation. Münster: Agenda Verlag.

Carens, Joseph H. (2012): The Integration of Immigrants. In: Brooks, Thom (Hrsg.): Global Justice and International Affairs. Leiden/Boston: Brill. 9 ff.

Cassee, Andreas (2016): Globale Bewegungsfreiheit. Ein philosophisches Plädoyer für offene Grenzen. Frankfurt/Main: Suhrkamp Taschenbuch Wissenschaft.

Collier, Paul (2013): Poverty Reduction in Africa. In: Baber, H. E./Dimon, Denise (Hrsg.): Globalization and International Development. The Ethical Issues. Toronto: Broadview Press. 151ff.

Dahrendorf, Ralf (1992): Der moderne soziale Konflikt. Essay zur Politik der Freiheit. Stuttgart: Deutsche Verlags-Anstalt.

Drewermann, Eugen (2016): Geld, Gesellschaft und Gewalt. Kapital und Christentum 1. Ostfildern: Patmos Verlag.

Dübgen, Franziska (2014): Was ist gerecht? Kennzeichen einer transnationalen solidarischen Politik. Frankfurt/Main: Campus.

Dunning, John H. (2000): Whither Global Capitalism? In: Global Focus. Vol. 12 (2000) No. 1.

Felber, Christian (2013): Neue Werte für die Wirtschaft: Die Gemeinwohl-Ökonomie als Alternative. In: Kromp-Kolb, Helga/Gerersdorfer, Thomas (Hrsg.): Ethik und Ressourcenverknappung. Wien: Lit. 175 ff.

Fenner, Dagmar (2016): Religionsethik. Ein Grundriss. Stuttgart: Kohlhammer.

Galtung, Johan (2000): Menschenrechte für das nächste Jahrhundert. In: Galtung, Johan (Hrsg.): Die Zukunft der Menschenrechte. Vision: Verständigung zwischen den Kulturen. Frankfurt/ New York: Campus. 7 ff.

Gerhard, Ute (2015): *Care* als Menschenrecht. Argumente in einem interkulturellen bzw. interreligiösen Dialog. In: Mehlhorn, Annette/Kress, Brigitta (Hrsg.): Füreinander Sorge tragen. Religion, Säkularität und Geschlecht in der globalisierten Welt. Weinheim/Basel: Beltz/Juventa. 22 ff.

Hackbarth, Daniel (2018): Gewerkschaftspolitik: Der Griff nach dem Zipfelchen. In: WochenZeitung vom 8.2.2018. 9.

Hahn, Susanne/Kliemt, Hartmut (2017): Wirtschaft ohne Ethik? Eine ökonomisch-philosophische Analyse. Stuttgart: Reclam.

Hartlieb, Michael (2013): Die Menschenwürde und ihre Verletzung durch extreme Armut. Eine sozialethisch-systematische Relektüre des Würdebegriffs. Paderborn: Ferdinand Schöningh.

Hartmann, Evi (2016): Wie viele Sklaven halten Sie? Über Globalisierung und Moral. Frankfurt/ Main: Campus.

Hillerbrand, Rafaela (2014): Ökologie für den Menschen. Empirie und Normativität in der Nachhaltigkeitsbewertung. In: Ostheimer, Jochen/Vogt, Markus (Hrsg.): Die Moral der Energiewende. Risikowahrnehmung im Wandel am Beispiel der Atomenergie. Stuttgart: Kohlhammer. 88 ff.

Hilpert, Konrad (2017): Ehrenamt und bürgerschaftliches Engagement. In: Bergold, Ralph/Sautermeister, Jochen/Schröder, André (Hrsg.): Dem Wandel eine menschliche Gestalt geben. Sozialethische Perspektiven für die Gesellschaft von morgen. Festschrift zur Neueröffnung und zum 70-jährigen Bestehen des Katholisch-Sozialen Instituts. Freiburg/Br./Basel/Wien: Herder. 79 ff.

Höffe, Otfried (2004): Wirtschaftsbürger Staatsbürger Weltbürger. Politische Ethik im Zeitalter der Globalisierung. München: C.H. Beck.

Höltschi, René (2018): Muss Bern den Protektionisten-Wettlauf gewinnen? In: Neue Zürcher Zeitung vom 13.6.2018. 11.

ICESCR (1966): International Covenant on Economic, Social and Cultural Rights. Adopted and opened for signature, ratification and accession by General Assembly resolution 2200A (XXI) of 16 December 1966. entry into force 3 January 1976, in accordance with article 27. http:// www.ohchr.org/EN/ProfessionalInterest/Pages/CESCR.aspx (Zugriff 30.8.2017).

ILO (1944): ILO Constitution. Geneva. ILO: http://www.ilo.org/dyn/normlex/ en/f?p=1000:62:0::NO:62:P62_LIST_ENTRIE_ID:2453907:NO (Zugriff 6.5.2018).

ILO (1998): ILO Declaration on Fundamental Principles and Rights at Work and its Follow-Up. Adopted by the International Labour Conference at its Eight-sixth Session, Geneva 18. June 1998. Geneva: ILO. www.ilo.org (Zugriff 6.5.2018).

ILO (2008): ILO Declaration on Social Justice for a Fair Globalization. Adopted by the International Labour Conference at its Ninety-seventh Session, Geneva 10. June 2008. Geneva: ILO. www.ilo.org (Zugriff 6.5.2018).

ILO (2014): Global Employment Trends 2014. Risk of a Jobless Recovery? Geneva: International Labour Organization ILO. www.ilo.org (Zugriff 6.5.2018).

Jäggi, Christian J. (1995): Wege, Irrwege und Sackgassen der Existenzsicherung. Zur Praxis in der Schweiz, in Deutschland und in anderen Industrieländern. Meggen/Schweiz: Institut für Kommunikationsforschung – inter-edition. Bezugsadresse: www.verein-inter-active.ch.

Jäggi, Christian J. (2016a): Doppelte Normativitäten zwischen staatlichen und religiösen Geltungsansprüchen. Am Beispiel der katholischen Kirche, der muslimischen Gemeinschaften und der Bahá'í-Gemeinde in der Schweiz. Dissertation. Reihe Interreligiöse Begegnungen – Studien und Projekte. Band 12. Münster: Lit Verlag.

Jäggi, Christian J. (2016b): Migration und Flucht. Wirtschaftliche Aspekte – regionale Hot Spots – Dynamiken – Lösungsansätze. Wiesbaden: Springer Gabler.

Jäggi, Christian J. (2016c): Volkswirtschaftliche Baustellen. Analyse- Szenarien – Lösungen. Wiesbaden: Springer Gabler.

Jäggi, Christian J. (2017): Ökologische Baustellen aus Sicht der Ökonomie. Verlierer – Gewinner – Alternativen. Wiesbaden: Springer Gabler.

Jäggi, Christian J. (2018): Ernährung, Nahrungsmittelmärkte und Landwirtschaft. Ökonomische Fragestellungen vor dem Hintergrund der Globalisierung. Wiesbaden: Springer Gabler.

Jäggi, Christian J./Mächler, Thomas (1989): Armut: Ein Mangel an Lebensqualität. In: Buhmann, Brigitte/Enderle, Georges/Jäggi, Christian/Mächler, Thomas: Armut in der reichen Schweiz. Zürich/Wiesbaden: Orell Füssli.

Krebs, Angelika (2012): Gleichheit und Gerechtigkeit. Wie egalitaristisch ist Michael Walzers Ideal der „komplexen Gleichheit"? In: Nusser, Karl-Heinz (Hrsg.): Freiheit, soziale Güter und Gerechtigkeit. Michael Walzers Staats- und Gesellschaftsverständnis. Baden-Baden: Nomos. 89 ff.

Küng, Hans (2010): Anständig wirtschaften. Warum Ökonomie Moral braucht. München/Zürich: Piper.

Kurz-Scherf, Ingrid (2016): Arbeit und Freiheit. Freiheit *ist* Arbeit. In: Grubner, Barbara/Birkle, Carmen/Henninger, Annette (Hrsg.): Feminismus und Freiheit. Geschlechterkritische Neu-aneignungen eines umkämpften Begriffs. Sulzbach/Taunus: Ulrike Helmer Verlag. 172 ff.

Lachmann, Werner (2016): Wirtschaft und Ethik. Maßstäbe wirtschaftlichen Handelns aus biblischer und ökonomischer Sicht. 3. Auflage. Münster: Lit Verlag.

Lalive d'Epinay, Christian (1991): Die Schweizer und ihre Arbeit. Von Gewissheiten der Vergangenheit zu Fragen der Zukunft. Zürich: Verlag der Fachvereine an den schweizerischen Hochschulen und Techniken.

Liechti, Elisabeth (2014): Investorenvertrauen durch Transparenz: Schlüssel oder Farce? In: Farmer, Karl/Jung, Harald/Lachmann, Werner (Hrsg.): Wirtschaftskrisen und der Vertrauensverlust in Wirtschaft und Politik. Berlin: Lit. 79 ff.

Lingnau, Hildegard (2016): Armut: Großer Durchbruch. In: E + Z – Entwicklung und Zusammenarbeit. 19.2.2016. https://www.dandc.eu/de/article/was-die-neue-internationale-armutsgrenze-bedeutet (Zugriff 9.5.2018).

Marx, Reinhard (2008): Das Kapital. Ein Plädoyer für den Menschen. München: Pattloch.

Müller, Johannes (2011): Ökonomische Zeitenwende. Globaler Systemwettkampf im 21. Jahrhundert. Was kommt nach dem Ende des Neoliberalismus? Marburg: Metropolis.

Müller, Johannes/Wallacher, Johannes (2005): Entwicklungsgerechte Weltwirtschaft. Perspektiven für eine sozial- und umweltverträgliche Globalisierung. Stuttgart: W. Kohlhammer.

Naef, Josef (2014): Wirtschaftsliberalismus. Wird Freiheit zur Fata Morgana? München: Herbert Utz.

Nagel, Thomas (2016): Eine Abhandlung über Gleichheit und Parteilichkeit. Berlin: Suhrkamp Taschenbuch Wissenschaft 2166.

Neuhaus, Christina (2018): Die SVP fährt den Gewerkschaften frontal an den Karren. In: Neue Zürcher Zeitung online vom 30.1.2018. https://www.nzz.ch/schweiz/aktuelle-themen/die-svp-faehrt-den-gewerkschaften-frontal-an-den-karren-ld.1352240 (Zugriff 9.5.2018).

Nida-Rümelin, Julian (2011): Die Optimierungsfalle. München: Irisiana Verlag.

Nida-Rümelin, Julian (2017): Über Grenzen denken. Eine Ethik der Migration. Hamburg: Edition Körber Stiftung.

Nussbaum, Martha C. (2006): Women and Human Development. The Capabilities Approach. 10th Printing. New York: Cambridge University Press.

Nussbaumer, Lukas (2017): Ab 90: Neues Hüftgelenk selber zahlen. In: Neue Luzerner Zeitung vom 29.7.2017. 21.

Oermann, Nils Ole (2015): Wirtschaftsethik. Vom freien Markt bis zu Share Economy. München: C.H. Beck.

Petersen, Uwe (2010): Wirtschaftsethik und Wirtschaftspolitik. Zur Überwindung der globalen Wirtschaftskrise. Von der liberalen zur sozialliberalen Wirtschaftsordnung. Hamburg: Verlag Dr. Kovač.

Pies, Ingo (2014): Theoretische Grundlagen demokratischer Wirtschafts- und Gesellschaftspolitik – der Beitrag von John Maynard Keynes. In: Pies, Ingo/Leschke, Martin (Hrsg.): John Maynard Keynes' Gesellschaftstheorie. Tübingen: Mohr Siebeck. 1 ff.

Pies, Ingo (2017): Ökonomische Bildung 2.0 – Eine ordonomische Perspektive. Diskussionspapier Nr. 2017-13 des Lehrstuhls für Wirtschaftsethik an der Martin-Luther-Universität Halle-Wittenberg. http://wcms.itz.uni-halle.de/download php?down=24565&elem=2577484 (Zugriff 15.11.2017).

Pies, Ingo/Hielscher, Stefan (2012): Gründe versus Anreize? Ein ordonomischer Werkstattbericht in sechs Thesen. Diskussionspapier Nr. 2012-8 des Lehrstuhls für Wirtschaftsethik an der Martin-Luther-Universität Halle-Wittenberg. http://wcms.itz.uni-halle.de/download. php?down=24565&elem=2577484 (Zugriff 15.11.2017).

Pogge, Thomas (2011): Weltarmut und Menschenrechte. Berlin/New York: Walter de Gruyter.

Polany, Karl (1978): The Great Transformation. Politische und ökonomische Ursprünge von Gesellschaften und Wirtschaftssystemen. Frankfurt/Main: Suhrkamp Taschenbuch Wissenschaft.

Rawls, John (1975): Eine Theorie der Gerechtigkeit. Frankfurt/Main: Suhrkamp.

Ruh, Hans (2011): Ordnung von unten. Die Demokratie ist erforderlich. Zürich: Versus.

Santos, Boaventura de Souza (2002): Toward a New Legal Commons Sense. Secon Edition. London: Lexis Nexis.

Sarkar, Saral (2001): Die nachhaltige Gesellschaft. Eine kritische Analyse der Systemalternativen. Zürich: Rotpunktverlag.

Sautter, Hermann (2017): Verantwortlich wirtschaften. Die Ethik gesamtwirtschaftlicher Regelwerke und des unternehmerischen Handelns. Ethik und Ökonomie. Band 20. Marburg: Metropolis.

Schimank, Uwe/Lange, Stefan (2003): Politik und gesellschaftliche Integration. In: Nassehi, Armin/Schroer, Markus (Hrsg.): Der Begriff des Politischen. Baden-Baden: Nomos. 171ff.

Schumacher, E. F. (1979): Die Rückkehr zum menschlichen Mass. Alternativen für Wirtschaft und Technik. „Small is Beautiful". Zürich Ex Libris.

Segbers, Fanz (2015): Ökonomie, die dem Menschen dient. die Menschenrechte als Grundlage einer christlichen Wirtschaftsethik. Kevelaer/Neukirchen-Vluyn: Butzon & Bercker/Neukirchener Verlagsgesellschaft.

Seiler, Armin (2008): Marketing. BWL in der Praxis IV. 9. Auflage. Zürich: Orell Füssli Verlag.

Sell, Friedrich L (2014): Warum Vertrauen in der Wirtschaft wichtig ist. In: Farmer, Karl/Jung, Harald/Lachmann, Werner (Hrsg.): Wirtschaftskrisen und der Vertrauensverlust in Wirtschaft und Politik. Berlin: Lit. 33 ff.

Sen, Amartya (2005): Ökonomie für den Menschen. Wege zur Gerechtigkeit und Solidarität in der Marktwirtschaft. 3. Auflage. München: Deutscher Taschenbuch Verlag.

Sen, Amartya (2010): Die Idee der Gerechtigkeit. München: C.H. Beck.

Shivji, Issa (1989): The Concept of Human Rights in Africa. London: Codesria Book Series.

Smith, Adam (1990): Der Wohlstand der Nationen. Eine Untersuchung seiner Natur und seiner Ursachen. Für die Taschenbuch-Ausgabe revidierte Fassung vom Mai 1978. 5. Auflage. München: Deutscher Taschenbuch Verlag.

Spescha, Plasch (1981): Arbeit – Freizeit – Sozialzeit. Die Zeitstruktur des Alltags als Problem ethischer Verantwortung. Bern/Frankfurt/M./Las Vegas: Peter Lang.

Stamm, Eugen (2018): Millionen für neue Arbeitsplätze. In: Neue Zürcher Zeitung vom 5.3.2018. 34.

Stephenson, Carolyn M. (2009): Gender Equality and a Culture of Peace. In: de Rivera, Joseph (Hrsg.): Handbook on Building Cultures of Peace. New York: Springer. 123 ff.

Stern, Daniel (2018): Arbeitszeit: Nur ein paar dringende E-Mails um Mitternacht. In: WochenZeitung vom 8.2.2018. 3.

Thieme, Sebastian (2017): Menschengerechtes Wirtschaften? Subsistenzethische Perspektive auf die katholische Sozialethik, feministische Ökonomik und Gesellschaftspolitik. Opladen: Barbara Budrich.

Thier, Jenni (2018): Dänemark kämpft gegen Ghettos. In: Neue Zürcher Zeitung vom 2.3.2018. 3.

Thommen, Jean-Paul (2004): Managementorientierte Betriebswirtschaftslehre. 7. Auflage. Zürich: Versus.

Ulrich, Peter (2008): Integrative Wirtschaftsethik. Grundlagen einer lebensdienlichen Ökonomie. 4. Auflage. Bern: Haupt.

Ulrich, Peter (2010): Zivilisierte Marktwirtschaft. Eine wirtschaftsethische Orientierung. Bern: Haupt.

Ulrich, Peter (2016): Integrative Wirtschaftsethik. Grundlagen einer lebensdienlichen Ökonomie. 5. Auflage. Bern: Paul Haupt.

Urech, Fabian (2018): Es ist fünf vor zwölf in Afrika. In: Neue Zürcher Zeitung vom 20.2.2018. 12.

Walzer, Michael (2006): Sphären der Gerechtigkeit. Ein Plädoyer für Pluralität und Gleichheit. Frankfurt/Main/New York: Campus.

Weiss, Anja (2017): Soziologie globaler Ungleichheiten. Frankfurt/Main: Suhrkamp Taschenbuch Wissenschaft.

WFP (2018): Zero Hunger. http://de1.wfp.org/zero-hunger (Zugriff 9.5.2018).

Williams, Bernard (2016): Kritik des Utilitarismus. In: Schroth, Jörg (Hrsg.): Texte zum Utilitarismus. Stuttgart: Reclam. 254 ff.

Wuppertal Institut für Klima, Umwelt Energie (Hrsg.) (2005): Fair Future. Begrenzte Ressourcen und Globale Gerechtigkeit. Ein Report des Wuppertal Instituts. 2. Auflage. München: C.H. Beck.

Zapka, Paul (2012): Binnenmarkt ohne Wohlfahrt? Zu den institutionellen Perspektiven eines europäischen Gemeinwohls. Wiesbaden: Springer VS.

Perspektiven

7

Johan Galtung (1980, S. 96 ff.) hat mit Blick auf die weltweite Ungleichheit vor fast 40 Jahren folgende Strategien vorgeschlagen, die zu einem großen Teil bis heute Gültigkeit haben: Schaffung ausgeglichener Austauschbeziehungen zwischen den einzelnen Ökonomien, „Multilateralisierung" des Verhältnisses Zentrum-Peripherie sowohl zwischen als auch innerhalb der einzelnen Länder, Abbau asymmetrischer Organisationen und an ihrer Stelle Aufbau egalitärer transnationaler und globaler Organisationen.

Doch was bedeuten diese Forderungen für die ökonomische und politische Realität und wie können sie konkretisiert werden?

7.1 Märkte und das Weltwirtschaftssystem

Karl Polany hat der Philosophie des Liberalismus vorgeworfen, nirgends so offensichtlich versagt zu haben, wie in der Frage nach dem „Wesen der Veränderung". Nach Polany (1978, S. 59) „sollte [es] keiner Erklärung bedürfen, dass ein Prozess ungesteuerter Veränderungen, dessen Tempo als zu schnell erachtet wird, wenn möglich verlangsamt werden muss, um das Wohlergehen der Gemeinschaft zu schützen". Anders gesagt: Wirtschaftliche Veränderungen bedürfen oft einer gezielten Verlangsamung vonseiten der Politik, damit sie überhaupt für die Allgemeinheit tragbar werden. Auch wenn technische oder ökonomische Innovationen einen großen Mehrwert generieren, können die Folgen für die Bevölkerung verheerend sein. So führte etwa die Einfriedung bisher offener und frei genutzter Felder und ihre Umwandlung von Ackerland in Weideflächen durch die Großgrundbesitzer in der frühen Tudorzeit in England vielerorts zu einer Verdreifachung des Wertes des eingezäunten Landes. Doch die illegale Aneignung von Land verursachte bei großen Teilen der dort ansässigen Bevölkerung großes Leiden, obwohl die Erträge des verpachteten, eingefriedeten Landes die Lebensmittelversorgung deutlich verbesserten

© Springer Fachmedien Wiesbaden GmbH, ein Teil von Springer Nature 2018
C. J. Jäggi, *Wirtschaftsordnung und Ethik*, https://doi.org/10.1007/978-3-658-23034-0_7

und die Bodenerträge sich vergrößerten. In der zweiten Hälfte des 15. Jahrhunderts entstand in den Gebieten mit den neuen Schafweiden trotz der Zerstörung von Wohnstätten eine Heimindustrie, welche den von den Ackerbaugebieten verdrängten landlosen Dorfbewohnern Arbeit und damit auch Verdienst brachte (vgl. Polany 1978, S. 60).

Nach Meinung der Gruppe von Lissabon (1997, S. 22) ist heute der exzessive Wettbewerb in dreifacher Hinsicht an strukturelle Grenzen gestoßen: in Bezug auf sozioökonomische Ungleichheiten auf dem Planeten, hinsichtlich der Ausbeutung und Schädigung von globalen Ökosystemen und angesichts der wirtschaftlichen Machtkonzentration in kaum mehr zu kontrollierenden multinationalen und multiterritorialen Unternehmen sowie Informations- und Kommunikationsnetzwerken. Das Fazit: Es ist klar, „dass die Orientierung am Wettbewerb zur Gewinnerzielung als dem einzig legitimierten übergreifenden Ziel von Unternehmen keinen vernünftigen und legitimen Maßstab für öffentliche und private Entscheidungen in einer Welt darstellt, die zunehmend von globalen Prozessen, Problemen und Interdependenzen geprägt ist. Wettbewerb zwischen Unternehmen kann die langfristigen Weltprobleme nicht effizient lösen. Der Markt kann die Zukunft nicht angemessen betrachten – er ist von Natur aus kurzsichtig" (Gruppe von Lissabon 1997, S. 22).

Doch Märkte sind nicht gott- oder naturgegeben, es sind von Menschen für Menschen geschaffene Austauschbedingungen für Produkte und Dienstleistungen.

Bereits 2002 hatte Franz Josef Radermacher darauf hingewiesen, dass die Rahmenbedingungen immer Bestandteil von Märkten sind. Dabei definierte Radermacher Märkte wie folgt:

- „Märkte bestehen aus der Kombination von Wettbewerb und Rahmenbedingungen.
- Der Wettbewerb dient der Maximierung der Wertschöpfung – unter Beachtung der Rahmenbedingungen.
- Rahmenbedingungen sichern zum einen das Funktionieren von Märkten (beispielsweise durch Kartellbehörden), zum anderen betreffen sie die Sicherung von gesellschaftlich-ethisch erwünschten Beständen im sozialen, kulturellen und ökologischen Bereich.
- In der Art der Rahmenbedingungen ihrer Märkte unterscheiden sich entwickelte Gesellschaften am meisten.
- Der Wettbewerb ist der einfachere Teil der Konstruktion von Märkten, Rahmenbedingungen sind der schwierigere.
- Parlamente sind in der Hauptsache mit der Schaffung der Rahmenbedingungen der Ökonomie beschäftigt" (Radermacher 2002, S. 17).

Doch Märkte können nicht ihre eigenen Rahmenbedingungen schaffen, weshalb die Idee, dass Märkte sich selbst regulieren können, schleunigst begraben werden sollte (vgl. Naef 2014, S. 171). Nicht wenige Ökonomen – auch Dani Rodrik (2011, S. 305) – verlangen

deshalb die feste Einbettung von Märkten in politisch-gesellschaftliche Ordnungssysteme:

> Märkte brauchen ein tragfähiges Fundament aus gesellschaftlichen Institutionen. Sie stützen
> sich darauf, dass das Privateigentum durch Gesetze und Gerichte geschützt wird und dass
> Regulierungsorgane Auswüchse verhindern oder abstellen und Fehlfunktionen des Marktes
> reparieren. Märkte sind angewiesen auf die stabilisierende Funktion eins Kreditgebers letz-
> ter Instanz und einer anti-zyklischen Haushaltspolitik. Sie brauchen den politischen Input,
> den ihnen der Staat durch Besteuerung und Umverteilung, durch soziale Netze und Sozial-
> versicherungsprogramme verschafft. Anders ausgedrückt: Märkte können sich nicht selbst
> schaffen, regulieren, stabilisieren oder perpetuieren. Die Geschichte des Kapitalismus war
> und ist ein Prozess des ständigen Wiedererlernens dieser Lektion (Rodrik 2011, S. 306).

Dabei braucht es – so Rodrik (2011, S. 306 ff.) – weiterhin demokratische Regierungen
und Überzeugungsgemeinschaften auf nationalstaatlicher Ebene, das Recht der Nationalstaaten auf ihre eigenen Wege zur Wohlstandssicherung und auf ihre eigenen Institutionen.

Michaela Wurzer (2014. S. 28) hat zu Recht darauf hingewiesen, dass die optimisti-
sche Annahme, dass die vielen egoistischen Bestrebungen und Interessen durch den
Markt sozusagen zu einem „harmonischen Ganzen" zusammengefügt werden, nicht auf
Adam Smith, sondern auf spätere ökonomische Vorstellungen zurückzuführen sind. Man
kann sich diese Frage durchaus auch aus Sicht der Systemtheorie (vgl. Luhmann 2005,
S. 74 f.) stellen, welche ja die Ökonomie als gesellschaftliches Subsystem versteht, das
sich selbst im Gleichgewicht hält und reguliert und zur funktionalen Differenzierung des
gesellschaftlichen Gesamtsystems beiträgt. Doch diese Selbstorganisation der Ökonomie
wird entscheidend von externen und internen Kräften und Kräfteverhältnissen beeinflusst.

Deshalb sollte man die wahren ökonomischen Kräfteverhältnisse auf unserem Planeten nicht außer Acht lassen. So hat Dieter Senghaas (2011, S. 54) die realen Wirtschafts-
potenziale auf dem Globus wie folgt zusammengefasst:

> Fasst man die Anteile der Weltbevölkerung der klassischen OECD-Welt und der ost-
> asiatischen Schwellenländer zusammen, so gelangt man zu einer Größenordnung von etwa
> 16 %. Addiert man diesen Anteil und denjenigen der *failing states* (10 %), so verbleiben ca.
> 74 % der Weltbevölkerung als ‚Restgröße', wobei sich diese Größe eindrucksvoll zweiteilen
> lässt: 37 % der Weltbevölkerung leben derzeit allein in zwei Staaten, nämlich China und
> Indien; weitere 37 % in etwas mehr als 120 anderen Staaten. Nur sind *China und Indien*
> selbst Gebilde weltwirtschaftlichen Ausmaßes, denn sie sind intern, genauso wie die der-
> zeitige Weltwirtschaft insgesamt, in Zentren, Subzentren, Semiperipherien, Peripherien
> und Subperipherien gegliedert, was angesichts der territorialen Ausdehnung und einer seit
> langem beobachtbaren ungleichen *internen* Entwicklungsdynamik nicht überraschen kann
> (Senghaas 2011, S. 54).

Gestützt darauf sieht Senghaas (2011, S. 55) deshalb eine „extreme Hierarchisierung"
der Welt und eine starke „asymmetrische Interdependenz" mit entsprechenden strukturellen Abhängigkeiten.

Radermacher (2002, S. 93) hat die aktuelle weltweite Ungleichheitsproblematik
wie folgt zusammengefasst: „Weltpolitisch ist es heute ein Problem, dass die USA, die

die höchste soziale Ungleichheit unter den entwickelten Staaten aufweisen, über das WTO-System indirekt Druck auf die anderen entwickelten Staaten ausüben, in dieselbe Richtung zu gehen. Die vermeintliche Überlegenheit des USA-Modells beruht dabei nicht primär auf inhärenten Vorteilen ihres gesellschaftlichen Designs, sondern darauf, dass dieses weniger auf Nachhaltigkeit, dafür stärker auf ‚Plünderung' und Vorteilnahme sowie darauf ausgerichtet ist, dass das heutige freihandelsdominierte weltökonomische System ein derartiges Verhalten honoriert, statt es zu bestrafen". Obwohl diese Worte mittlerweile bald 20 Jahre alt sind, gelten sie im Wesentlichen bis heute. Das Welthandels- und Weltwirtschaftssystem folgt im Wesentlichen der amerikanischen Maxime von „maximal profitieren so lange es geht ohne Rücksicht auf soziale und ökologische Kosten".

Ein vernichtendes Urteil hat Klaus Zapka über die jüngsten Entwicklungen im Bereich der Einkommens- und Vermögensverteilung gesprochen: So hätten in den USA

> die reichsten 13.000 Familien fast ebenso viel an Gesamteinkommen … wie die 20 Mio. Haushalte. In nur wenigen Jahren kam es zu einer Wiederkehr des *golden age*, des „Goldenen Zeitalters" der Dollar-Millionäre und der Superreichen vom Ende des 19. Jahrhunderts bis in die 20er Jahre des 20. Jahrhunderts … Zum expandierenden Einfluss neoklassischer Eliten auf Politik und öffentliche Meinung erklärte Paul Krugman: ‚Geld kauft politischen Einfluss, klug eingesetzt kauft es auch intellektuellen Einfluss'. Von großer lobbyistischer Effizienz seien die von ‚wohlhabenden Familien' finanzierten *think tanks*, die sodann politische Strategien wie renditeorientierte Steuersenkungen für Unternehmen mit Hilfe einflussreicher Medien und ‚veröffentlichter Meinung' zu deren Vorteil formen … Das supranationale Freihandelssystem begünstigt lobbyistische Aktivitäten und beeinflusst unmittelbar das politisch-administrative System (Zapka 2012, S. 31).

Und wenn dann die lokalen und nationalen Eliten so dumm sind, nicht zu erkennen, was da abgeht, oder – im schlimmeren Fall – selber in diese Aktivitäten involviert sind, dann ist das der Todesstoß für Demokratie und Sozialstaat. Dieses Phänomen ist weltweit und auf allen Stufen erkennbar. In den USA paukte Donald Trump 2017/2018 eine massive Reduktion der Unternehmenssteuern durch – so wurde die Körperschaftssteuer von 35 % auf 21 % gesenkt (vgl. Henkel 2018, S. 29). Im schweizerischen Kanton Luzern verstieg sich der Finanzdirektor nach einer massiven Senkung der Unternehmenssteuern 2012 zur Aussage, dass die Strategie funktioniere. Und dies, obwohl 2020, also acht Jahre nach der Steuersenkung die Unternehmenssteuern erst bei schätzungsweise 130 Mio. Franken liegen würden, während sie 2011, also vor der Steuersenkung, noch bei 141 Mio. Franken lagen. Hochrechnungen der Steuerverwaltung gingen davon aus, dass neun Jahre nach der Steuersenkung – also 2021 – noch nicht einmal das Volumen der Unternehmenssteuereinnahmen von 2011 erreicht sein würde (vgl. Nussbaumer 2017, S. 21). Weil sich viele bürgerliche Politiker dazu hergaben, diese kurzsichtige Politik zu unterstützen, erstaunt es nicht, dass als Folge der fehlenden Steuereinnahmen ein Sparprogramm das andere jagte und der Staat immer mehr Leistungen im Sozial- und Bildungsbereich streichen musste. Gleichzeitig wurde und wird – so etwa zwischen den Staaten innerhalb der Europäischen Union und in der Schweiz sogar zwischen den einzelnen Kantonen – der Steuerwettbewerb massiv gefördert, um für die Reichen und Reichsten noch bessere Konditionen herauszuholen, angeblich um potente Unternehmen anzuziehen. So wies etwa 2005 die Europäische Kommission Pläne zur Steuerharmonisierung zurück mit der Begründung, dass der Steuerwettbewerb „gesund" für die nationalen Regierungen sei, weil er den Wettbewerb für die Ansiedlung von Unternehmensinvestitionen fördere: „Tax harmonization is not on the agenda nor will it be. ... Tax competition is a healthy spur to governments across Europe" (zitiert nach Neyer 2007, S. 34 und Zapka 2012, S. 31). Dass dabei die durch Tiefststeuern angezogenen Unternehmen in denjenigen Ländern, aus denen sie wegziehen, große Steuerlücken hinterlassen, daran denkt niemand – oder will niemand denken.

Man kann natürlich diese Entwicklung auch anders lesen: Aus Rebellionen, Revolten und Freiheitsbestrebungen – angefangen von der Entkolonialisierung um 1960 über die Studentenbewegung in den USA mit den 1960er-Jahren und vor allem der weltweit aktiven 1968er-Bewegung sowie der Friedens-, Ökologie- und Frauenbewegung in den 1970er-Jahren – haben die ökonomischen und politischen Eliten gelernt und als Antwort darauf die globale Ökonomisierung und (Neo-)Liberalisierung vorangetrieben, unter dem Deckmantel von Konzepten wie der Global Governance oder der internationalen Investitionsschutzabkommen (vgl. dazu Jäggi 2016b, S. 61 ff.). Von daher sind populistische bis terroristische Strömungen und Bewegungen – und vor allem ihre wachsende Akzeptanz in vielen Bevölkerungsschichten und Ländern – die Quittung für diese Politik globaler Hegemonie und wirtschaftlicher Ausbeutung durch die Reichen und Reichsten. Das große Problem und die Tragik liegen im Moment darin, dass auf der einen Seite die „Zu-kurz-Gekommenen" und politisch Marginalisierten diesen Zusammenhang (noch?) nicht erkennen und auf der anderen Seite die linken, fortschrittlichen und emanzipativen Kräfte weder über eine globale Vision noch über ein kohärentes gesellschaftliches und politisches Strategiekonzept verfügen und sich in einer Vielzahl nicht selten aussichtsloser sozialer Abwehrkämpfe verlieren. Dabei läuft seit Jahren in vielen Ländern ein massiver Angriff auf die sozialen und demokratischen Einrichtungen, welche die politischen und sozialen Grundrechte garantieren. So hat etwa im schweizerischen Kanton Baselland der rechtsbürgerliche Scharfmacher Peter Rebli durchgesetzt, dass in einem Kanton der durch die Sozialhilfe gemäß SKOS-Richtlinien gedeckte Grundbedarf von 986 Franken für Alleinstehende und 2110 Franken für eine vierköpfige Familie um 30 % gekürzt wird. Nur wer „integrationswillig, engagiert und motiviert" sei, werde auch künftig den vollen Betrag erhalten. Damit soll die Sozialhilfe nicht mehr das Grundrecht auf Existenzsicherung decken, sondern man will die ärmsten Bevölkerungsgruppen disziplinieren, unter zusätzlichen Druck setzen und zu schlecht bezahlter Arbeit zwingen. Wenn dann der Initiator dieses massiven Eingriffs in die Grundrechte noch die Dreistigkeit hat, zu behaupten, „es gehe nicht darum, jemanden zu bestrafen", sondern dafür zu sorgen, dass sich Arbeit wieder lohne (vgl. Gerny 2018, S. 17), dann ist das für die Betroffenen reinster Zynismus – umso mehr, als der Vorschlag ausgerechnet von einem Parteivertreter kommt, dessen Partei sich schon seit Jahren für sozialen Abbau, Abschaffung der vertraglich festgelegten Mindestlöhne und die Zerstörung der sozialen Absicherung der Ärmsten im Lande stark macht.

Solche Aktionen bringen „kontinentaleuropäische Wohlfahrts- und Sozialstaaten … in eine Abwärtsspirale" (Beck 1997, S. 165). Nicht unwesentlich mitgetragen werden solche Ziele – wenn auch in unterschiedlicher Form – von internationalen Organisationen wie der WTO, der OECD, von rechtskonservativen nationalen Regierungen, wie etwa der Trump-Administration in den USA, sowie von einseitig auf ökonomischen Wettbewerb ausgerichteten supranationalen Einrichtungen wie der Europäischen Union.

Staatspolitisch problematisch ist das Global-Governance-Konzept noch aus einem anderen Grund:

Ulrich Beck (1997, S. 164) hat zu Recht darauf hingewiesen, dass transnationale Konzerne ein Interesse an „schwachen Staaten" haben, weil sie dann unabhängiger – sprich: unkontrollierter – agieren können. Das gilt noch mehr auf globaler Ebene, weil global geltende Mindeststandards, etwa im Umweltbereich oder auf sozialer Ebene, immer auch größere Kosten und damit geringere Gewinne bedeuten. Deshalb ist es eine Illusion zu glauben, dass freiwillige Kooperationskonzepte wie Global Governance nachhaltige Minimalstandards durchsetzen können.

Damit ist aber nicht gemeint, dass der globale Freihandel als solcher abzulehnen ist. Die Ökonomen sind sich weitgehend einig, dass der weltweite Freihandel eine Errungenschaft darstellt.

Müller und Wallacher (2005, S. 93 f.) haben die Argumente für ein freies Welthandelssystem wie folgt zusammengefasst: Erstens schaffen internationale Arbeitsteilung und Freihandel größeres globales Wachstum und mehr Wohlstand für alle Länder. Damit wirke der Freihandel als Wachstumsmotor, weil die Märkte wachsen und größere Stückzahlen produziert werden – mit entsprechenden Kostenvorteilen. Zweitens schaffe der Freihandel mehr intra- und internationale Gleichheit infolge größeren Outputs, Nachfrage nach Arbeitskräften und breiterer Streuung der Gewinne. Weil sich damit die Preise für die Produktionsfaktoren global angleichen, würden die industrielle Produktion und die Dienstleistungen billiger und die internationale Einkommensgleichheit nehme zu. Drittens sei der Welthandel für die Entwicklungsländer ein Vorteil, wenn es ihnen gelinge, die Handelsgewinne für die interne Entwicklung zu nutzen. Viertens könnten die Entwicklungsländer ihre komparativen Handelsvorteile nutzen und fünftens sei eine Strategie der Weltmarktintegration einer Abkoppelungspolitik vorzuziehen.

Doch vonseiten der Welthandelskritiker gibt es ebenfalls gewichtige Argumente (vgl. Müller und Wallacher 2005, S. 95 ff.). So würden erstens natürliche oder historische Faktorenunterschiede nicht berücksichtigt, ebenso wenig soziokulturelle Besonderheiten im Verhalten und nichtökonomische Präferenzen. Zweitens setzen die Welthandelstheorien einen vollkommenen Wettbewerb voraus, während in Wahrheit politische und wirtschaftliche Machtkonzentrationen zu großen Wettbewerbsungleichheiten führen. Außerdem bewirken oligopolartige Verzerrungen, dominierende transnationale Wertschöpfungsketten und ungleiche Konsumentenmacht erhebliche zusätzliche Verzerrungen auf dem Markt. Drittens bestehe ein gravierender Mangel der Freihandelstheorie darin, dass sie die Produktionsfaktoren statisch definiere, ohne Veränderungen in der Quantität und Qualität produktiver Ressourcen im Handel angemessen zu berücksichtigen. So hätten viele Entwicklungsländer ihre Ausfuhren mengenmäßig zwar gesteigert, aber aufgrund von geänderten Qualitätsvorgaben, geringerer Arbeitsproduktivität infolge mangelhafter Qualifizierung der Arbeitskräfte und der sich verschiebenden Nachfrage nach Rohstoffen ihre Einnahmen nicht entsprechend steigern können. Viertens gehe die Freihandelstheorie von vollständiger interner Faktorenmobilität aus und unterschätze strukturelle Rigiditäten und Hindernisse, und insbesondere werde die Verschuldung kaum berücksichtigt.

Wenn auch diese Aspekte den Nutzen des Freihandels einschränken mögen – insgesamt scheint der globale Freihandel der globalen Entwicklung immer noch zuträglicher zu sein als eine erneute Abschottung der regionalen und nationalen Märkte – und insbesondere als ein neuer Protektionismus oder gar ein globaler Handelskrieg.

Bereits Ricardo (1972, S. 107) hat darauf hingewiesen, dass der Handel zwischen Nationalstaaten aus zwei Gründen vorteilhaft ist: erstens weil die einzelnen Staaten unterschiedliche Produkte herstellen und sich sinnvollerweise auf die Herstellung jener Güter konzentrieren, die sie am besten und damit am billigsten produzieren können, sei es aus klimatischen (z. B. Landwirtschaft) oder anderen Gründen. Zweitens führt die Produktion von Gütern in größerer Zahl, als sie vom einheimischen Markt nachgefragt werden, dazu, dass sie günstiger hergestellt werden können (vgl. dazu auch Zapka 2012, S. 60). Aus dieser Sicht ist der internationale Handel – und damit auch der Freihandel – die Folge von Arbeitsteilung und wirtschaftlichem Wettbewerb. Das Problem liegt jedoch darin, dass ein ungeregelter Freihandel schnell zu einem gnadenlosen Wettbewerb aller gegen alle führt, in welchem derjenige gewinnt, der am skrupellosesten handelt und der am meisten Ressourcen einsetzen kann. Aus diesem Grund müssen im globalen und internationalen Handel Leitplanken – etwa in Form von sozialen und ökologischen Minimalstandards – eingeführt werden und es muss sichergestellt werden, dass auch Marktakteure mit geringeren Ressourcen gleichberechtigt auf dem Markt agieren können. Die große Frage ist dabei natürlich, wie das bewerkstelligt werden kann. So wären etwa Steuervorteile für Unternehmen denkbar, welche dezentraler oder ökologischer produzieren als andere, weiter sollten auf alle nichterneuerbaren Rohstoffe Lenkungsabgaben erhoben oder über ein Rating der Gemeinnutzenrelevanz der hergestellten Produkte und Dienstleistungen den positiv abschneidenden Unternehmen größere Anteile von staatlichen Leistungsaufträgen zugesprochen werden usw.

Es gibt keinen Grund, warum nicht weltweit anstelle eines anarchischen Freihandels solche Steuerungsregeln eingeführt werden sollten.

Johan Galtung (2000, S. 133) hat vier Steuerungs- und Korrekturmechanismen gegenüber dem sich selbst beschleunigenden und überbordenden wirtschaftlichen Globalisierungsprozess vorgeschlagen:

- „Beschränkung des grenzüberschreitenden freien Kapitalverkehrs im Bereich der Währungen, Anleihen, Aktien usw. durch entsprechende Besteuerung,
- Einbau von Verzögerungen (retardierenden Elementen),
- Mengenbeschränkungen bei Transaktionen,

- Veröffentlichung größerer Transaktionen (damit jedermann seine Schlüsse zu ziehen vermag, auch und gerade wenn Anonymität in Anspruch genommen wird),
- Wiedereinführung der traditionellen staatsgebietsgezogenen Wirtschaft" (Galtung 2000, S. 133).

Aus ökonomischer Sicht sind meines Erachtens alle Formen von Mengenbeschränkungen problematisch, weil erstens immer das Problem besteht, wer nach welchen Kriterien diese Mengenbeschränkung vornimmt, und weil zweitens Mengenbeschränkungen immer umgangen werden, wenn die Marktnachfrage größer ist als die angebotene Menge – ein klassisches Beispiel dafür war die Alkoholprohibition in den USA. Dagegen sind Abgaben – etwa eine Transaktionssteuer im Sinne der Tobin-Tax – besser, weil sie als zusätzliche Kostenfaktoren genau das erreichen, was erwünscht ist: über eine Verteuerung – die übrigens durchaus mit zunehmender Transaktionsmenge nach oben gestaffelt sein kann – die Zahl der Transaktionen zu verringern und zu verlangsamen.

7.2   Das Problem des fehlenden Weltstaates

Ich habe an anderer Stelle auf die Unausweichbarkeit eines Weltstaates hingewiesen (vgl. Jäggi 2016a, S. 131 ff.). Dabei ist es weniger die Frage, *ob* ein Weltstaat entstehen wird, sondern *wann* und *unter welchen Vorzeichen* das geschehen wird – und soll.

Gerade aus ökonomischer Sicht stellt sich die Frage nach transnationalen und globalen Regelmechanismen, die nicht einfach als Marktstörungen verstanden werden sollten, sondern vielmehr als Garanten für egalitäre, weltweit gleiche Marktregeln.

Otfried Höffe (2002, S. 24 ff., vgl. auch 1999, S. 257 ff.) hat die Argumente für und gegen einen Weltstaat ausführlich diskutiert. Dabei kam er zum eindeutigen Ergebnis, dass wesentlich mehr für einen – und demokratischen, subsidiär aufgebauten – Weltstaat spricht als gegen ihn.

Das gilt besonders auch für Fragen des globalen Handels, der Spielregeln für Investitionen und allgemein für die Finanzwirtschaft.

Wer eine Weltgesellschaft und verbunden damit eine globale Ökonomie postuliert, wird letztlich nicht darum herum kommen, auch irgendeine Form eines Weltstaates zu thematisieren – und sei das nur im negativen, ablehnenden Sinn. Oder aber, es werden globale parastaatliche Strukturen implementiert, welche gegenüber globalstaatlichen Strukturen eine substitutive Funktion haben. Diese globalen parastaatlichen Strukturen können von freiwilligen Global-Governance-Netzwerken bis hin zu internationalen Organisationen und NGOs reichen, die in einzelnen Gebieten und Ländern bereits heute staatssubstitutive Funktionen ausüben. Doch dass dies auf die Länge kaum funktioniert, zeigt die heutige globalpolitische Situation.

Weltstaatliche Strukturen sollten weder als Paternalismus noch als neoimperiale Herrschaft missverstanden werden. Wenn es stimmt, dass – wie Rehbein und Souza (2014, S. 11) meinen – soziale Ungleichheit dem globalen kapitalistischen System inhärent ist und von diesem laufend reproduziert wird, dann stellt sich heute endgültig die Frage nach den globalen Rahmenbedingungen für die globale kapitalistische Marktwirtschaft.

Literatur

Beck, Ulrich (1997): Was ist Globalisierung? Irrtümer des Globalismus – Antworten auf Globalisierung. Frankfurt/Main: Suhrkamp.

Galtung, Johan (1980): Eine strukturelle Theorie des Imperialismus. In: Senghaas, Dieter (Hrsg.): Imperialismus und strukturelle Gewalt. Analysen über abhängige Reproduktion. Frankfurt/Main: Edition Suhrkamp. 29 ff.

Galtung, Johan (2000): Menschenrechte für das nächste Jahrhundert. In: Galtung, Johan (Hrsg.): Die Zukunft der Menschenrechte. Vision: Verständigung zwischen den Kulturen. Frankfurt/New York: Campus. 7 ff.

Gerny, Daniel (2018): Der Politiker, der der Sozialhilfe an den Kragen will. In: Neue Zürcher Zeitung vom 25.5.2018. 17.

Gruppe von Lissabon (1997): Grenzen des Wettbewerbs. Die Globalisierung der Wirtschaft und die Zukunft der Menschheit. München: Luchterhand.

Henkel, Christiane Hanna (2018): Corporate America nimmt Fahr auf. In: Neue Zürcher Zeitung vom 23.1.2018. 29.

Höffe, Otfried (2002): Globalität statt Globalismus. Über eine subsidiäre und föderale Weltrepublik. In: Lutz-Bachmann, Matthias/Bohmann, James (Hrsg.): Weltstaat oder Staatenwelt? Für und wider die Idee einer Weltrepublik. Frankfurt/Main: Suhrkamp. 8 ff.

Jäggi, Christian J. (2016a): Migration und Flucht. Wirtschaftliche Aspekte – regionale Hot Spots – Dynamiken – Lösungsansätze. Wiesbaden: Springer Gabler.

Jäggi, Christian J. (2016b): Volkswirtschaftliche Baustellen. Analyse- Szenarien – Lösungen. Wiesbaden: Springer Gabler.

Luhmann, Niklas (2005): Soziologische Aufklärung 2. Aufsätze zur Theorie der Gesellschaft. 5. Auflage. Wiesbaden: VS Verlag für Sozialwissenschaften.

Müller, Johannes/Wallacher, Johannes (2005): Entwicklungsgerechte Weltwirtschaft. Perspektiven für eine sozial- und umweltverträgliche Globalisierung. Stuttgart: W. Kohlhammer.

Naef, Josef (2014): Wirtschaftsliberalismus. Wird Freiheit zur Fata Morgana? München: Herbert Utz.

Neyer, Jürgen (2007): Die halbierte Gerechtigkeit in der Europäischen Union. In: Leviathan 1 (2007). 30 ff.

Nussbaumer, Lukas (2017): Regierung lobt ihre Strategie noch immer. In: Neue Luzerner Zeitung vom 26.10.2017. 21.

Polany, Karl (1978): The Great Transformation. Politische und ökonomische Ursprünge von Gesellschaften und Wirtschaftssystemen. Frankfurt/Main: Suhrkamp Taschenbuch Wissenschaft.

Radermacher, Franz Josef (2002): Balance oder Zerstörung: Wien: Ökosoziales Forum Europa.

Rehbein, Boike/Souza, Jessé (2014): Ungleichheit in kapitalistischen Gesellschaften. Weinheim und Basel: Beltz Juventa.

Ricardo, David (1972): Grundsätze der politischen Ökonomie und der Besteuerung. Der hohe Preis der Edelmetalle, ein Beweis für die Entwertung der Banknoten. Frankfurt/Main: Athenäum Fischer Taschenbuch Verlag.

Rodrik, Dani (2011): Das Globalisierungs-Paradox. München: C.H. Beck.

Senghaas, Dieter (2011): Weltordnungspolitik in einer zerklüfteten Welt. In: Gabriel, Ingeborg/ Schwarz, Ludwig (Hrsg.): Weltordnungspolitik in der Krise. Perspektiven internationaler Gerechtigkeit. Paderborn: Ferdinand Schöningh. 49 ff.

Wurzer, Michaela S. (2014): Wirtschaftsethik von ihren Extremen her. Darstellung und Kritik der Ansätze von Karl Homann und Peter Ulrich. Würzburg: Königshausen und Neumann.

Zapka, Paul (2012): Binnenmarkt ohne Wohlfahrt? Zu den institutionellen Perspektiven eines europäischen Gemeinwohls. Wiesbaden: Springer VS.

Schlussfolgerungen: Welche Wirtschaftsordnung?

Colin Crouch (2017, S. 30) hat die Meinung vertreten, dass je stärker sich der Staat aus der Fürsorge für das Leben normaler Menschen zurückzieht und je stärker die Durchschnittsbürger in politischer Apathie versinken, desto ungehemmter können Wirtschaftsverbände und Unternehmen den Staat ausnutzen und ihn zu einem Selbstbedienungsladen machen. Es geht also nicht nur um ein Gleichgewicht zwischen Wirtschaft und staatlichen Rahmenbedingungen, sondern auch um die Frage, inwieweit Bürger ihre Rechte aktiv wahrnehmen und ausüben.

Allgemein lassen sich folgende Schlussfolgerungen ziehen:

1. Jede Dominanz der Ökonomie bzw. Ökonomik über die Ethik ist zu vermeiden. Der Markt allein als Verteilungsmechanismus genügt nicht.
2. Die Erarbeitung gemeinsamer weltanschaulicher Grundlagen scheint als Voraussetzung für eine übergreifende und konsensgetragene Wirtschaftsordnung unerlässlich.
3. Eine weltanschauungsübergreifende Wirtschaftsordnung muss konkrete Spielregeln und Rahmenbestimmungen enthalten, unter anderem in Bezug auf das Privateigentum, auf das Verhältnis von Markt und sozialer Gerechtigkeit, hinsichtlich Markt und Umwelt sowie Spielregeln und Grenzen des Wettbewerbs.
4. Eine gerechte globale Rahmenordnung für die Wirtschaft muss entsprechende gesellschaftlich-politische Vorgaben erfüllen und einem demokratischen Weltstaat unterstellt sein.

Man sollte aber nicht den Fehler begehen, Metaregeln für die Märkte als Schutzklauseln für bestimmte Gruppen oder als staatliches Korsett für die Märkte zu konzipieren, wie das etwa der Merkantilismus machte, der laut André Gunder Frank (1980, S. 31) immerhin während 270 Jahren die vorherrschende Form kapitalistischer Akkumulation war. Abgeleitet vom französischen Wort "mercantile" (kaufmännisch) versuchte Jean-Baptiste Colbert (1619–1683) durch viele Verordnungen, den Handel politisch zu regeln: „Der

Merkantilismus ist kein einheitliches wirtschaftspolitisches Programm oder theoretisches System; er wurde in verschiedenen Ausprägungen von Kaufleuten und Regierungsangestellten entwickelt. Es geht dabei darum, dass der Staat das Gewerbe, die Kaufleute und den Handel im Lande fördern soll, aber immer mit der Zielsetzung, dass das den Interessen des absoluten Herrschers dient. … Um eine aktive Außenhandelsbilanz zu erreichen, wurden Einfuhrverbote und -zölle eingeführt. Arbeitskräfte aus anderen Ländern wurden ins Land gebracht, während französischen Untertanen die Auswanderung verboten wurde" (Neck und Schneider 2013, S. 10 f.).

Müller und Wallacher (2005, S. 149) forderten eine Ordnungspolitik, um wirtschaftliche Rahmenbedingungen zu schaffen, welche eine stabile Entwicklung ermöglichen und garantieren. Dazu gehören unter anderem: auf nationaler Ebene Gewaltmonopol, Kontrolle wirtschaftlicher Monopole, Rechtssicherheit, eine gerechte Eigentumsordnung, auf internationaler Ebene eine institutionalisierte demokratische Weltordnung, Rechtssicherheit, Wirtschaftsmechanismen, die strukturell die Lebenssituation der benachteiligtsten Bevölkerungsgruppen verbessert bei gleichzeitiger Beibehaltung und Garantierung der Marktmechanismen innerhalb klar vorgegebener Regelungen. Gleichzeitig sind Handel, Investitionen und die freie Zirkulation von Kapital, Waren, Dienstleistungen und – last, but not least – Menschen zu garantieren.

Ein einmaliger oder periodischer Schuldenerlass als Ergebnis von globalen Verhandlungen zwischen Schuldnern und Gläubigern könnte die Voraussetzungen für eine gerechte Weltwirtschaftsordnung schaffen, allerdings nur, wenn die künftige Aufnahme von Krediten an klare ethische Bedingungen wie Transparenz, Interesse der Allgemeinheit usw. gebunden werden. Unerfüllbare Forderungen – wie etwa bedingungsloser Schuldenerlass, massive Reparationszahlungen oder unbeschränkte Kredite an die Schuldner, aber auf der anderen Seite auch das Beharren auf bedingungsloser und vollständiger Rückzahlung früherer Darlehen durch die Gläubiger – sind grundsätzlich abzulehnen.

Johannes Frühbauer (2013, S. 8) hat in seinem Artikel zur Diskussion einer Wirtschaftsdemokratie in den 1920er-Jahren mit Blick auf Fritz Naphtali (1977) und seiner Programmschrift „Wirtschaftsdemokratie" auf vier Punkte hingewiesen: Erstens setzt jede Wirtschaftsdemokratie eine politische Demokratie voraus. Zweitens muss eine Wirtschaftsdemokratie, „die sich selbst an demokratische Verfahren und Legitimation zurückbindet", an konkrete Mitbestimmungsmöglichkeiten der Arbeitnehmenden gebunden sein. Drittens ist eine Wirtschaftsdemokratie ohne kritische Haltung zu einer neoliberalen Laissez-Faire-Haltung kaum denkbar. Und viertens decken sich wichtige Punkte des Konzepts einer Wirtschaftsdemokratie mit zentralen Anliegen heutiger Kritik an wirtschaftlicher Macht und neoliberaler Einseitigkeit. Frühbauer (2013, S. 9) hat mit Blick auf die neue Debatte um Wirtschaftsdemokratie als Antwort auf die Wirtschafts- und Finanzkrise insbesondere in gewerkschaftlichen Kreisen folgende Punkte festgehalten:

- Nötig sei eine Demokratisierung aller Lebensbereiche inklusive der Wirtschaft und damit eine Begrenzung der Konzentration ökonomischer Macht.
- Ziel dürfe keine Systemkonservierung, sondern müsse eine Systemveränderung sein, um grundlegende Systemfehler zu korrigieren.

- Dabei müsse ein Mindestmaß an sozialer Sicherheit gewährleistet werden – auch um das Funktionieren demokratischer Systeme zu gewährleisten.
- Gefragt seien nicht technokratische Lösungen, sondern veränderte Machtverhältnisse und Ausbau von Mitbestimmungsmöglichkeiten auf allen Ebenen.
- Wirtschaftsdemokratie müsse von der Realität einer „mixed economy" ausgehen und nicht von einem ideologisch konstruierten Gegensatz von Markt und Staat. Deshalb seien auch unterschiedliche Eigentums- und Steuerungsformen zu kombinieren.
- Statt eines ungebremsten Finanzkapitalismus müsse die Gemeinwohlorientierung unternehmerischer Tätigkeit gefördert werden.
- „Gute Arbeit" für alle sei sicherzustellen durch entsprechende Standards mit akzeptablen Entgelt- und Arbeitsbedingungen.
- Die Wirtschaft müsse nach ökologisch nachhaltigen Prinzipien ausgerichtet sein und auf Verteilgerechtigkeit und „gute Bildung für alle" abzielen.
- Und es brauche „eine (Wieder-)Herstellung des Primats der Politik gegenüber der Ökonomie" (Frühbauer 2013, S. 11).

8.1 Nochmals: Gerechtigkeitskriterien

Franziska Dübgen (2014, S. 145) hat mit Blick auf den transnationalen Raum vorgeschlagen, Gerechtigkeit als „relativen Terminus" zu definieren, der „Formen der Ausbeutung, der Marginalisierung und der Exklusion" bezeichnet. Der Vorteil dieser Definition liegt darin, dass sie sowohl ökonomische Aspekte als auch soziale und gesellschaftliche Dimensionen mit einbezieht. Denn Gerechtigkeit hat sowohl eine ökonomische, eine soziale und eine politisch-gesellschaftliche Seite. Damit ist Gerechtigkeit deutlich mehr als Verteilgerechtigkeit, sie hat auch eine prozedurale bzw. prozessuale Seite. Gleichzeitig geht dieses Verständnis auch über Walzers (2006, S. 65 ff.) „Sphären der Gerechtigkeit" hinaus, welche den einzelnen Sektoren der Gesellschaft unterschiedliche Distributionsprinzipien und -kategorien, aber auch Macht- und Sanktionierungsmöglichkeiten zuordnen (Walzer 2006, S. 65 ff.; vgl. auch Dübgen 2014, S. 153).

Iris Marion Young (1990, S. 74) kritisierte die Fokussierung von Gerechtigkeit auf das Verteilungsparadigma als ideologisch, weil es ein „besitzbezogenes individualistisches Konzept der menschlichen Natur" („possessive individualist conception of human nature") unterstelle. Young (1990, S. 75) meinte, dass das Verteilungsparadigma die Machtbeziehungen, institutionellen Rollen, Praktiken und sozialen Beziehungen und Abhängigkeiten verschleiere, und stellte dem Verteilungsparadigma eine „relationale Theorie der Gerechtigkeit" (vgl. Dübgen 2014, S. 156) gegenüber. Nach Young (1990, S. 33) sollte deshalb Gerechtigkeit nicht auf Verteilung materieller Güter oder Einkommen begrenzt werden, sondern auf Fragen der Entscheidfällung, der Arbeitsteilung und Kultur ausgedehnt werden. Dabei könne „ohne strukturelles Verständnis von Macht und Herrschaft als Prozesse" („structural understanding of power and domination processes") Ungerechtigkeit nicht erkannt und damit auch kein angemessenes

Gerechtigkeitsverständnis entwickelt werden. Als die *fünf Gesichter der Unterdrückung* nannte Young (1990, S. 48 ff.) *Ausbeutung, Marginalisierung, Machtlosigkeit, kultureller Imperialismus* und *Gewalt.* Dabei zeige sich der kulturelle Imperialismus in zwei Formen: als vereinfachende Stereotypisierung und als Unsichtbarmachen von Menschengruppen (vgl. Young 1990, S. 59 sowie Dübgen 2014, S. 230). Das von Young promovierte Gerechtigkeitsverständnis beinhaltet – so Dübgen (2014, S. 238) – auf transnationaler Ebene und auf der (diachronischen) Zeitachse die Aufhebung eingespielter Dominanzverhältnisse und die Wiedergutmachung zugefügten Leids (Restitution bzw. Reparation).

Müller und Wallacher (2005, S. 111) haben zu Recht betont, dass eine globale Ordnung nur in weltweiter Zusammenarbeit erreicht werden kann und „eine möglichst universale Verständigung über den *Begriff der Gerechtigkeit*" erfordert. Dieser muss Maßstab für die Beurteilung gesellschaftlicher Ordnungen und auch für eine Weltwirtschaftsordnung sein: „Man kann von Ungerechtigkeit oder Unrecht als fundamentalen negativen Erfahrungen ausgehen, etwa einer von allen als ungerecht empfundenen Einkommens- und Güterverteilung und der damit verbundenen extremen Armut" (Müller und Wallacher 2005, S. 111). Das bedeutet: Gerechtigkeit als Zielvorstellung impliziert eine Kritik bestehender Ungerechtigkeit, weshalb sie prinzipiell klar sein muss und operativ messbar.

Eine gerechte Weltgesellschaft und damit eine gerechte Weltwirtschaftsordnung müssen laut Müller und Wallacher in einem doppelten Sinn „entwicklungsgerecht" sein: Auf der einen Seite müssen sie funktional oder instrumental „entwicklungsadäquat" sein, das heißt „die nationale wie internationale Wirtschaftsordnung darf den Prozess der Entwicklung in den betroffenen Ländern auf keinen Fall behindern, sondern sollte ihn vielmehr fördern" (Müller und Wallacher 2005, S. 112). Auf der anderen Seite bedeutet „entwicklungsgerecht" ethisch-normativ, dass die Wirtschaftsordnung so zu gestalten ist, dass sie bestehendes Leid durch „gerechte Strukturen" verringert und sukzessive abbaut.

Von daher ist der zwar nachvollziehbare Vorschlag von Santos (2005, S. 16; vgl. auch Dübgen 2014, S. 99), auf universelle Theorien zu verzichten, weil sie immer nur aus einem historischen und soziokulturellen Kontext heraus argumentierten, abzulehnen. Dies darum, weil heute eher kulturrelativistische Theorien als Rechtfertigung für globale Ungleichheit und Armut instrumentalisiert werden – wie z. B. beim „differenziellen Rassismus" (vgl. Balibar 1990, S. 29) oder in Form von kulturellen Rassismen (vgl. Franco Elizondo 2015, S. 29), welche für ihre Begründung auf kulturelle Unterschiede Bezug nehmen und gegen „Hybridisierungen" polemisieren – denn universalistische Ansätze wie etwa die Menschenrechte. Auch der von Santos (2005, S. 16; vgl. auch Dübgen 2014, S. 99) postulierte Begriff eines „negativen Universalismus" als „Theorie der Unmöglichkeit einer allgemeinen Theorie" hilft da kaum weiter, weil emanzipative Bewegungen letztlich immer auf dem Gedanken der Gleichheit beruhten, welche aber mehr denn je nur universell und global gedacht werden kann. Eine andere Frage – und natürlich eine sehr berechtigte Kritik – ist jedoch, wie eine universalistische Theorie emanzipativ formuliert sein muss, damit sie nicht als paternalistischer Universalismus instrumentalisiert wird, wie das etwa im Rahmen der US-Hegemonialpolitik mit den Menschenrechten geschehen ist. So meinte Santos (2002, S. 271) nicht ganz zu Unrecht, dass die Menschenrechte als „globalisierte westliche Lokalismen" universalisiert wurden („universalized as a globalized Western localism").

Dübgen hat diese Problematik auf den Punkt gebracht, und zwar als „die Problematik des Sprechens über Gerechtigkeit als übergeordnete Frage der Gerechtigkeit":

> Gehen wir davon aus, dass eine Spezifizierung eines Gerechtigkeitsprinzips auch über den respektiven kulturellen und sprachlichen Horizont hinaus Geltung beanspruchen will, da es die sozialen Kämpfe in transnationalen Räumen abzubilden versucht, stellt sich die Frage, wie ein solches Prinzip angemessen artikuliert werden kann. Nehmen wir mit dem *Linguistic Turn* … an, dass eine Sprache stets kulturelle Praktiken mit transportiert, die sich im Laufe ihrer Entwicklung in sie eingeschrieben haben, so stellt sich die Frage, wie sich in ihr ein Gehalt vergegenständlichen kann, der über einen sprachlichen Kontext hinausreicht und wie er sich in unterschiedlichen sozialen Realitäten verdichtet (Dübgen 2014, S. 117).

Somit sind Kriterien für zunehmende Gerechtigkeit: wachsende Chancen für alle Benachteiligten sowie Abbau der größten Einkommen und Vermögen zugunsten von Einkommenserhöhungen der Ärmsten. Ziel muss sein, die Lebensqualität aller zu erhöhen und die Befriedigung der grundlegenden Lebensbedürfnisse der Benachteiligten zu garantieren. Das bedeutet aber auch, dass nicht eine Eigentums- oder Einkommensgleichheit angestrebt werden muss, sondern ein Mechanismus, der proportional zu Armut und Benachteiligung diejenigen am meisten fördert, die am stärksten benachteiligt sind – zulasten derjenigen, die am meisten bevorzugt werden.

Gerechtigkeitskriterien sind damit Zugang zum politischen Diskurs und zu politischen Entscheidungsprozessen, Sichtbarkeit aller gesellschaftlichen Gruppen, Zugang zu den Märkten, Chancengleichheit hinsichtlich Bildung, Zugang zu Ämtern und Begrenzung von Vermögen und Einkommen nach unten und nach oben. Spiegelverkehrt dazu als Ungerechtigkeitskriterien können Machtungleichheit und Dominanz einzelner Gruppen, Marginalisierung und Diskriminierung von Minderheiten, Exklusion von Märkten, ungleicher Zugang zu Bildung, Ämtern und massive Vermögens- und Einkommensungleichheiten gelten.

8.2   Welche Art von Einkommen?

Peter Ulrich (2010, S. 85 f.) hat darauf hingewiesen, dass irgendwann entschieden werden muss, welche Wirtschaftsbürgerrechte eingeführt werden sollen, um eine effektive Wirtschaftsdemokratie zu gewährleisten: Ein *Bürgerrecht auf Erwerbsarbeit für alle*, ein *Bürgerrecht auf ein erwerbsunabhängiges Grundeinkommen für alle* oder ein *Bürgerrecht auf Teilhabe am volkswirtschaftlichen Kapital für alle* („Bürgerkapital").

Dabei ist zu bedenken, dass der Anteil der Einkommen aus Kapitalerträgen langfristig eher zu- als abnehmen wird, ganz einfach, weil der weltweite Arbeitsvorrat beschränkt ist, und auch, weil der Anteil von Selbstständigerwerbenden und Freelancern zunehmen wird. Bereits Adam Smith (1990, S. 289) hat eine klare Unterscheidung gemacht zwischen ausgeliehenen Geldbeträgen und Vermögen, welches als Kapital zur Erzielung eines ökonomischen Mehrwerts im Rahmen ökonomischer Tätigkeit investiert wird, und ausgeliehenem Geld, das für den Konsum eingesetzt wird. Letzteres laufe – so Smith (1990, S. 289) – den Interessen sowohl von Gläubigern als auch von Schuldnern entgegen, während Erstere zum Wohlstand der Nationen beitrage. Wenn jemand ein Darlehen für den Konsum einsetze, handle er als Verschwender und vergeude es für den Unterhalt von Müßiggängern.

Martha C. Nussbaum (2006, S. 5 f.) hat vorgeschlagen, als Grundlage für ein Mindest- oder Grundeinkommen die menschlichen Grundfähigkeiten („human capabilities") zu benutzen. Diese beinhalten alles, was die Menschen tun und sein können – und zwar auf einer mehr oder weniger intuitiven Vorstellung von lebenswertem und würdigem Leben. Dabei sollen alle Menschen laut Nussbaum so behandelt werden, dass diese Grundfähigkeiten auf sie selbst bezogen werden, nicht in Bezug oder in Funktion auf andere. So kritisierte Nussbaum (2006, S. 6) aus feministischer Sicht, dass die Bedürfnisse und Fähigkeiten von Frauen oft nur in Bezug auf andere verstanden wurden, etwa bezogen auf die Männer oder Kinder. Dabei stellt gemäß Nussbaum (2006, S. 6 f.) der „Befähigungsansatz" die Möglichkeiten und Bedürfnisse der Frauen in den Entwicklungsländern ins Zentrum, wobei diese Bedürfnisse als universell verstanden werden.

Einen interessanten und in eine ähnliche Richtung zielenden Vorschlag hat Ulrich (2016, S. 286) in Form seines „Grundfähigkeitsansatz[es]" gemacht. Dieser Ansatz will „Menschenrechte nicht an konkreten individuellen Grundbedürfnissen festmachen, sondern an allgemein erforderlichen personellen Grundfähigkeiten und an entsprechenden soziostrukturellen Voraussetzungen der *Befähigung* aller Menschen zur selbstverantwortlichen Befriedigung ihrer Bedürfnisse im Sinne ihres Lebensentwurfs" (Ulrich 2016, S. 286). Interessant an diesem Ansatz ist, dass er sowohl ethisch kritischen Anforderungen entspricht als auch bruchlos an moderne ökonomische Theorien andocken kann. Am Markt werden nicht einfach Güter getauscht, sondern „Verfügungsrechte" („property rights") über Güter. Ein Beispiel: Das Mieten einer Wohnung befriedigt das Bedürfnis nach Unterkunft und damit über die Verfügung einer Wohnung, ohne dass die Wohnung im Besitz des Nutzers sein muss (vgl. Ulrich 2016, S. 286 f.). Es geht also um eine „Ermächtigung der Menschen zur Befriedigung ihrer (selbst bestimmten!) Bedürfnisse" (Ulrich 2016, S. 297), wobei diese an ein existenziell notwendiges Minimum an Ressourcen gekoppelt werden sollten (vgl. Ulrich 2016, S. 297). Das bedeutet, dass ein Anspruch auf ein Minimum an allen zugänglichen Ressourcen bestehen sollte, ohne aber die Bezüger von finanzieller Unterstützung zu entmündigen oder sie zu einer einzigen Form des Bezugs zu zwingen. Ulrich (2016, S. 287) spricht in diesem Zusammenhang – und mit Blick auf die Entwicklungspolitik – von einer „Befähigung und Ermächtigung der Menschen, ihr Leben in die eigene Hand zu nehmen". Diesen Ansatz auch sozialversicherungstechnisch umzusetzen, ist eine große Herausforderung. Außerdem stellt sich die Frage, ob eine größere Eigenverantwortlichkeit und – ökonomische – Selbstbestimmung tatsächlich das Armutsproblem lösen können.

8.3   Erwerbsunabhängiges Grundeinkommen als Lösung?

Irgendeine Form von Zuteilung von finanziellen Ressourcen außerhalb des Erwerbseinkommens ist schon deswegen unumgänglich, weil ein mittelloser Nachfrager nach Produkten und Dienstleistungen gar nicht auf dem Markt auftreten kann.

Dabei stellt sich auch die Frage nach dem „größtmöglichen Grundeinkommen". Dieses wird nach Ulrich (2016, S. 296) durch die volkswirtschaftliche Nachhaltigkeit („sustainability") definiert, wobei als Kriterium gilt, „dass die zu seiner allgemeinen Gewährung notwendigen Leistungs- und Effizienzanreize dauerhaft erhalten bleiben müssen". Dabei sei aus volkswirtschaftlicher Sicht offen „ob das größtmögliche Grundeinkommen höher oder tiefer als ein existenzsicherndes Einkommen ist" (Ulrich 2016, S. 296). Entsprechend sollte das volkswirtschaftlich größtmögliche Grundeinkommen nicht mit dem sozialstaatlich zu gewährleistenden – und damit politisch auszuhandelnden – Existenzminimum verwechselt werden. Volkswirtschaftlich ist es so, dass „je höher das grösstmögliche Grundeinkommen ist, umso niedriger wird die Nachfrage nach Erwerbsarbeit ausfallen und umso höher werden auch die Lohnanreize sein müssen" (Ulrich 2016, S. 297). Im Idealfall – also bei gleichgewichtigem Arbeitsmarkt – seien die monetären und anderen Anreize so, dass niemand auf Vertreter der jeweils anderen Lebensform neidisch sein müsse: „Weder die nicht oder nur in bescheidenem Mass Erwerbstätigen auf diejenigen, die eine erwerbsorientierte, ‚unternehmerische' Lebensform bevorzugten und entsprechend mehr Einkommen haben, noch diese auf jene, weil jene mehr Freizeit und Musse geniessen" (Ulrich 2016, S. 297).

Mit Blick auf Deutschland hält Holger Rogall (2015, S. 640) die Einführung eines erwerbsunabhängigen Grundeinkommens in Form eines Bürgergeldes „über dem heutigen Satz der Grundsicherung **nicht** [für] **finanzierbar** (wer soll in der globalisierten ‚Arbeitslosengesellschaft' der Zukunft die hierfür notwendigen Abgaben leisten?). In seiner kritischen Auseinandersetzung … [mit der Idee eines erwerbsunabhängiger Grundeinkommens] errechnet Hübener [2007] (bei einem Grundeinkommen von 1200 €) einen Finanzierungsbedarf von jährlich 1,2 Billionen €" (Rogall 2015, S. 640). Wenn dieser Betrag über eine Konsumsteuer von sagen wir 50 % finanziert würde, müssten Waren und Dienstleistungen in der Höhe von 3,6 Billionen € konsumiert werden, was ein exzessives Wirtschaftswachstum bedingen würde.

Das Problem besteht darin, dass das Kostenargument nicht tief genug greift: Wenn es stimmt, wie etwa der Ökonom Jeremy Rifkin (1997; vgl. auch Rogall 2015, S. 641) meint, dass künftig 20–50 % des Erwerbspotenzials fortgeschrittener Gesellschaften genügen werden, um die notwendigen materiellen Güter zu produzieren, stellt sich die Frage ganz anders: Wie werden diese 20–50 % der Arbeit und die damit verbundenen Arbeitseinkommen unter 100 % der Bevölkerung verteilt – und wie wird das Überleben der anderen 50–80 % gesichert?

Dem Finanzierungsargument könnte man auch entgegenhalten, dass Berechnungen ergeben haben, dass ein erwerbsloses Grundeinkommen nicht massiv teurer sein muss als der Flickenteppich des heutigen Systems der Sozialversicherungen. Das Finanzierungsargument ist auch deswegen schwach, weil ja die Leistungsfähigkeit der hoch entwickelten nationalen Wirtschaften im Schnitt um 0,5–1 % pro Jahr wächst. Im Moment wird diese zusätzliche Produktivität durch die Kapitalgeber und -besitzer abgeschöpft, aber es wäre ohne Weiteres möglich, diese steigende Leistungsfähigkeit allen zukommen zu lassen – eben zum Beispiel durch ein ergänzendes erwerbsloses Grundeinkommen für alle. In diesem Zusammenhang ist ein Versuch in Indien mit einem erwerbsunabhängigen Grundeinkommen interessant. Dabei wurde 4000 Menschen in acht Dörfern monatlich zusätzlich zur Sozialhilfe ein Grundeinkommen von 200 Rupien (2,70 €) ausbezahlt, wobei jede Mutter zusätzlich 100 Rupien pro Kind erhielt (vgl. Fernandez 2013, S. 20). Dabei ist zu bedenken, dass in Indien über 77 % der Bevölkerung von weniger als 20 Rupien (ca. 30 Cent) pro Tag leben. Das Experiment ergab Folgendes: Die direkte Geldzahlung führte zu Verhaltensänderungen. Entgegen Voraussagen wurde das Geld weder in Alkohol (Männer) noch in Schmuck (Frauen) angelegt, sondern für eine bessere Ernährung, die Ablehnung unzumutbarer Arbeit bzw. Arbeitsbedingungen, Bildungsleistungen (Nachhilfeunterricht für Kinder) und Ersparnisse (Nahrungsreserven, Investitionen in ein eigenes Geschäft usw.) eingesetzt. In 68 % der einbezogenen Familien verbesserten sich die Schulleistungen der Kinder, vielerorts erstritten Frauen bessere Löhne bei den Landlords und eine Reihe von Familien konnte ihre Verschuldung abbauen. Als Vergleichsgruppe dienten dabei zwölf Dörfer, in denen kein Grundeinkommen ausbezahlt wurde (vgl. Fernandez 2013, S. 20).

Versuche mit einem erwerbsunabhängigen Grundeinkommen gab und gibt es viele:

Beispiele erwerbsunabhängiger Grundeinkommen

„**Alaska:** Seit 1982 erhalten alle Einwohner ein bedingungsloses Grundeinkommen in Form einer jährlichen Dividende aus den Erträgen eines Fonds, der hauptsächlich von staatlichen Einnahmen aus der Erdölförderung gespeist wird. 2008 waren das 2069 US$, in den letzten Jahren weniger als 1000 US$.

Namibia: 2008 – 2012 erhielten die rund 1000 Einwohner von Otjivero-Omitara ein aus Spenden finanziertes bedingungsloses Grundeinkommen von etwa 12 Franken pro Monat, was unter der Armutsgrenze liegt. Die behaupteten Erfolge des Projekts werden wegen diverser Mängel in Zweifel gezogen.

Brasilien: Ein bedingungsloses Grundeinkommen wurde im Gesetz verankert, aber bis heute nicht umgesetzt.

Negative Einkommenssteuer: Diese Spielart des Grundeinkommens wurde nach einem Vorschlag des US-Ökonomen Milton Friedman (vgl. Friedman und Friedman 1980, S. 120–123) 1968 bis 1980 in den USA und in Kanada in mehreren sozialen Experimenten getestet, mit 800 bis 4800 Teilnehmern und unterschiedlichen Steuersätzen und Freibeträgen. Verheiratete Männer reduzierten dabei ihr Arbeitsangebot um 5 bis 8 %, Frauen etwas stärker.

Kuba: 1964 vereinheitlichte das kommunistische Regime die Löhne und entkoppelte das Einkommen von der Arbeitsleistung. An die Stelle von Geld sollten moralische Arbeitsanreize treten. Jeder Kubaner erhielt Anrecht auf ein ausreichendes Einkommen. Die Folgen waren ein Rückgang der Produktivität und Versorgungskrisen.

Jamestown: In der ersten Siedlung der Engländer in Amerika erhielten von 1607 bis 1611 alle Bürger den gleichen Anteil am Produktionsergebnis der Kolonie, unabhängig von ihrem Beitrag. Es wurde jedoch so wenig produziert, dass Hunger und Not grassierten"

(Schweizerische Handelszeitung vom 03.10.2013, S. 5).

Am 04.10.2013 wurde in der Schweiz ein Volksbegehren für ein „bedingungsloses Grundeinkommen" eingereicht, das „der ganzen Bevölkerung ein menschenwürdiges Dasein und die Teilnahme am öffentlichen Leben ermöglichen" sollte. Die Höhe des Grundeinkommens sollte durch das Ausführungsgesetz bestimmt werden wobei den Initianten ein monatliches Grundeinkommen von 2500 Franken pro erwachsener Person und von 625 Franken für jedes Kind vorschwebte (vgl. Müller 2013, S. 5). Das Grundeinkommen einer vierköpfigen Familie hätte damit bei 75.000 Franken im Jahr gelegen. Der Knackpunkt war – neben der vermuteten verstärkten Ablehnung schlecht bezahlter und unangenehmer Arbeit – die Finanzierung. Laut Berechnungen hätte das Grundeinkommen 210 Mrd. Franken pro Jahr gekostet – also rund 40–42 % des schweizerischen Bruttoinlandprodukts. Damals kosteten die Sozialversicherungen 142 Mrd. Franken im Jahr (vgl. Müller 2013, S. 5). Interessant ist, dass nicht nur Linke und Grüne für das bedingungslose Grundeinkommen waren, sondern – zumindest vom Prinzip her – sogar auch liberale Ökonomen wie Thomas Straubhaar oder Klaus W. Wellershoff (vgl. Müller 2013, S. 5). Allerdings unterstützten diese die Volksinitiative aufgrund der zu erwartenden Kosten nicht.

Am 05.06.2016 wurde dann die Volksinitiative für ein bedingungsloses Grundeinkommen mit 76,9 % Neinstimmen verworfen. Allerdings sprachen sich damit auch 23,1 % der Abstimmenden für ein solches Grundeinkommen aus (vgl. Amrein 2016, S. 14). Jedoch stimmte kein einziger Kanton der Initiative zu. Interessant ist, dass die traditionell links-grün stimmenden Wahlkreise 4 und 5 der Stadt Zürich die Initiative mit 54,7 % annahmen (vgl. Neue Zürcher Zeitung vom 06.06.2016, S. 8). Gesamtschweizerisch stimmten außerdem drei Gemeinden und einige Genfer Quartiere zu (vgl. Amrein 2016, S. 14). Es scheint, dass die hohen Kosten und das Argument der fehlenden Arbeitsbereitschaft bei Annahme der Initiative den Ausschlag für die Ablehnung gegeben haben.

Zur Erinnerung: Der große Vorteil eines erwerbsunabhängigen Grundeinkommens liegt darin, dass die Arbeit vom Einkommen entkoppelt wird. Grundsätzlich sollte das **Kausalprinzip** bei der Bemessung von Ansprüchen wirtschaftlicher Unterstützungen und Leistungen **gänzlich fallen gelassen** werden.

Interessant in diesem Zusammenhang ist die Entwicklung in den USA, wo der Mindestlohn in den letzten Jahren sukzessive auf 7,50 US$ pro Stunde gesunken ist, wobei erst eine Anhebung auf 10,10 US$ pro Stunde – so wie von Barack Obama vorgeschlagen – die Kaufkraft des Stundenlohns mindestens wieder auf den gleichen Stand wie Ende der 1960er-Jahre gebracht hätte (vgl. Eisenring 2014). Dagegen stieg in den letzten Jahren der sogenannte Earned Income Tax Credit (EITC), welcher Personen mit kleinen Erwerbseinkommen – also sogenannten Working Poor – ein zusätzliches Einkommen generierte. Der EITC – den man auch als negative Einkommensteuer bezeichnen könnte, also eine Variante des erwerbsunabhängigen Mindesteinkommens – funktioniert dabei wie folgt: Eine alleinerziehende Mutter erhält bis zu einem Jahreseinkommen von 13.430 US\$ vom Staat 40 Cent pro \$ als Steuerkredit. Dieser beträgt maximal 5372 US\$. Dabei wird der Kredit mit der – meist geringen – Steuerschuld verrechnet und der Betrag, der darüber hinausgeht, ausbezahlt. Im Einkommensbereich von 13.430 bis 17.530 US\$ bleibt der Kredit konstant, und mit jedem Dollar, den die Frau über der Grenze von 17.530 US\$ zusätzlich verdient, nimmt der Steuerkredit um 21 Cent ab. Bei 43.530 US\$ sinkt der Steuerkredit auf null (vgl. Eisenring 2014). Gemäß Studien bringt das Steuerkreditsystem den Armen mehr als eine Erhöhung des Mindestlohns: So käme eine Erhöhung des Mindeststundenlohns von \$ 7.25 auf \$ 9.50 nur gerade 11 % der Personen unter der Armutsgrenze zugute, während zu 63 % Zweit- oder Drittverdienende betroffen wären. Dagegen betrifft der EITC ausschließlich Armutshaushalte. Zudem – so die Studien – wirke der Mindestlohn wie eine Steuer für Arbeitgeber, die Personen mit geringen Qualifikationen anstellten. Wie dem auch sei – der EITC ist unter anderem auch darum effizient(er), weil er primär das Einkommen als Referenz nimmt, dieses aber nicht direkt mit der Arbeit kombiniert. Oder anders gesagt: Das Haushaltseinkommen ist ausschlaggebend, nicht die Höhe der Bezahlung der Lohnarbeit. Allerdings kann man natürlich argumentieren, dass bei beiden letztlich das Erwerbseinkommen entscheidend ist.

Auf der anderen Seite sollte **definiert** werden, **welche Gegenleistungen die Gesellschaft vom Einzelnen erwarten kann** und muss, also welches Maß an Arbeit – egal ob bezahlte Erwerbsarbeit, unbezahlte Familienarbeit, ehrenamtliche Tätigkeit oder andere Dienstleistungen an die Öffentlichkeit (z. B. politisches Amt, Sozialdienst, Militärdienst). Alle diese Tätigkeiten wäre dabei zu berücksichtigen, im Sinne einer Gesamtarbeitsbilanz eines jeden Einzelnen.

Möglicherweise ein vertretbarer Kompromiss könnte die Einführung eines ergänzenden Grundeinkommens sein. Dabei würde die Anspruchsberechtigung nicht mehr – wie bei den Sozialversicherungen – durch mehr oder weniger klar umschriebene Ursachen, wie z. B. Invalidität, Krankheit, Arbeitslosigkeit, definiert, sondern einzig durch die Höhe des Arbeitseinkommens: Bis zu einer festzulegenden Höhe des Lohn- oder Erwerbseinkommens besteht ein Anspruch auf ein Grundeinkommen, ab einer bestimmten Einkommenshöhe entfällt der Anspruch auf ein Grundeinkommen. Um jedoch Arbeiten im Tieflohnbereich nicht zu demotivieren, könnte das ergänzende Grundeinkommen auch gestaffelt bzw. degressiv angelegt sein. Dabei müssten kleine Einkommen nicht zu 100 % an das Grundeinkommen verrechnet werden, sondern nur zu einem Teil, z. B. zu 50 %. Damit bliebe die Arbeit im Niedriglohnbereich immer noch interessant.

8.4 Gemeinwohl und Eigeninteressen

Herfried Münkler und Karsten Fischer (2002, S. 9) haben vorgeschlagen, zwischen Gemein*wohl* und Gemein*sinn* zu unterscheiden. Sie sehen diese Begriffe aufeinander bezogen:

> Abstrakt gefasst ist *Gemeinwohl* ein normativer Orientierungspunkt sozialen Handelns; *Gemeinsinn* wiederum ist die Bereitschaft der sozial Handelnden, sich an diesem normativen

Ideal tatsächlich zu orientieren, seinen Anspruch auf soziale Verbindlichkeit in Verhalten und Handeln umzusetzen. Demnach haben wir es mit einem zirkulären Verhältnis zu tun: Das normative Gemeinwohlideal gibt an, wie viel und welche Form von Gemeinsinn in Anspruch genommen werden soll; umgekehrt ist aber das Vorhandensein von Gemeinsinn die vorgängige Voraussetzung dafür, dass überhaupt die Bereitschaft zur Orientierung am Gemeinwohl besteht. Insoweit ist Gemeinsinn die motivationale Voraussetzung jedweder normativen Gemeinwohlorientierung und als solche eine fragile sozio-moralische Ressource (Münkler und Fischer 2002, S. 10).

Allerdings gilt der Zusammenhang auch umgekehrt: Belohnte gemeinwohlorientierte Handlungsweisen führen zu einer Stärkung des Gemeinsinns und damit letztlich auch zu mehr Solidarität.

Laut Münkler und Fischer (2002, S. 14) zeigen verschiedene Studien, dass das allgemeine Wohl als Konzept ein „für verschiedene gesellschaftliche Interessengruppen gleichermaßen attraktives und nur jeweils unwesentlich variierendes Strategem ist, um in Interessenkonflikten die eigene Position zu legitimieren". Wenn dem so ist, drückt das auch einen verbreiteten Wunsch der Bevölkerung nach einer überpartikularistischen, allgemeingültigen und über den Interessen der einzelnen Gruppen stehenden Ausrichtung der Politik und Gesellschaft aus, die sich am Wohl aller orientiert. Somit besteht heute weniger das Problem, dass das Gemeinwohl als solches infrage gestellt wird – vielmehr besteht die Schwierigkeit darin, dass das Konzept des Gemeinwohls immer abhängig von und in engem Zusammenhang mit der eigenen Weltanschauung mit teilweise widersprüchlichsten Inhalten gefüllt wird. Die Palette reicht von einem schwachen Staat (oder möglichst gar keinem Staat) bis hin zu einem starken Staat, von sozialer Umverteilung bis zur uneingeschränkten persönlichen Freiheit, von Freiheit ohne Gleichheitsanspruch bis hin zu einem Gleichheitsanspruch ohne Freiheit. Es muss die Aufgabe einer ethischen Reflexion sein, das Gemeinwohlkonzept zu reflektieren und einen Mittelweg zwischen den Extrempositionen zu verfolgen. Es dürfte sich lohnen, das Gemeinwohlkonzept deutlicher und akzentuierter herauszuarbeiten, insbesondere vor dem Hintergrund einer Ethik der Wirtschaftsordnung.

Claus Offe (2002, S. 56) hat zwischen Gemeinwohl im Sinne einer Synthese von Modernitäts- und Gerechtigkeitswerten als „eigenwertige", moralische Qualität und Gemeinwohl im liberalen Sinn als bonum commune im Sinne einer aggregativen Verfolgung von Einzelinteressen, „Positivsummenspielen und Verhandlungsgleichgewichten" unterschieden. Der Unterschied zwischen den beiden Sichtweisen lasse sich am Gegensatz zwischen „Pflichten" im ersten, moralischen Sinn und „Kosten" im zweiten, ökonomisch liberalen Sinn festmachen. Offe sieht im Rückgriff auf gemeinwohlbegründete öffentliche Pflichten eine „‚republikanische' Selbstrevision liberalen Regierungshandelns". Allerdings lasse sich die Gemeinwohlsemantik auch an ein liberales, ja libertäres Politikmodell anschließen, „wenn auch mit einigermaßen absurden Konsequenzen" (Offe 2002, S. 56). Dabei kann sowohl ein konservatives libertäres Konzept der grenzenlosen – und nicht durch staatliche Regelungen eingeschränkten – individuellen Freiheit als auch ein libertär anarchistisches Modell im Sinne einer „Freiheit vom Staat" zum Tragen kommen. Aber in beiden Fällen stellt sich die Frage, worin dann das Gemeinwohl besteht. Außerdem gibt es eine paternalistische Version des Gemeinwohlverständnisses, das im angelsächsischen Umfeld als „dependency" bezeichnet wird, etwa als Abhängigkeit von Wohlfahrtseinrichtungen (vgl. Offe 2002, S. 60).

Diese Breite und Widersprüchlichkeit des Gemeinwohlbegriffs ist auf der einen Seite verwirrend, kann aber auch die Chance bieten, zu einer begrifflichen Schärfung und zu einem neuen Konsens des Gemeinwohls zu kommen.

Dazu kommt – wie Offe (2002, S. 65) zu Recht fragt –, auf welche Gesamtheit, auf welche „Gemeinschaft" sich das „Gemeinwohl" bezieht. Sind Nutznießer nur Mitglieder der eigenen Community, der eigenen In-Group, oder sind damit alle Menschen – im Sinne der Menschheit als Ganzes – gemeint? Im ersten Fall wäre Gemeinwohl nur ein partielles Gemeinwohl, das Teile der Bevölkerung wie etwa bestimmte ethnische, religiöse oder soziale Gruppen ausschließt. Dies wäre ethisch problematisch, weil so neue Grenzlinien in Bezug auf die Gewährung und den Ausschluss von Rechten oder Ressourcen geschaffen werden. Das ist das gleiche Problem, vor dem im 16. Jahrhundert Bartolomé de las Casas stand, als er die Frage stellte, ob die ungetauften Indios Anspruch auf die gleichen Rechte haben, welche die Kirche allen Getauften zusprach (vgl. dazu Jäggi 2016, S. 75 sowie Spenlé und Mugier 2011, S. 51 und Loretan 2010, S. 60).

Auf jeden Fall muss von einer Sicht weggekommen werden, welche nur Handlungen im Eigeninteresse als „rational" und Handlungen im Allgemeininteresse als „irrational" weil „altruistisch" oder „idealistisch" charakterisiert (vgl. Kaufmann 2002, S. 42). Doch reicht es aus, „altruistische" Handlungen „tauschrational" als Ausdruck gegenseitiger reziproker Handlungen zu interpretieren? Ist es nicht vielmehr so, dass es durchaus auch einseitige, auf das Gemeinwohl gerichtete Handlungen gibt, welche dem Handelnden keinen sichtbaren Gewinn erbringen – außer vielleicht das Gefühl, „richtig" gehandelt zu haben? Dass nicht wenige Menschen so empfinden, zeigt etwa das Phänomen anonymer Spenden, das alle Hilfswerke kennen.

Dabei geht es beim Gemeinwohl gerade *nicht* um Systemvertrauen – wie Hellmann (2002, S. 84) meint –, sondern um kritische Rückfragen an das ökonomische und politische System und um die Frage, ob ein Wirtschaftssystem, das systematisch und prinzipiell auf die Durchsetzung von Eigeninteressen setzt, nicht das Gemeinwohl aus dem Blick verloren hat. Und es geht auch nicht nur um eine „wechselseitige Verbundenheit … als Voraussetzung für gemeinsames Handeln" oder um ein „Verantwortungsgefühl für das Gemeinwohl" (Hellmann 2002, S. 84), es geht darum, konkret und praktisch auf das Wohl aller hinzuarbeiten – und auch sein eigenes Handeln darauf auszurichten.

Gemeinwohl ist ein Wert an sich, der intrinsisch ist und keinen Gegenwert im Sinne eines „do ut des", also des gegenseitigen Vorteils, braucht.

8.5 Eine neue Institutionenethik?

Harald Seubert (2011, S. 58) hat dafür plädiert, dass eine ökonomische Ethik ihr Augenmerk auf die Institutionen richten soll. Dies deshalb, weil sich die einzelnen Personen in ihrem „nutzenmaximierenden Handeln nicht ohne weiteres Begrenzungen auferlegen lassen". Weil der Staat unmittelbar nicht am Marktgeschehen partizipieren könne, verbieten sich nach Meinung von Seubert (2011, S. 58) staatlicher Interventionismus etwa in Form von Kreditverbilligungen oder Sozialprogramme auf Kosten künftiger Generationen. Vielmehr solle man Banken und Finanzinstitutionen eine Art „Mindestreservepflicht" auferlegen.

Zuzustimmen ist Seubert zweifellos insofern, als alle Institutionen als wirtschaftliche Akteure ethisch-moralische und ökonomisch definierte Mindeststandards erfüllen sollten, ohne die ihnen der Marktzugang verweigert werden sollte. Das gilt sowohl für organisationale und strukturelle Mindestanforderungen als auch für ihr Handeln am Markt. Doch die wirtschaftlich-gesellschaftliche Ordnung muss so gestaltet sein, dass diese Mindestanforderungen für jede Marktaktivität zu erfüllen ist. So gesehen braucht es also vor einer Institutionenethik eine Ordoethik mit ganz konkreten Regeln.

8.6 Ausblick

Aus der Analyse und der Diskussion verschiedener Wirtschaftsordnungskonzepte lässt sich schließen, dass eine ordoökonomische Ethik vor allem in sechs Themenbereichen Antworten entwickeln muss. Es sind dies

1. die Armutsfrage auf inner- und zwischenstaatlicher sowie globaler Ebene;
2. die Existenzsicherung für alle Bevölkerungsgruppen und Minderheiten;
3. Rolle und Ausgestaltung der Arbeit in all ihren Formen, insbesondere im Carebereich;
4. Eigentum und Vermögen sowie das Problem der Schulden und Verschuldung;
5. die weltweite Steuerung wirtschaftlicher Globalisierung sowie
6. die globale Migrationssituation.

Eine grundsätzliche Infragestellung des Zinses erscheint als wenig sinnvoll. Jedoch sehr wohl ein Thema ist die Begrenzung des Zinses nach oben.

Ein besonderes Problem stellen auch der weltanschauliche Hintergrund und das Menschenbild bei den einzelnen Wirtschaftsordnungskonzepten dar.

Nicht nur in der Ökonomik, sondern oft auch in wirtschaftsethischen Überlegungen wird oft die Tatsache außer Acht gelassen, dass religiöse und theologische Vorstellungen immer wieder und in wechselnder Form Strukturen, Verständnis und Rahmenbedingungen der Wirtschaftsordnungen beeinflusst haben. Wenn überhaupt, werden religiöse Einflüsse meist unter dem Modernitäts-Traditions-Paradigma abgehandelt, etwa unter den Kategorien „aktuell-überholt" oder „fortschrittlich-rückschrittlich". Doch die großen religiösen Systeme haben sehr differenzierte ökonomische Vorstellungen entwickelt, die sie auch ethisch-moralisch umgesetzt und begründet haben.

Josef Naef (2014, S. 60) hat das wie folgt umschrieben: „Die Abkehr von der Ethik seitens der Mainstream-Ökonomie ist von enormer Bedeutung. Bis zur heute dominierenden Ökonomie war die gesamte Geschichte des ökonomischen Denkens … dadurch gekennzeichnet, dass Ökonomie und Ethik als zwei Seiten der gleichen Medaille behandelt wurden." Oder mit den Worten von Tomáš Sedláček (2011, S. 312):

> Ein großer Teil unserer Geschichte wurde von der Idee beherrscht, dass die Ethik und die Ökonomie fest miteinander verbunden sind, dass sie sich gegenseitig beeinflussen. Die Hebräer, die Griechen und Christen, Adam Smith, David Hume, J.S. Mill und andere betrachteten die Beziehung zwischen der Ökonomie und der Ethik als ganz wichtiges Thema. Sie waren alle überzeugt, dass die Beschäftigung mit der Ethik für die Ökonomie von *entscheidender Bedeutung* ist, und machten zwischen wirtschaftlichen und ethischen Fragen oft gar keinen Unterschied.

Diese Vision hat die heute vorherrschende Ökonomik längst aufgegeben.

Gerade darum geht es heute wieder verstärkt um die Frage, welchen Beitrag die verschiedenen Weltanschauungen säkularer und religiöser Provenienz an eine Wirtschaftsethik leisten können.

Deshalb wird es in der weiteren Forschung um die Frage gehen, welche spezifischen Beiträge, Zugänge und Konzepte die jüdische Tradition, das Christentum und der Islam an eine globale und ethisch strukturierte Wirtschaftsordnung leisten können – und wie diese Beiträge mit säkularen Vorstellungen in Verbindung gebracht werden können.

Literatur

Amrein, Marcel (2016): Viel Beachtung für einen Nonvaleur. Das bedingungslose Grundeinkommen holt einen Ja-Stimmenanteil von 23,1 Prozent. In: Neue Zürcher Zeitung vom 6.6.2016. 14.

Balibar, Etienne (1990): Gibt es einen „Neo-Rassismus"? In: Balibar, Etienne/Wallerstein, Immanuel: Rasse Klasse Nation. Ambivalente Identitäten. Hamburg: Argument-Verlag. 23 ff.

Crouch, Colin (2017): Postdemokratie. 13. Auflage. Frankfurt/Main: Suhrkamp.

Dübgen, Franziska (2014): Was ist gerecht? Kennzeichen einer transnationalen solidarischen Politik. Frankfurt/Main: Campus.

Eisenring, Christoph (2014): Hilfe für die Working Poor. In: Neue Zürcher Zeitung vom 8.1.2014.

Fernandez, Benjamin (2013): Geld für alle in Panthbadodiya. Ein Pilotprojekt gegen die Armut in Indien. In: Le Monde Diplomatique (Ausgabe Schweiz) vom Mai 2013.

Franco Elizondo, Apolonia (2015): Theorie der Globalen Gerechtigkeit. Zwischen Anerkennung und Umverteilung. Würzburg: Ergon Verlag.

Frank, André Gunder (1980): Abhängige Akkumulation und Unterentwicklung. Frankfurt/Main: Edition Suhrkamp.

Friedman, Milton/Friedman, Rose (1980): Free to Choose. Personal Statement. London: Secker & Warburg.

Frühbauer, Johannes (2013): Wirtschaftsdemokratie. Sichtung eines pragmatischen Begriffs. In: Kirche und Gesellschaft. Nr. 400 (2013). 3 ff.

Hellmann, Kai-Uwe (2002): Gemeinwohl und Systemvertrauen. Vorschläge zur Modernisierung alteuropäischer Begriffe. In: Münkler, Herfried/Fischer, Karsten (Hrsg.): Gemeinwohl und Gemeinsinn. Rhetoriken und Perspektiven sozial-moralischer Orientierung. Berlin: Akademie Verlag. 77 ff.

Jäggi, Christian J. (2016): Doppelte Normativitäten zwischen staatlichen und religiösen Geltungsansprüchen. Am Beispiel der katholischen Kirche, der muslimischen Gemeinschaften und der Bahá'í-Gemeinde in der Schweiz. Dissertation. Reihe Interreligiöse Begegnungen – Studien und Projekte. Band 12. Münster: Lit Verlag.

Kaufmann, Franz-Xaver (2002): Sozialpolitik zwischen Gemeinwohl und Solidarität. In: Münkler, Herfried/Fischer, Karsten (Hrsg.): Gemeinwohl und Gemeinsinn. Rhetoriken und Perspektiven sozial-moralischer Orientierung. Berlin: Akademie Verlag. 19 ff.

Loretan, Adrian (2010): Religionen im Kontext der Menschenrechte. Religionsrechtliche Studien. Teil 1. Zürich: Theologischer Verlag.

Müller, Johannes/Wallacher, Johannes (2005): Entwicklungsgerechte Weltwirtschaft. Perspektiven für eine sozial- und umweltverträgliche Globalisierung. Stuttgart: W. Kohlhammer.

Müller, Armin (2013): Verlockende Idee. In: Schweizerische Handelszeitung vom 3.10.2013. 5.

Münkler, Herfried/Fischer, Karsten (2002): Einleitung. Rhetoriken des Gemeinwohls und Probleme des Gemeinsinns. In: Münkler, Herfried/Fischer, Karsten (Hrsg.): Gemeinwohl und Gemeinsinn. Rhetoriken und Perspektiven sozial-moralischer Orientierung. Berlin: Akademie Verlag. 9ff.

Naef, Josef (2014): Wirtschaftsliberalismus. Wird Freiheit zur Fata Morgana? München: Herbert Utz.

Naphtali, Fritz (1977): Wirtschaftsdemokratie. Ihr Wesen, Weg und Ziel. 4. Auflage. Köln: Europäische Verlagsanstalt.

Neck, Reinhard/Schneider, Friedrich (2013): Wirtschaftspolitik. München: Oldenbourg.

Nussbaum, Martha C. (2006): Women and Human Development. The Capabilities Approach. 10th Printing. New York: Cambridge University Press.

Offe, Claus (2002): Wessen Wohl ist das Gemeinwohl? In: Münkler, Herfried/Fischer, Karsten (Hrsg.): Gemeinwohl und Gemeinsinn. Rhetoriken und Perspektiven sozial-moralischer Orientierung. Berlin: Akademie Verlag. 55 ff.

Rifkin, Jeremy (1997): Das Ende der Arbeit und ihre Zukunft. Neue Konzepte für das 21. Jahrhundert. Frankfurt/Main: Campus.

Rogall, Holger (2015): Grundlagen einer nachhaltigen Wirtschaftslehre. Volkswirtschaftslehre für Studierende des 21. Jahrhunderts. 2. grundlegend überarbeitete Auflage. Marburg : Metropolis.

Santos, Boaventura de Souza (2002): Toward a New Legal Commons Sense. Second Edition. London: Lexis Nexis.

Santos, Boaventura de Souza (2005): The Future of the World Social Forum. The Work of Translation. In: Development 48 (2005) 2. 15 ff.

Schweizerische Handelszeitung (3.10.2013): Experimente mit Grundeinkommen: Wenn Utopien Wirklichkeit werden.

Sedláček, Tomáš (2011): Die Ökonomie von Gut und Böse. München: Carl Hanser.

Seubert, Harald (2011): Jenseits von Sozialismus und Liberalismus. Ethik und Politik am Beginn des 21. Jahrhunderts. Gräfelfing: Resch-Verlag.

Smith, Adam (1990): Der Wohlstand der Nationen. Eine Untersuchung seiner Natur und seiner Ursachen. Für die Taschenbuch-Ausgabe revidierte Fassung vom Mai 1978. 5. Auflage. München: Deutscher Taschenbuch Verlag

Spenlé, Christoph A./Mugier, Simon (2011): Geschichte der Menschenrechte: Entwicklungen im Spannungsfeld von Individuum und Kollektiv. In: Loretan, Adrian (Hrsg.): Religionsfreiheit im Kontext der Grundrechte. Religionsrechtliche Studien. Teil 2. Zürich: Theologischer Verlag. 43 ff.

Ulrich, Peter (2010): Zivilisierte Marktwirtschaft. Eine wirtschaftsethische Orientierung. Bern: Haupt.

Ulrich, Peter (2016): Integrative Wirtschaftsethik. Grundlagen einer lebensdienlichen Ökonomie. 5. Auflage. Bern: Paul Haupt.

Walzer, Michael (2006): Sphären der Gerechtigkeit. Ein Plädoyer für Pluralität und Gleichheit. Frankfurt/Main/New York: Campus.

Young, Iris Marion (1990): Justice and the Politics of Difference. Princeton: Princeton University Press.

The manufacturer's authorised representative in the EU is Springer Nature Customer Service Centre GmbH, Europaplatz 3, 69115 Heidelberg, Germany. If you have any concerns regarding our products, please contact ProductSafety@springernature.com

Printed and bound by CPI Group (UK) Ltd, Croydon, CR0 4YY
27/04/2026
02097656-0007